教育部职业教育与成人教育司推荐教材
中等职业教育技能型紧缺人才教学用书

安装工程造价与施工组织

（建筑设备专业）

本教材编审委员会组织编写
主编　张　清
主审　邢玉林　侯晓云

中国建筑工业出版社

图书在版编目（CIP）数据

安装工程造价与施工组织/本教材编审委员会组织编写；张清主编．—北京：中国建筑工业出版社，2007
教育部职业教育与成人教育司推荐教材．中等职业教育技能型紧缺人才教学用书．建筑设备专业
ISBN 978-7-112-08608-5

Ⅰ．安…　Ⅱ．①本…②张…　Ⅲ．①建筑安装工程-建筑造价管理-专业学校-教材②建筑安装工程-施工管理-专业学校-教材　Ⅳ．TU723.3

中国版本图书馆 CIP 数据核字（2007）第 071102 号

安装工程造价与施工组织是建筑类中等职业学校建筑设备专业和暖通专业的主要技术专业课程之一，内容包括：安装工程预算与工程量清单概述，建筑安装工程工程量计算规则与工程造价实例，施工组织与管理等。

本书可供中等职业学校建筑设备专业的师生使用，也可供相关专业技术人员参考。

*　*　*

责任编辑：齐庆梅　刘平平
责任设计：赵明霞
责任校对：安　东　梁州州

教育部职业教育与成人教育司推荐教材
中等职业教育技能型紧缺人才教学用书
安装工程造价与施工组织
（建筑设备专业）
本教材编审委员会组织编写
主编　张　清
主审　邢玉林　侯晓云
*
中国建筑工业出版社出版、发行（北京西郊百万庄）
各地新华书店、建筑书店经销
霸州市顺浩图文科技发展有限公司制版
北京富生印刷厂印刷
*
开本：787×1092 毫米　1/16　印张：11¾　字数：281 千字
2007 年 7 月第一版　2007 年 7 月第一次印刷
印数：1—2500 册　定价：**18.00** 元
ISBN 978-7-112-08608-5
（15272）

本教材编审委员会名单

主　任： 汤万龙

副主任： 杜　渐　张建成

委　员：（按拼音排序）

陈光德　范松康　范维浩　高绍远　侯晓云
李静彬　李　莲　梁嘉强　刘复欣　刘　君
邱海霞　孙志杰　唐学华　王根虎　王光遐
王林根　王志伟　文桂萍　邢国清　邢玉林
薛树平　杨其富　余　宁　张　清　张毅敏
张忠旭

出 版 说 明

为深入贯彻落实《中共中央、国务院关于进一步加强人才工作的决定》精神，2004年10月，教育部、建设部联合印发了《关于实施职业院校建设行业技能型紧缺人才培养培训工程的通知》，确定在建筑（市政）施工、建筑装饰、建筑设备和建筑智能化四个专业领域实施中等职业学校技能型紧缺人才培养培训工程，全国有94所中等职业学校、702个主要合作企业被列为示范性培养培训基地，通过构建校企合作培养培训人才的机制，优化教学与实训过程，探索新的办学模式。这项培养培训工程的实施，充分体现了教育部、建设部大力推进职业教育改革和发展的办学理念，有利于职业学校从建设行业人才市场的实际需要出发，以素质为基础，以能力为本位，以就业为导向，加快培养建设行业一线迫切需要的技能型人才。

为配合技能型紧缺人才培养培训工程的实施，满足教学急需，中国建筑工业出版社在跟踪“中等职业教育建设行业技能型紧缺人才培养培训指导方案”（以下简称“方案”）的编审过程中，广泛征求有关专家对配套教材建设的意见，并与方案起草人以及建设部中等职业学校专业指导委员会共同组织编写了中等职业教育建筑（市政）施工、建筑装饰、建筑设备、建筑智能化四个专业的技能型紧缺人才教学用书。

在组织编写过程中我们始终坚持优质、适用的原则。首先强调编审人员的工程背景，在组织编审力量时不仅要求学校的编写人员要有工程经历，而且为每本教材选定的两位审稿专家中有一位来自企业，从而使得教材内容更为符合职业教育的要求。编写内容是按照“方案”要求，弱化理论阐述，重点介绍工程一线所需要的知识和技能，内容精炼，符合建筑行业标准及职业技能的要求。同时采用项目教学法的编写形式，强化实训内容，以提高学生的技能水平。

我们希望这四个专业的教学用书对有关院校实施技能型紧缺人才的培养具有一定的指导作用。同时，也希望各校在使用本套书的过程中，有何意见及建议及时反馈给我们，联系方式：中国建筑工业出版社教材中心（E-mail：jiaocai@cabp. com. cn）。

中国建筑工业出版社

前　言

“安装工程造价与施工组织”是建筑类中等职业学校建筑设备专业和暖通专业的主要技术专业课程之一，是从事建筑给水排水、采暖、通风与空调和建筑电气等工程的施工安装技术与管理人员必须掌握的专业知识和技能。其任务是通过本教材理论与工程实例学习，熟悉全国统一安装工程预算定额、工程量计算规则和工程量清单计价规范中的有关规定，掌握安装工程定额计价和工程量清单计价的方法，掌握暖卫工程、通风与空调工程和建筑电气工程的工程量计算规则，理解施工预算和施工图预（结）算编制与审查方法，具有编制一般安装工程定额计价和工程量清单计价的能力；熟悉流水施工、网络计划，掌握横道图和网络图，熟悉单位工程施工组织设计编制内容，掌握施工方案的编制方法；了解施工管理内容和要求，掌握施工任务单和作业计划内涵。为今后从事建筑设备工程的施工、管理和计价奠定基础。

本教材是根据2004年7月建设部中职中专学校供热通风与空调专业指导委员会第四届二次会议讨论制定的专业教育标准、专业培养方案和《安装工程造价与施工组织》课程指导性教学大纲进行编写的。

《安装工程造价与施工组织》计划教学80学时，共分三个单元，单元1是安装工程预算与工程量清单概述，主要知识点：施工定额、预算定额、全国统一安装工程预算定额及地区消耗量定额、建筑安装工程费用构成、施工图预算和施工预算的编制程序、内容与方法、工程量清单及清单计价。单元2是建筑安装工程工程量计算规则与工程造价实例，主要内容：建筑安装工程工程量计算规则；预算定额，清单计价规范；建筑给水排水预算、工程量清单和清单计价实例；采暖工程预算和清单计价实例；建筑电气安装工程预算和清单计价实例；空调工程预算及清单计价实例。单元3是施工组织与管理，主要知识点：组织施工的方式和概念，流水施工的特点、参数确定与计算、种类和横道图，网络图的概念、绘制，双代号网络图的参数计算，网络图应用，单位施工组织设计概念、内容、编制，施工方案、资源计划、进度计划，施工管理知识，施工作业计划和任务单，技术、质量及安全生产管理。

本教材在符合专业教育标准、专业培养方案和教学大纲中规定的知识点、能力点条件下，论述上尽量删繁就简，适应专业实践需要，围绕预算定额、工程量计算规则、工程量清单计价规范的应用，突出重点和造价实例。

本教材由江西建设职业技术学院张清担任主编，黑龙江建设职业技术学院邢玉林、新疆建筑职业技术学院侯晓云担任主审。江西建设职业技术学院张清、南昌大学杨玲明编写：安装工程定额与施工图预算，工程量清单简介，工程量计算规则，电气工程实例，空调实例；流水施工，网络计划，单位工程施工组织设计，施工管理；山东城建职业学院袁勇编写：清单计价软件，建筑给水排水实例；河南建筑职工大学陈连姝编写：采暖工程实例。

由于编者水平所限，教材中难免有许多不妥和错误之处，诚请读者提出宝贵意见与指正。

目　录

单元1　安装工程预算与工程量清单概述 …… 1
课题1　安装工程定额与施工图预算 …… 1
课题2　工程量清单简介 …… 20
单元2　建筑安装工程工程量计算规则与工程造价实例 …… 38
课题1　安装工程工程量计算规则与定额应用 …… 38
课题2　暖卫工程预算与工程量清单计价实例 …… 78
课题3　空气调节工程预算与工程量清单计价实例 …… 102
课题4　建筑电气工程预算与工程量清单计价实例 …… 119
课题5　施工预算与结算审查 …… 137
单元3　施工组织与管理 …… 142
课题1　流水施工 …… 142
课题2　网络计划简介 …… 148
课题3　单位工程施工组织设计 …… 154
课题4　施工管理 …… 165
参考文献 …… 179

单元1　安装工程预算与工程量清单概述

知 识 点：施工定额、预算定额、全国统一安装工程预算定额及地区消耗量定额、建筑安装工程定额计价费用构成、施工图预算和施工预算的编制程序、内容与方法、工程量清单及清单计价。

教学目标：理解劳动消耗定额、材料消耗定额和机械台班定额的概念；掌握预算定额人工、材料、机械台班消耗量和单价的确定；熟悉全国统一安装工程预算定额和地区消耗量定额的内容、项目单价表、定额有关费用计取和定额应用界限；掌握建筑安装工程定额计价费用构成和计算；了解施工图预算编制程序和依据，掌握施工图预算的编制方法；理解工程量清单及清单计价概念、编制原则、内容要求和编制方法，掌握清单计价费用构成和计算，了解"清单计价"软件知识。

课题1　安装工程定额与施工图预算

1.1　定额概述

1.1.1　定额的概念

定额是由国家、地方建设行政主管部门、施工企业为完成单位合格产品所需消耗的各种人工、材料、机械台班数量及其价值量所确定的标准数值。定额是一种标准，即规定的额度，其内容十分广泛，建筑安装工程定额是其中的一个类型，它是编制建筑安装工程预算和确定工程造价的标准，是判断和比较经济效益的尺度。

安装工程定额就是完成每一单位安装工程项目，所消耗的各种人工、材料、施工机械台班数量及其基价的标准数值。

(1) 定额特点

定额代表着一定时期的生产水平、技术水平和管理水平，是衡量劳动生产率的标准。随着生产技术的发展，机械化施工水平的提高，新技术、新工艺、新材料的应用推广，定额的项目和标准也必须适应新形势而变化，一般情况下，定额应不定期修编。

为使定额发挥促进生产的作用，定额水平应符合先进合理，达到中等偏上的水平，成为平均先进定额。所以，应按照正常的施工条件、多数施工企业的施工机械装备程度、科学合理的施工工期、施工工艺、劳动组织为基础编制。同时，定额必须贯彻相对稳定，简明适用的原则，其内容应具有多方面的适用性，便于应用。

基础定额是以保证工程质量为前提，完成按规定计量单位计量的分项工程的基本消耗量标准。基础定额的表现形式是按照量价分离、工程实体消耗和施工措施性消耗分离的改革设想而确定的。基础定额在项目划分、计量单位、工程量计算规则等方面统一的基础上实现了消耗量的基本统一，是编制全国统一定额、专业统一定额和地区统一定额的基础，也是施工企业进行投标报价和编制内部管理定额的重要参考资料。

我国地域广大，幅员辽阔，各地的生产水平和施工条件不一，各种材料价格及人工费在地区和时间上都存在差异，因此，各地造价主管部门根据本地区实际情况，依照定额指标编制本地区的“单位估价表”和地区补充定额。对新增定额子目，尽可能与目前新技术、新工艺的发展相适应，提高定额的覆盖面。也可在不同时期，随市场价格的波动而作出价差调整的政策规定。

定额是社会生产实践的产物。它和一切事物一样，也是经过由生产实践中来，再回到生产实践中去接受检验的反复过程，不断完善和发展起来的。所以制定定额的唯一源泉是生产实践。

综合上述，定额具有真实性、科学性、综合性、统一性、时间性、稳定性、权威性和强制性等特点。

(2) 定额分类

按生产要素分为：劳动消耗定额、材料消耗定额和机械台班消耗定额。

按定额的应用可分为施工定额、预算定额、概算定额、投资估算指标、工期定额和费用定额（费用标准）。

1.1.2 施工定额

施工定额又称企业定额，是指以组成分项工程的施工过程，专业工种为基础，完成单位合格工程量所需消耗的人工、材料、机械台班的数额。施工定额是施工企业的生产定额，它直接用于指导施工企业投标取价、施工管理和经济核算，是供企业内部使用的定额。施工定额的项目划分很细，是工程建设定额中分项最细，定额子目最多的一种定额。

施工定额由劳动消耗定额、材料消耗定额和机械台班消耗定额组成，是最基本的定额。

(1) 劳动消耗定额

劳动消耗定额简称劳动定额。它是指完成单位合格产品（工程实体）所需消耗劳动量（工人的劳动时间）的数量标准。劳动定额可用时间定额和产量定额两种形式表示，并互为倒数关系。

时间定额是指在正常作业条件（正常施工水平和合理劳动组合）下，工人为完成单位合格产品（单位工程量）所需要的劳动时间，以“工日”或“工时”计量，即：

单位产品时间定额＝小组成员工日数总和/小组班产量

或　　单位产品时间定额＝1/每工产量

产量定额是指在正常作业条件下，工人在单位时间（工日）内完成单位合格产品（工程量）的数量，以产品（工程量）的计量单位表示，即：

每班产量＝小组台班产量/小组成员工日总和

或　　每工产量＝1/单位产品时间定额（工日）

时间定额和产量定额表达的是同一劳动定额，时间定额以单位产品的工日数表示，便于计算完成某项工程所需的总工日数，核算工资、编制施工进度计划和计算工程工期；产量定额以单位时间内完成产品的数量表示，便于分配施工任务，考核工人的劳动效率。

我国劳动定额包括全国建筑安装工程统一劳动定额、地方补充劳动定额和施工企业补充劳动定额等。

（2）材料消耗定额

材料消耗定额简称材料定额，它是指在节约与合理使用材料的基础上，完成单位合格产品（单位工程量）所需消耗材料的数量标准。

这里所指的材料是工程建设中使用的原材料、成品、半成品、构配件、燃料以及水、电力资源的统称。

材料消耗量＝材料净用量＋材料损耗量

根据消耗定额的指标由直接消耗的净用量和不可避免的操作、场内运输等损耗量两部分组成，而损耗量是用材料的规定损耗率（%）来计算的。即：

材料损耗率＝材料损耗量/材料净用量

材料消耗量定额指标＝材料净用量×(1＋材料损耗率)

建筑安装工程中，除安装工程焊接材料消耗定额外，我国没有其他的专门材料消耗定额，各种材料的损耗率可查全国统一安装工程预算定额中的材料损耗率表计算。

（3）机械消耗定额

机械消耗定额又称机械台班消耗定额，简称机械台班定额，它是指在正常施工条件和合理组织条件下，完成单位合格产品必须消耗的各种施工机械设备作业时间（台班量）的数量标准。其表现形式类似劳动定额，也有机械时间定额和机械产量定额两种。

机械时间定额是指施工机械在正常运转和合理使用的条件下，完成单位合格产品（工程量）所需消耗的机械作业时间，以“台班”（一台机械工作八小时为一个台班）或“台时”表示，即：

机械时间定额＝机械台班消耗总量/机械完成产量

机械产量定额是指施工机械在正常运转和合理使用的条件下，单位作业时间内应完成的合格产品（工程量）的数量标准，以工程量计量单位表示。即：

机械时间定额与机械产量定额，在数值上也是互为倒数关系。

1.2 安装工程预算定额

预算定额是指以分项工程为基准，在正常施工条件下，完成单位分项工程或结构构件所消耗的各种人工、材料、机械台班数量和资金量标准指标数额。

1.2.1 全国统一安装工程预算定额

全国统一安装工程预算定额是指由建设部批准颁发《全国统一安装工程预算定额》。

（1）全国统一安装工程预算定额分册

全国统一安装工程预算定额是按单位工程或子单位工程进行分册，我国现行的《全国统一安装工程预算定额》共十三册。具体为：

第一册《机械设备安装工程》GYD-201-2000

第二册《电气设备安装工程》GYD-202-2000

第三册《热力设备安装工程》GYD-203-2000

第四册《炉窑砌筑工程》GYD-204-2000

第五册《静置设备与工艺金属结构件安装工程》GYD-205-2000

第六册《工业管道工程》GYD-206-2000

第七册《消防及安全防范设备安装工程》GYD-207-2000

第八册《给排水、采暖、燃气工程》GYD-208-2000

第九册《通风空调工程》GYD-209-2000

第十册《自动化控制仪表安装工程》GYD-210-2000

第十一册《刷油、防腐蚀、绝热工程》GYD-211-2000

第十二册《通信设备及线路工程》GYD-212-2000

第十三册《建筑智能化系统设备安装工程》GYD-213-2003

另有《安装工程施工机械台班费用定额》、《施工仪器仪表台班费用定额》和《安装工程焊接材料消耗定额》。

(2) 全国统一安装工程预算定额内容

全国统一安装工程预算定额每册的基本内容由总说明、册说明、章说明、目录、定额项目表和附录等组成。

1) 目录　主要列出定额组成项目名称和页次，便于查找的检索。目录是按分部工程或子分部工程划分章节。

2) 总说明　主要说明定额的编制原则、依据、施工条件、人工、材料、机械消耗及施工仪器仪表消耗量确定标准、定额作用和适用范围。

3) 册说明　主要说明适用范围、主要依据的标准及规范、执行相关册定额的内容及划分关系、定额中包括和不包括的内容、对定额中有关费用计取的规定。

4) 章说明　主要说明适用范围、本章包括或未包括的分部工程工作内容、界限划分要求、工程量计算的有关说明、定额中有关费用计取系数的规定、定额换算的规定等。

5) 定额项目表　定额项目表是安装工程预算定额的核心部分，划分定额项目的最小单位是分项工程。定额项目表的形式是量价合一，其内容包括：分项工程工作内容、一个计量单位的分项工程人工消耗量、材料和机械台班消耗的种类及用量标准、预算定额基价、工日、材料和机械台班单价、附注等。

表 1-1 为全国统一安装工程预算定额第八册《给排水、采暖、燃气工程》中的柔性抗震铸铁排水管（柔性接口）。

定额项目表中有关费用计算：

基价＝人工费＋材料费＋机械费

其中　人工费＝综合工日×定额中工资标准

材料费＝∑(材料消耗量×定额中材料单价)

机械费＝∑(机械台班消耗量×定额中机械台班单价)

6) 附录　主要列出一些相关资料，如材料损耗率表、示意图集、部件或配件重量表、允许调价材料取费表、不允许调价材料取费表、施工机械台班单价表等。如表 1-2 为全国统一安装工程预算定额第八册《给排水、采暖、燃气工程》附录二中柔性抗震铸铁排水管接头零件价格取定表。

柔性抗震铸铁排水管（柔性接口） **表 1-1**

工作内容：留堵洞口、光洁管口、切管、栽管卡、管道及管件安装、紧固螺栓、灌水试验

（计量单位：10m）

定额编号				8～150	8～151	8～152	8～153	8～154
				公称直径(mm 以内)				
项目				50	75	100	150	200
	名称	单位	单价(元)	数量				
人工	综合工日	工日	23.22	2.240	2.680	3.460	3.670	3.990
材料	柔性抗震铸铁排水管 *DN*50	m	—	(8.800)	—	—	—	—
	柔性抗震铸铁排水管 *DN*75	m	—	—	(9.300)	—	—	—
	柔性抗震铸铁排水管 *DN*100	m	—	—	—	(8.900)	—	—
	柔性抗震铸铁排水管 *DN*150	m	—	—	—	—	(9.600)	—
	柔性抗震铸铁排水管 *DN*200	m	—	—	—	—	—	(9.800)
	柔性铸铁管接头零件 *DN*50 室内排水	个	10.970	6.570	—	—	—	—
	柔性铸铁管接头零件 *DN*75 室内排水	个	20.680	—	9.040	—	—	—
	柔性铸铁管接头零件 *DN*100 室内排水	个	32.710	—	—	10.550	—	—
	柔性铸铁管接头零件 *DN*150 室内排水	个	67.780	—	—	—	5.070	—
	柔性铸铁管接头零件 *DN*200 室内排水	个	102.930	—	—	—	—	3.750
	橡胶密封圈(室内排水)*DN*50	个	3.850	16.660	—	—	—	—
	橡胶密封圈(室内排水)*DN*75	个	5.200	—	22.870	—	—	—
	橡胶密封圈(室内排水)*DN*100	个	7.180	—	—	25.340	—	—
	橡胶密封圈(室内排水)*DN*150	个	12.480	—	—	—	17.690	—
	橡胶密封圈(室内排水)*DN*200	个	18.210	—	—	—	—	14.790
	法兰压盖 *DN*50 室内排水	个	3.780	16.660	—	—	—	—
	法兰压盖 *DN*75 室内排水	个	4.310	—	22.870	—	—	—
	法兰压盖 *DN*100 室内排水	个	5.360	—	—	25.340	—	—
	法兰压盖 *DN*150 室内排水	个	13.450	—	—	—	17.690	—
	法兰压盖 *DN*200 室内排水	个	15.860	—	—	—	—	14.790
	精制六角带帽螺栓带垫 M8×14～75	套	0.250	51.480	—	—	—	—
	精制六角带帽螺栓带垫 M10×30～75	套	0.490	—	70.670	—	—	—
	精制六角带帽螺栓带垫 M12×14～75	套	0.540	—	—	78.300	—	—
	精制六角带帽螺栓带垫 M14×90	套	1.130	2.500	—	—	54.660	45.700
	角钢立管卡 *DN*50	副	3.630	—	2.500	—	—	—
	角钢立管卡 *DN*75	副	5.800	—	—	3.000	—	—
	角钢立管卡 *DN*100	副	8.420	—	—	—	1.300	—
	角钢立管卡 *DN*150	副	8.990	—	—	—	—	—
	透气帽(铅丝球)*DN*50	个	2.520	0.010	—	—	—	—
	透气帽(铅丝球)*DN*75	个	3.570	—	0.080	—	—	—
	透气帽(铅丝球)*DN*100	个	4.620	—	—	0.200	—	—
	透气帽(铅丝球)*DN*150	个	6.490	—	—	—	0.200	—
	普通硅酸盐水泥强度等级 32.5 级	kg	0.300	4.840	4.880	4.720	1.830	2.090
	砂子	m^3	44.230	0.011	0.012	0.012	0.009	0.006
	镀锌钢丝 8 号、12 号	kg	6.140	0.380	0.250	0.180	0.040	0.030
	水	t	1.650	0.020	0.090	0.090	0.280	0.510
	氧气	m^3	2.060	0.430	0.620	0.690	0.770	1.000
	乙炔气	kg	13.330	0.170	0.240	0.270	0.300	0.260
	钢丝 8 号	kg	4.890	0.080	0.080	0.080	0.080	0.080
	破布	kg	5.830	0.220	0.280	0.310	0.380	0.470
	棉纱头	kg	5.830	0.004	0.007	0.008	0.013	0.018
基价(元)				282.32	526.30	822.13	972.24	1044.85
其中	人工费(元)			52.01	62.23	80.34	85.22	92.65
	材料费(元)			230.31	464.07	741.79	887.02	952.20
	机械费(元)			—	—	—	—	—

柔性抗震铸铁排水管接头零件（计量单位：10m） 表 1-2

材料名称	DN50			DN75			DN100			DN150			DN200		
	用量	单价（元）	金额（元）	用量	单价（元）	金额（元）	用量	单价（元）	金额（元）	用量	单价（元）	金额（元）	用量	单价（元）	金额（元）
柔性下水铸铁弯头	5.28	9.04	47.73	1.52	12.29	18.68	3.93	17.76	69.80	1.27	35.62	45.24	1.71	56.31	96.29
柔性下水铸铁三通	1.09	19.65	21.42	1.85	31.94	59.09	4.27	48.01	205.0	2.36	100.0	236.0	2.04	142.0	289.68
柔性下水铸铁四通	—	—	—	0.13	46.44	6.04	0.24	83.94	20.15	0.17	148.0	25.16	—	—	—
柔性下水铸铁接轮	—	—	—	2.72	12.40	33.73	1.04	15.86	16.49	0.92	30.95	28.47	—	—	—
柔性下水铸铁异径管	—	—	—	0.16	12.61	2.02	0.30	14.81	4.44	0.34	23.64	8.04	—	—	—
柔性下水铸铁检查口	0.20	14.50	2.90	2.66	25.32	67.35	0.77	37.90	29.18	0.01	75.64	0.76	—	—	—
合计	6.57	—	72.05	9.04	—	186.91	10.55	—	345.06	5.07	—	343.67	3.75	—	385.97
综合单价(元)	—	10.97	—	—	20.68	—	—	32.71	—	—	67.78	—	—	102.93	—

（3）安装工程消耗量定额及单位估价表

安装工程消耗量定额及单位估价表是指全国各省、市、自治区建设行政主管部门根据全国统一安装工程预算定额中的每个子项目所制定的综合工日、材料消耗量、机械台班消耗量等，结合本地区的人工单价、材料预算价和机械台班单价等，制定出生产一个规定计量单位工程合格产品所需人工、材料、机械台班的社会平均消耗量及相应价格，并在单位估价表中以基价、人工费、材料费、机械费等货币形式表现的一种价格表。安装工程消耗量定额及单位估价表每册的基本内容由总说明、册说明、章说明、目录、单价表和附录等组成，并与《全国统一安装工程预算定额》一致。

对现行定额中没有的分项工程编制补充定额，补充定额是对消耗量定额及单位估价表有关册章节中所缺子目的补充，是相关册定额的组成部分，除另有说明外，均按相关册的有关规定说明执行。

1.2.2 预算定额消耗量的确定

定额项目表中人工、材料、机械台班消耗量及单价的确定。

（1）定额人工

1）人工工日

预算定额的人工工日不分工种和技术等级，一律以综合工日表示，内容包括基本用工、超运距用工和人工幅度差。

$$综合工日=\sum(基本用工+超运距用工)\times(1+人工幅度差率)$$

2）人工工资

人工工资按综合工日单价计算，包括基本工资、工资性津贴、生产工人辅助工资、职工福利费和生产工人劳动保护费等。

（2）定额材料

1）材料消耗量

A. 预算定额的材料消耗量包括直接消耗在安装工作内容中的主要材料、辅助材料和零星材料等，并计入相应损耗，其内容和范围包括：从工地仓库、现场集中堆放地点或现场加工地点至操作或安装地点的运输损耗，施工操作损耗，施工现场堆放损耗；

B. 用量很少，对基价影响很小的零星材料合并为其他材料费，以该项目计价材料费之和的百分之几表示，计入材料费内；

C. 施工措施性消耗部分，周转性材料按不同方法，不同材质分别列出一次使用量和一次摊销量。

2）定额材料费

A. 材料单价采用当时当地安装工程材料指导价和市场调查综合平均价；

B. 定额项目表中凡带括号的材料数量均为未计价材料，如表 1-1 中柔性抗震铸铁排水管，其费用应在预算时按市场材料预算单价另计；

C. 定额材料费＝∑(定额材料消耗量×单位材料预算价格)；

D. 材料预算价格计算方法，必须按各省、直辖市、自治区的规定计算，如江西省采用的计算方法为：

材料预算价格＝(供应价格＋材料运杂费)×(1＋采购及保管费率)

此外，各地主管部门除规定材料供应价、采保费、运杂费和运输损耗费外，还制定和颁发地区工程材料预算价格表和造价信息表，供预算人员查取当地材料预算价格。如表 1-3 为江西省安装工程材料价格，表 1-4 为南昌建筑工程造价信息。

江西省安装工程材料预算价格 **表 1-3**

名　称	单　位	信息指导价(元)
1. 铜芯聚氯乙烯绝缘护套电力电缆		
电力电缆 VV-1kV-1×4	100m	190.00
电力电缆 VV-1kV-1×10	100m	407.00
电力电缆 VV-1kV-1×16	100m	756.00
2. PP-R 三型聚丙烯管		
热水管 *De*20×2.3*PN*1.6MPa	m	8.80

南昌建筑工程造价信息 **表 1-4**

序号	材料名称	规格及型号	单位	市场价格(元)	备　注
118	焊管	*DN*80	m	30.52	
119	无缝钢管	ϕ22×2.5	t	6620.00	
150	法兰闸阀	Z41T-10*DN*40	个	112.00	明杆

(3) 定额机械台班

A. 定额的机械消耗量是按正常合理的机械配备和大多数施工企业的机械化装备程度综合取定的；

B. 对单位价值在 2000 元以内，使用年限在两年以内的不构成固定资产的工具、用具等一般不计入定额，而在当地费用定额中考虑；

C. 施工机械台班单价采用《全国统一施工机械台班费用定额》，由各省、直辖市、自治区结合当地单价确定。由两大类共七项费用组成：一类是不变费用，包括折旧费、大修理费、经常修理费和安拆费及场外运输费；另一类是可变费用，包括人工费、燃料动力费和养路费及车船使用税。

1.2.3　全国统一安装工程预算定额应用说明

(1) 关于水平和垂直运输

1）概念

A. 设备：包括自安装现场指定堆放地点运至安装地点的水平和垂直运输；

B. 材料、成品、半成品：包括自施工单位现场仓库或现场指定堆放地点运至安装地点的水平和垂直运输；

C. 垂直运输基准面：室内以室内地平面为基准面，室外以安装现场地平面为基准面。

2）运输距离　定额作如下规定：

A. 设备水平运输按 100m 以内考虑；

B. 材料、成品、半成品水平运输按 300m 以内考虑；

C. 设备及材料、成品、半成品垂直吊装按正或负 10m 以内考虑；

D. 设备、材料、成品和半成品的实际运距与定额取定不符时均不得调整。

（2）各类系数调整说明

1）高层建筑增加费，是指高度超过 6 层或 20m 以上的工业与民用建筑，施工因人工降效及材料垂直运输增加的人工费用，以人工费为计算基数，按定额中规定的系数计取，计算基数中应包括六层或 20m 以下全部工程的人工费。全部为人工工资。计取的范围为给排水、采暖、燃气、电气、消防及安全防范、通风空调、智能化系统等工程。以定额第八册为例说明如下：

【例 1】 某民用建筑，有高度为 39m 的 A 区，有高度为 24m 的 B 区，还有高度仅 15m 的 C 区，如何确定其高层建筑增加费？

解：A、B 两区则应分别以其全部人工费乘其相应的费率计取高层建筑增加费，而 C 区则不能计取高层建筑增加费。

一幢建筑物的层数和高度不在同一个取费档次时，应按高的取费系数计取。

【例 2】 某建筑物 20 层，底层高度为 6m，其余层高 3.6m，请确定高层建筑增加费系数。

解：计取高层建筑增加费时，如按 20 层计取应是 8%，但建筑物高度＝6＋3.6×19＝74.4m，超过了 70m，故应按 10%计取高层建筑增加费。

2）脚手架搭拆费，以人工费为计算基数，按定额中规定的系数计取，除规定的人工费外，其余均列入材料费。定额已考虑以下因素：各专业工程交叉作业施工时，可以互相利用脚手架；测算安装工程脚手架费用时，大部分是按简易架考虑；施工时如部分或全部使用土建的脚手架时，作有偿使用处理。所以，除个别定额不计取外，无论工程实际是否搭拆，搭拆数量多少，均按规定系数计取；

3）超高增加费是指安装操作高度超过定额中规定的高度时，所增加的费用。有楼层的按楼地面至安装物的垂直距离，无楼层的按操作地点至操作物的垂直距离确定费用系数：

【例 3】 某栋 24 层的建筑物，底层层高为 6m，二、三层高为 4.2m，某余各层均为 3.6m，已知该楼的电气设备安装工程总人工费为 50000 元，其中底层超高部分的安装人工费为 4500 元，试求该工程超高费和高层建筑增加费。

解：计算超高费：按超高部分人工费的 33%计算。

则超高费＝4500×33%＝1485 元（全部为人工工资）

计算高层建筑增加费：建筑高度＝6＋2×4.2＋21×3.6＝90m

故应按人工费的13%计算，而不是按人工费的10%计算。

即高层建筑增加费=50000×13%=6500元　（全部为人工工资）

4）安装与生产同时进行的增加费是指改扩建工程中，在生产车间或装置内施工，因生产操作或生产条件限制，干扰了安装工作正常进行而增加的降效费用。按人工费的10%计取，全部列入人工工资。但不包括为保证安全生产和施工所采取的措施费用，如果安装工作不受干扰的，不应计取此项费用；

5）在有害身体健康的环境中施工降效增加的费用，是指在民法通则有关规定允许的前提下，在改扩建工程中，由于车间或装置内有害气体或高分贝的噪声超过国家标准规定，以致影响身体健康而降效所增加的费用，按人工费的10%计取，全部列入人工工资。但不包括劳保条例规定应享受的工种保健费；

6）联合试运转费，是指负荷或无负荷联合试车费。预算定额中只包括施工及验收规范规定的试漏、试压、试验和单体试车等工作内容，未包括负荷或无负荷联合试运转费用。因为各类工业的生产工艺、产品类别和专业性质各不相同，对试车的要求也不一致，难以作统一规定。负荷或无负荷联合运转的费用，可按各工业部门（或主管单位）的规定另行计算，或参照实际发生按实结算；

7）设置于管道间、管廊内的管道、阀门、法兰、支架等安装增加费，是指建筑物内封闭的天棚、管道竖井中安装给排水、采暖、燃气管道所增加的费用。如第八册中规定其定额人工费乘以系数1.3，并全部列入人工费中，但不包括地沟内管道等安装；

8）系统调整费，是指采暖、通风与空调和民用建筑中的工艺管道工程的系统调试中人工、仪器仪表使用和消耗材料等费用。按定额规定系数计取，除定额中规定的人工工资外，其余均列入材料费；

9）主体结构为现场浇筑混凝土时，为配合土建施工而预留孔洞等增加费，如第八册中规定，采用钢模施工的工程，内外浇筑的人工乘以系数1.05，内浇外砌时人工乘以系数1.03，并全部列入人工费中；

10）各册定额章节说明中规定的分项工程子目修正系数。定额项目表中所列费用是按该项目的工作内容和施工要求确定的，当有些项目的工作内容和技术要求与定额项目不同时，所发生的费用则不同，应根据各章节说明中规定的分项工程增减系数进行调整。如第二册电力电缆安装，定额按三芯考虑，5芯电力电缆定额乘以系数1.3，6芯电力电缆乘以系数1.6，每增加一芯定额增加30%，以此类推；

11）基价换算系数的计算：各册定额为减少活口，规定了一些系数，包括分项工程子目修正系数、超高费系数、高层建筑增加费系数、脚手架搭拆费系数、安全与生产同时进行增加费系数、在有害身体健康环境施工降效增加费系数、系统调整费系数等。上述各种系数均以人工费合计作为计算基数，使用同一个基数，不再分子目系数和综合系数，也不再互相作为计算基础，系数计算所得的增减部分，均列入项目直接费。

（3）定额项目的换算

定额是综合性的，并符合设计和正常的施工情况，但由于建筑产品的多样化和现场生产条件的复杂性，定额不可能将所有实际发生的情况均考虑进去。为了使定额和施工图预算接近实际情况，符合设计和施工中变化较多，影响造价较大的重要因素，定额规定允许按设计和施工的要求合理地进行换算。

定额换算是施工图预算应用定额内容符合施工图设计和施工现场实际。就是根据定额的规定，对原项目的工料机进行调整，从而使项目的预算价格符合实际情况。

换算的原则：

1）必须是设计和施工图要求内容与定额项目内容不符或缺项；

2）定额规定允许换算或定额管理部门同意换算；

3）定额项目中所列的材料，使用机械的规格与施工图要求不符；

定额换算必须同时满足上述三个条件才可进行换算。

当消耗量定额出现定额项目缺项时，承包人应当编制补充项目，通过发包人认可，经工程项目所在地建设工程造价管理机构审核并备案后，作为结算依据。

（4）管道工程预算定额的执行界限

1）室内和室外管道的分界

A. 给水管道室内外界线：以建筑外墙皮 1.5m 为界，入口处设阀门者以阀门为界；

B. 排水管道室内外界线：以出户第一个排水检查井为界；

C. 采暖管道室内外界线：以入口阀门或以建筑物外墙皮 1.5m 为界；

D. 燃气管道室内外界线：从地下引入室内的管道以室内第一个阀门为界，从地上引入的管道以墙外三通为界。

2）室外管道与市政管道

全国统一安装工程预算定额中的第六册《工业管道工程》、第八册《给排水、采暖、燃气工程》，与全国统一市政工程预算定额中的第五分册《给水工程》、第六分册《排水工程》、第七分册《燃气与集中供热工程》，相互交叉，在套用定额时应注意交叉项目执行相应定额。同时，也规定了各管道定额的执行界限，如图 1-1～图 1-4 所示。

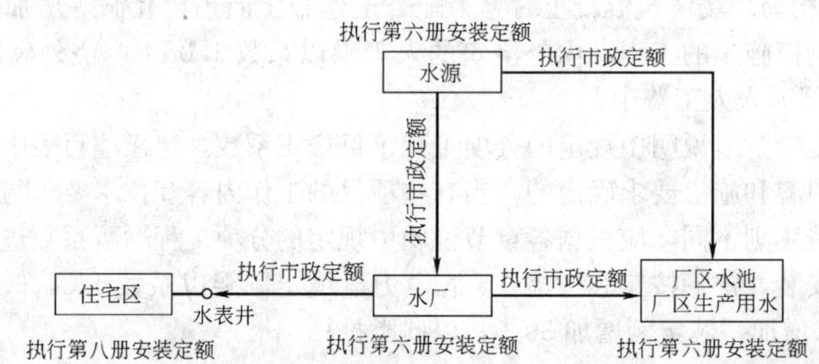

图 1-1　给水管道定额界限

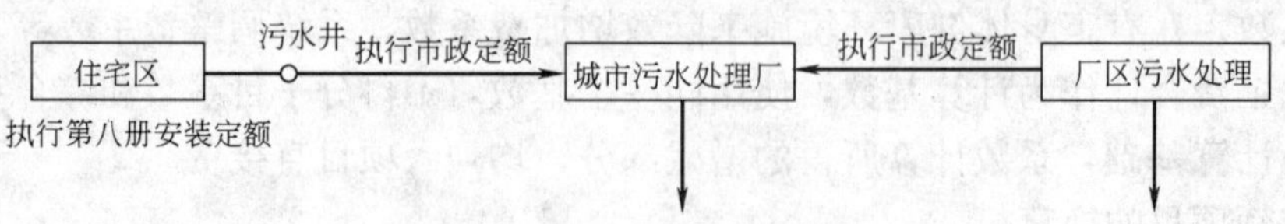

图 1-2　排水管道执行定额界限

A. 室外给水管与市政给水管以从市政给水管上引出的第一个水表井为界，无水表则以两管碰头点为界限；

B. 室外排水管与市政排水管的分界，民用建筑区以小区外第一个污水井或两管碰头

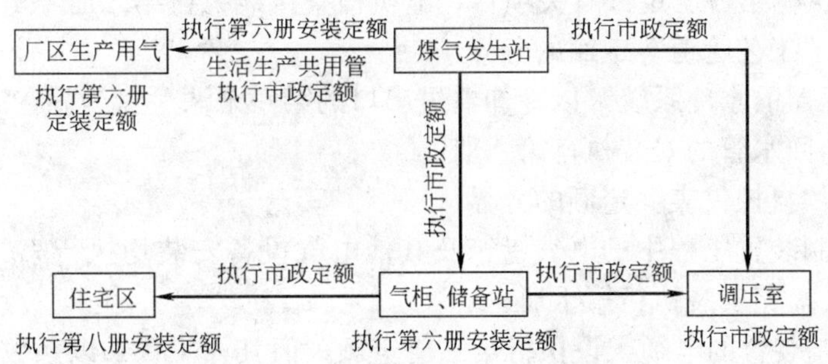

图 1-3　煤气工程执行定额界限

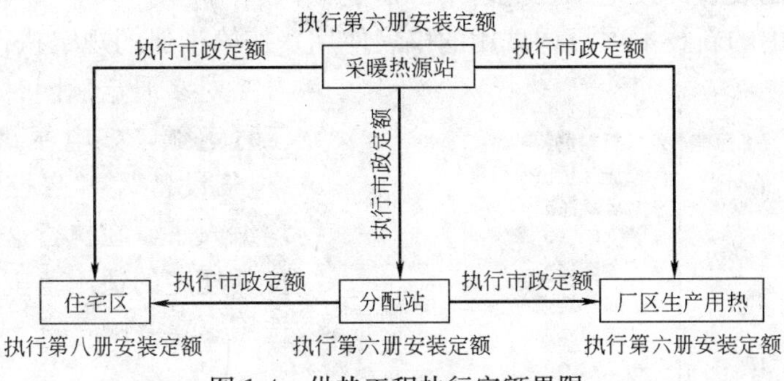

图 1-4　供热工程执行定额界限

点为界；厂区以厂外第一个污水井为界；

C. 室外燃气管与市政燃气管以从市政燃气管上接出的分配站出口外墙皮为界；无分配站以两管碰头点为界。

3）暖卫管道与工艺管道的分界

A. 从生活管道上接出的生产管道，或从生产管道和生产生活合用管道上接出生活管道，均以两管碰头点为界；

B. 设在高层建筑内的加压泵房的生活管道，以泵房外墙皮为界，泵房内管道为工艺管道；

C. 工厂车间内采暖管道以采暖系统与工业管道的碰头点为界；

D. 从锅炉房、换热器间或泵站引出的采暖管道、生活给水管道和消防管道，以锅炉房或泵房的外墙皮 1.5m 为界。

（5）电气设备安装定额与其他有关册定额的界限

1）与第一册“机械设备”定额的分界

A. 各种电梯的机械部分主要指：轿箱、配重、厅门、导向轨道、牵引电机、钢绳、滑轮、各种机械底座和支架等，均执行第一册有关项目。电气设备安装主要指：线槽、配管配线、电缆敷设、电机检查接线、照明装置、风扇和控制信号装置的安装和调试，均执行第二册“电气设备”定额；

B. 起重运输设备的轨道、设备本体安装、各种金属加工机床等的安装均执行第一册定额的有关项目，其中的电气盘箱、开关控制设备、配管配线、照明装置和电气调试执行第二册“电气设备”定额；

C. 电机安装执行第一册定额有关项目，电机检查接线执行第二册“电气设备”定额。

2）与第六册“工艺管道”定额的分界

大型水冷变压器的水冷系统，以冷却器进出口的第一个法兰盘为界，法兰盘开始的一次门及供水母管与回水管的安装执行第六册。

3）与第十册“自控仪表”定额的分界

A. 自动化控制装置工程中的电气盘箱及其他电气设备安装均执行第二册定额，自动化控制装置的专用盘箱安装执行第十册；

B. 自动化控制装置的电缆敷设执行第二册定额，但其人工费乘以系数 1.05；

C. 自动化控制装置的电气配管执行第二册定额，但其人工费乘以系数 1.07；

D. 自动化控制装置的接地工程执行第二册定额；

E. 电气调试中的新技术项目调试用的仪表使用费按第十册的规定执行。

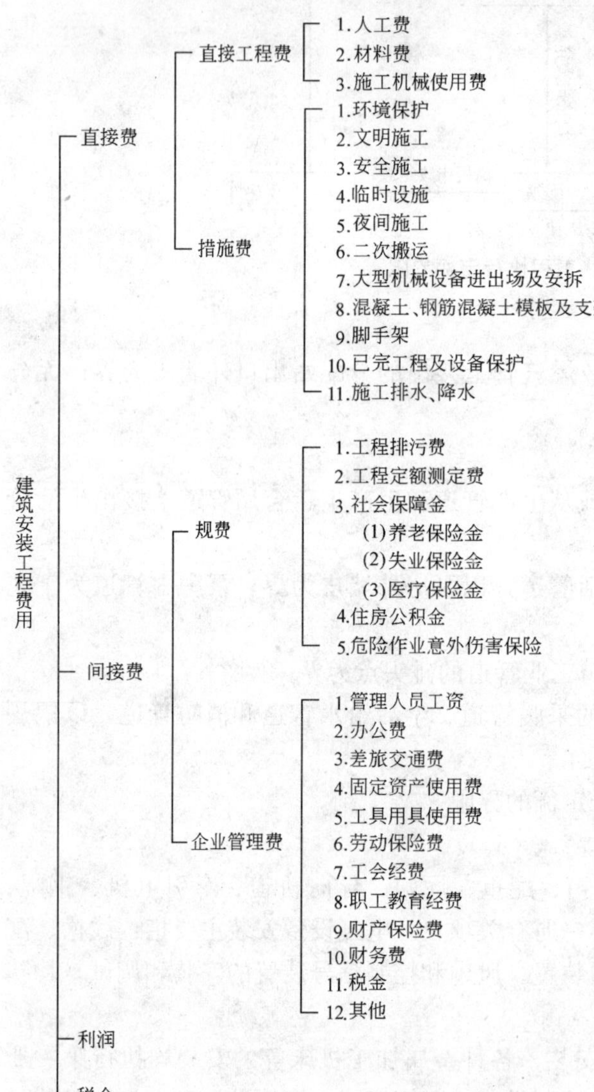

图 1-5　建筑安装工程费用项目组成表

对多册定额同时编入的某一分项工程定额，如电气盘箱的安装定额，“电气设备”、“自控仪表”两册定额均编入了，在执行这些定额时，一律按其规定的适用范围执行，不得任意选用。

1.3　安装工程费用

建筑安装工程费用依据《建设工程工程量清单计价规范》(GB 50500—2003)、建设部“建筑安装工程费用项目组成”（建标［2003］206 号）、“建筑工程发包与承包计价管理办法”（建设部 107 号令）等文件。各省、市、自治区结合当地实际编制“建筑安装工程费用定额”执行。建筑安装工程费用由直接费、间接费、利润和税金组成。直接费由直接工程费和措施费组成，直接工程费是指构成工程实体的人工费、材料费（包括计价和未计价材料）和机械使用费，措施费包括技术措施费和组织措施费；间接费由企业管理费和规费组成。

1.3.1　安装工程费用构成

图 1-5 为建标［2003］206 号文件发布的建筑安装工程费用项目组成表。

(1) 直接费

直接费包括直接工程费和措施费。

1) 直接工程费

直接工程费是指工程施工过程中耗费的构成工程实体的各项费用，包括人工费、材料费、机械使用费。

2) 措施费

措施费是指为完成工程项目施工，发生于该项工程施工前和施工过程中非实体项目的费用。分为技术措施费和组织措施费。

技术措施费包括特、大型机械设备进出场及安拆费、混凝土及钢筋混凝土混模板及支架费、脚手架费、施工排水、降水费、已完工程及设备保护费和其他技术措施费。

A. 特、大型机械设备进出场及安拆费是指机械整体或分体自停放场地运至施工现场或由一个施工地点运至另一个施工地点，所发生的机械进出场运输及转移费用和机械在施工现场进行安装、拆卸所需的人工费、材料费、机械费、试运转费和安装所需的辅助设施费用；

B. 混凝土、钢筋混凝土模板及支架费是指混凝土施工过程中需要的各种钢模板、木模板、支架等的支、拆、运输费用及模板、支架的摊销（或租赁）费用；

C. 脚手架费是指施工需要的各种脚手架搭、拆、运输费用及其摊销（或租赁）费用；

D. 施工排水、降水费是指为确保工程在正常条件下施工，采取各种排水、降水措施所发生的各项费用；

E. 已完工程及设备保护费是指竣工验收前，对已完工程及设备进行保护所需的费用；

F. 其他技术措施费是指根据各专业工程特点或工程实际补充的技术措施费用项目。

组织措施费包括环境保护费、文明施工费、安全施工费、临时设施费、夜间施工增加费、二次搬运费、冬雨期施工增加费、生产工具用具使用费、检验试验费、工程定位复测、工程点交、场地清理等费用和其他组织措施费用。

A. 环境保护费是指施工现场为达到环保部门要求所需要的费用；

B. 文明施工费是指施工现场文明施工所需要的费用；

C. 安全施工费是指施工现场安全施工所需要的费用；

以上三项费用简称安全文明施工措施费用，具体内容包括：

安全管理资料编印费用；

安全标志的购置以及宣传设施和器材等的设置费用；

安全教育、特种作业人员培训费用（包括工人岗位安全技能培训）、施工现场的消防设施、消防器材和保健设施建设费、急救器材的购置费用；

基坑临边防护和基坑相邻建筑物（构筑物）的监测费用；

起重机械及需要检测的设备、设施的安全防护设施费和安全检测费用；

地下作业通风设备配置和安全监测费用；高空作业所需辅助设备、设施的安全措施费用；

安全帽、安全网、安全带、安全绳、安全手套、劳保鞋、安全面罩、防毒面具、救生设备等安全用品；

楼梯口、电梯口、通道口、预留洞口、阳台、楼层和通道等的临边防护措施费用；

施工用电的三级配电两级防护等用电配置措施费用；

抢险应急措施设施设置费用；交通疏导、警示设施设置费用；

施工场地硬化处理、排水系统建设、泥浆处理、污水处理、粉尘控制、噪声控制、垃圾清运、除“四害”、洗车槽措施、场地绿化等建设和管理措施；

《建筑施工安全检查标准》JCJ 59—99 要求达标所需的其他安全文明施工措施费用。

D. 临时设施费：是指施工企业为进行建筑安装工程施工所必须搭设的生活生产用的临时建筑物、构筑物和其他临时设施费用等。临时设施包括宿舍、办公室、会议室、娱乐活动室、医务室、门卫室、食堂、浴室、厕所、配（变）电室、库房、工棚、料场、道路、现场围墙、水电管线等临时设施；临时设施费用包括临时设施的搭设、维修、拆除或摊销费用；

E. 夜间施工增加费是指因夜间施工所发生的夜班补助费、夜间施工降效、夜间施工照明设备摊销及用电等费用；

F. 二次搬运费是指因施工场地狭小等特殊情况而发生的二次搬运费用；

G. 冬雨期施工增加费是指工程在冬雨期施工期间为防水、防雨、保温及为保证工程质量和安全生产所采取的措施费用和人工降效费用；

H. 生产工具用具使用费是指建筑安装工程施工生产所需的不属于固定资产的生产工具用具、仪器仪表及检验用具等的购置、摊销、维修费，以及支付工人自备工具的补偿费；

I. 检验实验费是指建筑材料、构件和建筑安装物进行一般鉴定、检查所发生的费用，包括自设试验室进行试验所耗材料和化学药品等费用，不包括新结构、新材料的试验费和建设单位对具有出厂合格证明的材料进行检验，对构件做破坏性试验及其他特殊要求检验试验的费用；

J. 其他措施费是指根据各专业工程特点或工程实际补充的组织措施费用项目。

（2）间接费

间接费由规费和企业管理费组成。

1）规费　指政府和有关权力部门规定必须缴纳的费用。包括社会保障费（养老保险费、失业保险费、医疗保险费）、住房公积金、危险作业意外伤害保险、工程排污费、工程定额测定费和上级（行业）管理费。

2）企业管理费　指建筑安装企业组织施工生产和经营管理所需费用。内容如下：

A. 管理人员工资是指管理人员的基本工资、工资性补贴、职工福利费、劳动保护费等；

B. 办公费是指企业管理办公用的文具、纸张、账表、书报、水电、取暖、邮电等费用；

C. 差旅费包括职工因工出差、工作调动、市内交通、误餐补贴、职工探亲、劳动力招募、职工退休、退职人员一次性路费、工伤人员就医路费、工地转移费、管理部门交通工具的油料、燃料费等；

D. 固定资产使用费是管理和试验部门、附属生产单位使用的属于固定资产的房屋、设备仪器的大修、折旧、维修和租赁费；

E. 工具用具使用费是指管理使用的不属于固定资产的生产工具、器具、家具、交通工具和检验、测绘、消防用具等的购置、维修和摊销费；

F. 劳动保险费是指由企业支付退休职工易地安家补助、职工退职金、六个月以上病假人员工资、职工死亡丧葬补助费、抚恤金、按规定支付给离退休干部的各项费用；

G. 工会经费是指企业按职工工资总额计提的工会经费；

H. 职工教育经费是指企业为职工学习先进技术和提高文化水平，按职工工资总额提计的费用；

I. 财产保险费是施工管理用财产、车辆保险；

J. 财务费是指企业为筹集资金而发生的各种费用；

K. 税金是指企业按规定缴纳的房产税、车船使用税、土地使用税、印花税等；

L. 其他，如技术转让费、技术开发费、业务招待费、绿化费、广告费、公证费、法律顾问费、审计费、咨询费等。

(3) 利润

利润是指施工企业完成所承包工程获得的盈利。

(4) 税金

税金是指国家税法规定的应计入建筑造价内的营业税、城市建设维护税和教育费附加等。

1.3.2 安装工程施工图预算费用计算

施工图预算是按当地消耗量定额及单位估价表、当地费用定额进行计价。现以江西省建筑安装工程计价文件规定为例，说明施工图预算费用的计算程序和方法，各项目费率，应按当地费用定额或有关文件执行。

(1) 安装工程施工图预算费用计算程序

安装工程费用计算是以人工费为计算基础，程序见表1-5。

安装工程预算费用计算程序表 **表1-5**

序号	费用项目		计算方法(公式)
一	直接工程费		∑工程量×消耗量定额基价
	其中	1. 人工费	∑(工日耗用量×人工单价)
二	技术措施费		∑(工程量×消耗量定额基价)
	其中	2. 人工费	∑(工日耗用量×人工单价) 或按人工费比例计算
三	组织措施费		[(1)+(2)]×相应费率
	其中	3. 人工费	(三)×人工系数
四	价差		按有关规定计算
五	企业管理费		[(1)+(2)+(3)]×相应费率
六	利润		[(1)+(2)+(3)]×相应费率
七	规费	4. 社会保障费	[(1)+(2)+(3)]×相应费率
		5. 住房公积金	
		6. 危险作业意外伤害保险	
		7. 工程排污费	
		8. 上级(行业)管理费	[(一)+(二)+(三)]×相应费率
		9. 工程定额测定费	[(一)+(二)+(三)+(四)+(五)+(六)+(4)+(5)+(6)+(7)+(8)]×相应费率
八	税金		[(一)+(二)+(三)+(四)+(五)+(六)]×相应费率
九	单位工程费用		(一)+(二)+(三)+(四)+(五)+(六)+(七)+(八)

注：1. 技术措施项目未详列人工、材料、机械耗用量，而以每项"×元"表示的，或无工日耗用量的，以人工费为基础计取有关费用时，人工费按15%比例计算；

2. 组织措施费人工系数按15%比例计算。

（2）费用计算说明

1）施工措施费应按当地安装工程实际情况，依据当地统一基价表、单位估价表和费用定额的标准列项计算；

2）管理费、利润、规费和税金按当地执行的费用定额计算；

3）安全施工措施费、工程定额测定费、其他规费和税金为不可竞争费，均应按当地有关定额规定计取，其中安全施工措施费按有关规定另列计算。

1.4 施工图预算

施工图预算是以施工图纸为依据，按现行预算定额（当地单位估价表）、工程所在地的人工、材料、机械台班的预算价格和费用定额，以及有关技术经济文件等编制确定的工程造价文件。

1.4.1 施工图预算的编制依据

（1）设计图纸及配套的技术资料；

（2）现行全国统一安装工程预算定额以及各地的单位估价表、费用定额；

（3）当地材料预算价格（造价信息）、政府有关规定、市场材料动态；

（4）施工图纸会审纪要；

（5）工程施工或验收规范；

（6）采用定额计价的工程招标投标文件，工程承包合同或协议书；

（7）施工组织设计或施工方案；

（8）国家标准图集和有关技术经济文件、工具书等。

1.4.2 编制施工图预算的程序和内容

（1）收集并熟悉资料

1）收集编制预算的资料

A. 设计图纸、施工图纸会审资料、标准图集、设备安装图纸、设计变更等；

B. 全国统一安装工程预算定额、地区消耗量定额或单位估价表、补充定额、建筑安装工程费用定额和全国统一安装工程预算工程量计算规则；

C. 工程材料设备预算价格资料，地方设备及工程材料预算价格及市场信息。如当地“造价信息”等；

D. 工程施工与验收规范；

E. 招标投标文件资料或施工合同；

F. 施工现场调查资料及专业工程的施工方法、技术措施及施工组织设计；

G. 有关产品样本和设备材料手册。

2）熟悉设计图纸和文件资料

A. 认真识读图纸，对问题做好记录，在熟悉了解设计意图和工程全貌后，要深入现场，分析施工条件，发现问题及时提出。并在图纸会审或招标答疑、现场勘察时解决。

B. 当采用定额计价方式做投标书的商务标时，还应认真阅读招标投标文件和施工组织设计文件。如：工程发包范围、工期等实质性要求；设计图纸和技术资料；施工现场的开工条件；评标办法；主要的施工方法等。

（2）选用并熟悉预算定额

我国2000年《全国统一安装工程预算定额》共13册，各册的适用范围明确。编制施工图预算时，应以“干什么工程项目使用什么定额”为原则。有的单位工程项目单独使用某一册定额；有的单位工程项目根据不同部位或情况交叉使用几册定额，套用定额时，应按工程项目类别的不同，正确选用定额分册。

以全国统一安装工程预算定额《江西省单位估价表》（共13册，2004年）为例，介绍根据工程类别所使用的定额册数如下：

1）第一册《机械设备安装工程》内容分为14章，依次为切削设备安装；锻压设备安装；铸造设备安装；起重设备安装；起重机轨道安装；输送设备安装；电梯安装；风机安装（包括拆装检查）；泵安装（包括拆装检查）；压缩机安装；工业炉设备安装；煤气发生设备安装；其他机械安装及灌浆；附属设备安装。如工业与民用锅炉中的电动葫芦安装、工字钢轨道安装、刮板输煤机和皮带运输机安装、溴化锂吸收式制冷机、制冰设备、冷风机、制冷机及其附属设备安装等执行本册定额。

2）第二册《电气设备安装工程》内容分为14章，依次是变压器；配电装置；母线、绝缘子；控制设备及低压电器；蓄电池；电机；滑触线装置；电缆；防雷及接地装置；10kV以下架空配电线路；电气调整试验；配管、配线；照明器具；电梯电气装置。本册是本专业的主要应用定额之一。

3）第三册《热力设备安装工程》内容分为6章，依次是中压锅炉设备安装；汽轮发电机设备安装；燃料供应设备安装；水处理专用设备安装；炉墙砌筑；工业与民用锅炉安装。如工业与民用锅炉、燃料供用设备安装、水处理专用设备等执行本册定额。

4）第四册《炉窑砌筑工程》内容分为4章，依次是专业炉窑；一般工业炉窑；不定型耐火材料；辅助项目。如各种散装锅炉的炉墙砌筑等执行本册定额。

5）第五册《静置设备与工艺金属结构制作安装工程》内容分为9章，依次是静置设备制作；静置设备安装；设备压力试验与设备清洗、钝化、脱脂；设备制作安装其他项目，金属油罐制作安装；球形罐组对安装；气柜制作安装；工艺金属结构制作安装；综合辅助项目，金属油罐制作安装；球形罐组对安装；气柜制作安装；工艺金属结构制作安装；综合辅助项目。如工业与民用锅炉的烟道、风道、烟囱制作安装、阀门或设备的平台扶梯、压力容器、单个重量在500kg以上的一般管道支架安装、设备型钢支架与框架安装等执行本定额。

6）第六册《工业管道工程》内容分为8章，依次是管道安装；管件连接；阀门安装；法兰安装；板卷管制作与管件制作；管道压力试验、吹扫与清洗；无损探伤与焊口热处理；其他。如工业管道、生产生活共用管道、锅炉房和泵类房配管、高层建筑内加压泵间的管道、防水套管等执行本定额。

7）第七册《消防及安全防范设备安装工程》内容分为6章，依次是火灾自动报警系统安装；水灭火系统安装；气体灭火系统安装；泡沫灭火系统安装；消防系统调试；安全防范设备安装。是本专业主要应用定额之一。

8）第八册《给排水、采暖、燃气工程》内容分为7章，依次是管道安装；阀门、水位标尺安装；低压器具、水表组成与安装；卫生器具制作安装；供暖器具安装；小型容器制作安装；燃气管道、附件、器具安装。是本专业主要应用的定额之一。

9）第九册《通风空调工程》内容分为14章，依次是薄钢板通风管道制作安装；调节阀制作安装；风口制作安装；风帽制作安装；罩类制作安装；消声器制作安装；空调部件及设备支架制作安装；通风空调设备安装；净化通风管道及部件制作安装；不锈钢板通风管道及部件制作安装；铝板通风管道及部件制作安装；塑料通风管道及部件制作安装；玻璃钢通风管道及部件安装；复合型风管制作安装。是本专业主要应用的定额之一。

10）第十册《自动化控制仪表安装工程》内容分为9章，依次是过程检测仪表；过程控制仪表；集中检测装置及仪表；集中监视与控制装置；工业计算机安装与调试；仪表管路敷设、伴热及脱脂；工厂通讯、供电；仪表盘、箱、柜及附件安装；仪表附件制作安装。如温度、压力、流量等测量仪表（不包括水表）、电磁阀、安全监测装置、自动调节阀等的安装，以及仪表配管、脱脂、仪表阀门安装等，均执行本定额。

11）第十二册《建筑智能化系统设备安装工程》内容分为10章，依次是综合布线系统；通信系统设备安装；计算机网络系统设备安装；建筑设备监控系统安装；有线电视系统设备安装；扩声、背景音乐系统设备安装；电源与电子设备防雷接地装置安装；停车场管理系统设备安装；楼宇安全防范系统设备安装；住宅小区智能化系统设备安装。

12）第十四册《刷油、防腐蚀、绝热工程》内容分为11章，依次是除锈工程；刷油工程；防腐蚀涂料工程；手工糊衬玻璃钢工程；橡胶板及塑料板衬里工程；衬铅及搪铅工程；喷镀（涂）工程；耐酸砖、板衬里工程；绝热工程；管道补口补伤工程；阴极保护及牺牲阳极。如各种设备、支吊架的除锈、刷油、防腐、保温和保冷等执行本定额。

13）第十五册为补充定额（试行），是对已发行定额的补充。

第十二册《通信设备及线路工程》和第十三册《长距离输送管道工程》另行发布。

此外，有些工程内容应选用市政工程定额，有些工程内容又应选用建筑工程定额，还有些要另行编制补充定额。所以，在进行安装工程预算前，要认真学习预算定额，全面熟悉定额，才能准确计算工程量和套用定额。

(3) 划分分部分项工程，并计算工程量

分部分项工程是定额计价的基本子目，正确划分分项工程是计算工程量的基础。工程量是指各分项工程项目按工程名称、型号、规格分列的实物量，如De20的PP-R管长度、H44T-10-150止回阀的个数等。工程量是计算定额直接费的基础，定额直接费又是确定工程造价的基数。因此，工程量计量是否准确直接影响工程造价，所以，按照现行工程量计算规则，依据施工图正确计算工程量，是编制预算的关键。

1）工程量计算规则

现行工程量计算规则是：《全国统一安装工程预算工程量计算规则》GYD_{GZ}-201-2000，以及与之配套的《全国统一安装工程预算定额》（共13册）。

2）工程量计算的顺序

A. 依据预算定额、设计图纸划分和排列分项工程项目；

B. 逐项计算工程量。列出计算公式或计算过程，注明数据来源，填入“工程量计算表”，以便核查，防止重复计算、漏算或错算；

C. 汇总工程量。将同类型、同规格的项目进行合并和汇总，填入工程量汇总表中，表中分项工程子目、定额编号、计算单位必须与定额一致。表中的工程量数值，才是套用定额计算定额直接费时所用的数据。

3）工程量计算注意事项

A. 对计算工程量的图纸进行统一编号，一般以介质流动方向或是电流方向，按节点进行编制：如给水管网系统以用户入口（水表节点）为起点，对系统图沿水流方向直到配水点，在管道转弯、变径、分支等处依次编号，计算时按编号结合平面图进行工程量计算；这样就不会产生重算或漏算，又容易核对；

B. 计量管道长度时，平面中的位置不一定是实际安装的位置，图中有些属于一种习惯画法，计量时应按实际安装位置确定管线长度；

C. 定额子目中已包括的工作内容不得重复计算，而未包括的工作内容又不能漏算。如第八册中的镀锌铁皮套管的安装，已包括在相应的管道安装定额子目中，不得计算其安装工程量，而应计算其制作工程量，并套用相应定额。

（4）套用预算定额，计算直接工程费

当工程量汇总表中的数据复查无误后，可根据选定的定额套用相应项目的预算单价，计算直接工程费（也称定额直接费），各项数据填入"安装工程定额计价表"中。

其中，单位工程直接工程费中的人工费，是安装工程计取间接费与其他费用的计费基数。

1）直接工程费（定额直接费）的计算步骤：

A. 将工程量汇总表中各分项工程名称（分型号、规格）、单位和数量、定额编号填写在工程定额计价表相应栏目中；

B. 按定额编号查出定额给定的基价、人工费、机械费、材料费等，填写在工程定额计价表的相应栏目中；

C. 查当地造价信息或材料价格资料，将定额中未计价材料单价填入主材费（未计价材料费）栏中；

D. 计算各分项工程总价：定额基价、定额未计价材料费、人工费、定额计价材料费和机械费，将计算数据填入相应栏目中：

总价＝定额单价×分项工程量

E. 在计算各分项工程总价时，按定额规定对有增减系数要求的子目进行增加或减少费用。其他应计取的费用，按定额中有关册章节说明计取。注意：套用的定额不同，各费用系数也不同；

F. 直接工程费＝Σ(分项工程量×定额基价)＋Σ(分项工程量×未计价材料单价)＋Σ按定额规定系数计取的费用。

2）计算各项预算费用与汇总单位工程预算造价

在计算出单位工程直接费后，应按规定的"安装工程取费标准和计算程序表"计取措施费、各项间接费、利润和税金，并汇总出单位工程预算造价。

A. 各项取费的费率、计算基数和计算程序，应按各省、直辖市、自治区编制的费用定额和有关文件执行；

B. 选用的取费定额与套用的工程预算定额应一致。如：分项工程套用的是安装工程定额，则取费也是安装工程费用定额；分项工程套用的是市政工程定额，则取费也是市政工程费用定额。

(5) 编写施工图预算的编制说明

预算书编制说明的基本内容如下：

1）工程概况：建设单位、工程名称、工程范围、工程地点、经济指标、结构形式等；

2）编制依据：工程图纸、施工验收规范、定额名称、费用标准、计价方法、材料价格依据、施工方案或施工组织设计、合同等；

3）在工程量计算中，有关特殊项目或特殊部位计算方法的说明；

4）采用定额单价及地区材料预算价格和主要材料采用价格的说明；

5）对定额中未包括项目借套定额的说明，或因定额缺项而编制补充预算单价表的说明；

6）取费计算标准及依据；

7）预算中未包括的费用及其他需要说明的事项；

8）特殊材料或设备说明；

9）其他需要说明的问题。

(6) 装订成册形成预算书

施工图预算全部费用计算工作结束后，要装订成册，形成造价文件即预算书，内容包括封面、编制说明、费用表、安装工程定额计价表（工程直接费表）、工程量计算表、补充子目单位估价表等。

施工图预算采用统一的标准格式。

1）封面　采用定额计价的封面包括招标标底编制书和招标标底总价；投标报价表和投标总价；预（结）算造价书及预（结）算造价审核书。

A. 招标标底编制书和招标标底总价由具有相应资质的中介机构编制和填写；

B. 投标报价表和投标总价由投标单位编制和填写；

C. 预（结）算造价书由施工单位编制和填写；

D. 预（结）算造价审核书由具有相应资质的工程造价咨询单位编制和填写。

2）安装工程费用总价表　也称取费表，主要反映工程预算造价所含的费用项目及各项费用的计算方法和计算结果等。

3）安装工程定额计价表（工程直接费计价表，也称分项工程费汇总表）　主要内容有：分项工程名称及其对应的定额编号、工程量、主材单价、基价及对应的总价等，它是施工图预算的核心内容。

4）材料及设备数量汇总表　主要包括各类材料设备名称、规格、型号、产地、厂家、预算单价等。

5）工程量计算表　是工程预算书的附表，供审核时核查工程量的计算完整性和准确性，同时也是预算人员的基础存底资料。

课题 2　工程量清单简介

2.1　工程量清单计价的概念

我国于 2003 年 2 月 17 日发布《建设工程工程量清单计价规范》GB 50500—2003，并于2003年7月1日正式实行。工程量清单计价方法是建设工程招标投标中，招标人按国家统一的工程量计算规则提供工程数量，由投标人依据工程量自主报价，并按经评审低价中标的工程造价计价方式。

工程量清单（BOQ）是表现拟建工程的分部分项工程项目、措施项目、其他项目名称和相应数量的明细清单，由招标人按照《建设工程工程量清单计价规范》（以下简称《计价规范》）中统一的项目编码、项目名称、计量单位、工程量计算规则和格式进行编制，包括分部分项工程量清单、措施项目清单、其他项目清单。工程量清单是招标文件的重要组成部分，所有的投标都应以业主提供的工程量清单为基础，从而使最后的投标结果具有可比性。工程量清单自发出至工程竣工结算具有“二个依据”和“三个基础”的作用，即编制标底和投标报价的依据，又是投标人进行公正、公平、公开竞争，调整工程量和工程结算的基础。

工程量清单计价是指按招标文件规定，投标人完成由招标人提供的工程量清单所需的全部费用，包括分部分项工程费、措施项目费、其他项目费和规费、税金。

工程量清单计价采用综合单价。综合单价是指完成规定计量单位项目所需全部费用，由人工费、材料费、机械使用费、管理费、利润组成，并考虑风险因素。

《计价规范》有正文和附录两部分内容。正文主要规定有：《计价规范》的适用范围、遵循的原则、编制工程量清单应遵循的规则、工程量清单计价的规则和工程量清单及其计价的统一格式要求等。

《计价规范》附录包括五类工程方面的工程量清单项目及计算规则，本专业为“附录C安装工程工程量清单项目及计算规则”。此外，附录A为建筑工程，附录B为装饰工程，附录D为市政工程，附录E为园林绿化工程。附录中包括项目名称、项目编码、项目特征、工程量计算规则、计算单位和工程内容，其中项目名称、项目编码、计量单位和工程量计算规则是统一的内容和要求，招标人在编制时应严格执行。

2.2 安装工程工程量清单编制

2.2.1 工程量清单编制依据

（1）国家工程量清单计价规范的相关规定；

（2）当地有关计价条例文件，相关的法律法规：如当地“安装工程工程量清单计价指引”，既利于工程量清单计价与工程定额计价的配合使用，又是工程量清单计价的参考资料；

（3）设计图纸、图纸会审记录、工程勘察、相关技术规范标准等技术文件资料；

（4）招标有关文件资料；

（5）施工现场、施工条件等情况。

2.2.2 工程量清单的编制步骤

（1）准备工作：收集资料。熟悉《计价规范》、当地“计价指引”、设计图纸、施工规范、规程、标准等技术经济文件资料；熟悉地质、水文及其勘察资料；了解和分析施工现场情况；调查施工行业水平和状况等。

（2）计算分部分项工程量：划分并确定分部分项工程名称；确定项目特征的描述；确

定项目编码；按工程量计算规则计算工程量；复核与整理清单文件。

（3）编制分部分项工程量清单。

（4）编制措施项目清单：按《计价规范》措施项目表的划分和规定进行，并与分部分项工程量清单综合考虑，与分部分项工程紧密相关的措施项目可同时编制。

（5）编制其他措施项目工程量清单。

（6）编制主要材料价格表。

（7）审核与修正分部分项工程量清单。

（8）按《计价规范》格式整理工程量清单；

（9）签字、盖章并装订成册。

2.2.3 分部分项工程量清单的内容

（1）工程名称：如1号教学楼安装工程；

（2）项目编码：全国统一编码；

（3）项目名称：安装工程应按《计价规范》附录C的规定设置，不能各行其事。若项目名称有缺项，招标人可按规则自行补充，并报当地造价站备案；

（4）项目特征：项目描述应到位，清单上不能遗漏完成该项目的工作内容；凡项目特征中未描述到的其他独有特征，由清单编制人员视具体情况确定，以准确描述清单项目为准，而非以附录C中提示的“工作内容”定论；

（5）计量单位：按全国统一计量单位标准；

（6）工程量计算规则：按全国统一计量规则；

（7）工程内容：是指完成该清单项目可能发生的具体工程，可供招标人确定清单项目和投标人投标报价参考，凡工程内容未列全的其他具体工程，由投标人按招标文件或图纸要求编制，以完成清单项目为准，综合考虑到报价中。

2.2.4 工程量清单的项目编码

编码是为工程造价信息全国共享而设的，要求全国统一。项目编码共设十二位，计价规范中统一前九位，安装工程按《计价规范》中附录C确定，后三位由工程量清单编制人确定，并应从001起顺序编制。

各级编码的含义是：

第一级表示分类码（分二位）：01为建筑工程、02为装饰装修工程、03为安装工程、04为市政工程、05为园林绿化工程；

第二级表示各附录章顺序码（分二位），即专业工程：如消防工程为0307；

第三级表示节顺序码（分二位），如薄钢板通风管道制作安装为030901；

第四级表示清单项目码（分三位），如薄钢板通风管道制作安装中的镀锌薄钢板圆形风管（1.2mm以内咬口）为030901001；

第五级表示具体清单项目码（分三位）：如镀锌薄钢板圆形风管（1.2mm以内咬口）等，清单编制人按项目依次编定。

项目编码结构举例：030201001×××

03	02	01	002	×××
一级	二级	三级	四级	五级
安装工程	电气设备安装工程	变压器	干式变压器	清单项目编码

2.2.5 工程量清单的单位

《计价规范》中按国际惯例，计量单位为基本单位，除各专业中另有特殊规定外，均按以下单位计量：

（1）长度计量采用“米”为单位，应保留小数点后两位数字；

（2）面积计量采用“平方米”为单位，应保留小数点后两位数字；

（3）重量计量采用“吨”为单位，应保留小数点后三位数字；

（4）体积或容积采用“立方米”为单位，应保留小数点后两位数字；

（5）自然计量单位有台、套、个、组、块等，应取整数；

（6）没有具体数量的项目有宗、项、系统等。

2.2.6 分部分项工程量清单项目及其计算规则

（1）工程量计算规则是对清单项目工程量的计算规定。是在现行的全国统一安装工程预算定额基础上进行制定；

（2）依据清单项目的工程量计算规则，计算出的量是按设计图示以工程实体的净值考虑，不包括采用施工措施而增加的量或各类损耗，投标报价时，应在单价中考虑施工中的各种损耗和需要增加的工程量。如管道、导线等；

（3）要尽量考虑“一量多用”。如管线工程量以延长米计量单位，也可用于刷油保温等工程中；

（4）不应有施工企业施工方法的条款。如管道工程中不应有明设和暗设之分；

（5）不应有施工措施性内容。如脚手架和垂直运输机械等；

（6）项目名称的设置、项目编码的设定和计量单位的确定，应符合《计价规范》中附录C要求；

（7）清单项目的工程内容描述应明确，并能反映完成本实体项目的全部内容。

这里有两点值得注意：一是有的工程内容在全国统一安装工程预算定额中已综合考虑，如刷油、试压等，以电气配管工程项目为例，定额工作内容已包括刷油，且材料消耗中也给出了油漆消耗量，而在电气工程的钢管明配描述中仍加上刷油内容，这是由于清单的编制与定额无关，若指定使用这个定额，则不应描述；二是有些工程内容无法确定其是否发生，如变压器安装工作内容中的干燥和油过滤，有的需设备到施工现场后方可确定干燥与否，则清单中可按发生描述，也可不描述，但必须在招标文件有关条款中明确，如与清单描述不同时如何进行增减。

在地方造价文件中，会将全国统一安装工程预算定额及地方单位估价表及“计价规范”中的附录结合在一起，以《江西省安装工程工程量清单计价指引》为例，如030701001为水喷淋镀锌钢管安装，其工程量清单项目有如下规定：

（1）项目工程特征包括：管道安装部位（室内外）、材质、规格与型号、连接方式、除锈标准、刷油、防腐设计要求、水冲洗与水压试验设计要求；

（2）工程量计算规则：按设计图示管道中心线长度以延长米计算，不扣除阀门、管件各种组件所占长度，方形补偿器以其所占长度按管道安装工程量计算；

（3）清单工程内容：管道及管件安装，套管（包括防水套管）制作与安装，管道防腐、除锈、刷油，管网水冲洗与水压试验，无缝钢管镀锌；

（4）可组合的消耗量定额项目名称及对应的江西省安装工程消耗量定额子目如表1-6。

水喷淋镀锌钢管安装工程内容项目表 **表 1-6**

序号	可组合的消耗量定额项目名称（工程内容）	计量单位	数量	消耗量定额子目
1	镀锌钢管			C7-67～75
2	柔性套管			C6-2919～2944
3	刚性套管			C6-2945～2970
4	穿墙套管			C6-2971～2980
5	铁皮套管			C8-169～177
6	管网水冲洗			C7-132～137
7	水压试验			C6-2428～2442

2.2.7 工程量清单格式

工程量清单格式是招标人发出工程量清单文件的格式。它反映拟建工程的全部工程内容及为实现这些工程内容而进行的其他工作项目。计价规范中要求由下列内容组成：

(1) 封面：由招标人按规定内容填写；工程量清单由招标人委托工程造价咨询单位编制时，由受委托的咨询单位填写；"编制人"为造价工程师时，也可填"注册证号"。

(2) 填表须知。

(3) 总说明：包括招标人的要求及影响投标人报价相关因素等内容。主要应包括下列内容：工程概况、批准号文、建设规模、工程特征、计划工期、施工现场实际情况、交通运输情况、自然地理条件、环境保护要求等；工程招标和分包范围；工程量清单编制依据；工程质量、材料、施工等的特殊要求；招标人自行采购材料的名称、规格型号、数量等；预留金、自行采购材料的金额数量；其他需说明的问题，包括报价人注意事项，招标人自身的某些要求等。

(4) 分部分项工程量清单。

(5) 措施项目清单。

(6) 其他项目清单。

(7) 零星工作项目表：是为其他项目清单计价服务的，是其他项目清单的附表。

随工程量清单发至投标人的还有主要材料价格表，主要材料价格表中应包括详细的材料编码、材料名称、规格型号及计量单位等。

2.3 安装工程工程量清单计价

2.3.1 建筑安装工程工程量清单计价费用构成

建设部、财政部颁布的建标［2003］206号"关于印发建筑安装工程费用项目组成的通知"的文件规定，建筑安装工程费用由直接费、间接费、利润、税金组成。其中直接费由直接工程费、措施费组成。间接费由规费、企业管理费组成。

由于工程量清单计价是采用综合单价计价。综合单价由人工费、材料费、机械使用费、管理费、利润组成，并考虑风险因素。各分项工程的综合单价是否均能发生上述五项费用，视分项工程不同而定。上述费用的命名、组成不能完全适应工程量清单计价的需要。现以××省的建筑安装工程费用项目组成为例，说明建筑安装工程工程量清单计价费用的构成，如图 1-6 所示。一是它能完全与《建设工程工程量清单计价规范》相吻合，又不违背建标［2003］206 号文件。二是把实体消耗量所需费用、非实体消耗量所需费用、招标人特殊要求所需费用分别列出，清晰、简单，更能突出非实体消耗的竞争性。三是分部分项工程费、措施项目费、其他项目费均实行“全费”制，体现了与国际惯例做法的一致性。四是考虑了我国的实际情况，将规费、税金单独列出。

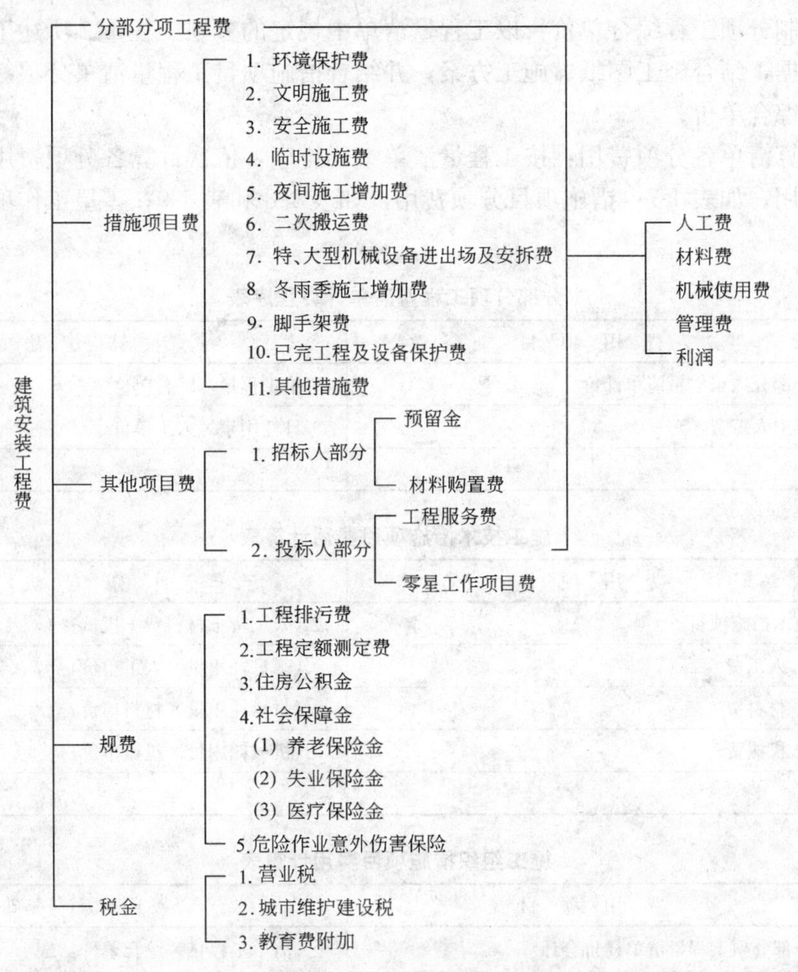

图 1-6　建筑安装工程费用项目组成表

2.3.2　工程量清单计价编制依据

（1）现行国家和地方建设行政主管部门有关建筑安装工程的计价规定、“计价规范”及相关的政策、法规、标准、规范和操作规程等；

（2）设计图纸、招标文件、工程量清单、施工组织设计及施工方案、地质与水文资料和施工现场资料等；

（3）工程所在地的劳动力、材料与设备等资源与价格信息，造价主管部门公布的造价信息等；

(4) 企业定额、企业技术与质量管理标准、新技术、新工艺、新材料等资料、已完同类工程或相近工程的存档资料等;

(5) 国家或当地建筑安装工程综合单价定额、有关的消耗量定额或单位估价表、费用定额等。

2.3.3 工程量清单计价编制步骤和方法

(1) 核实工程量清单,正确理解清单中项目设置特征和工程内容;

(2) 收集资料,熟悉招标文件和工程图纸,做好计价准备工作;

(3) 编制分项工程综合单价:以工程量清单中规定的分项工程量、所述工程特征和工程内容为依据,结合施工图纸、施工方案,并结合措施项目工程量清单分项综合考虑,编制分部分项综合单价;

(4) 计算清单各分项费用:按工程量清单编码排序,依次计算各分项费用。分部分项工程分项费用,如表1-7;措施项目分项费用,如表1-8和表1-9;零星工作项目费用,如表1-10;

分部分项工程量清单计算程序表 **表1-7**

序 号	费 用 项 目	计 算 方 法
一	分部分项工程量清单计价	清单工程量×综合单价
	其中人工费	工日耗用量×人工单价

施工技术措施项目费用计算表 **表1-8**

序 号	费 用 项 目	计 算 方 法
一	技术措施项目	Σ(人工费+材料费+机械费)
其中	1. 人工费	Σ(工日耗用量×人工单价)
	2. 材料费	Σ(材料耗用量×材料单价)
	3. 机械费	Σ(机械耗用量×机械单价)

施工组织措施项目费用计算表 **表1-9**

序 号	费 用 项 目	以人工费为计算基础
一	分部分项工程量清单计价合计	Σ(清单工程量×综合单价)
	1. 其中人工费	Σ(工日耗用量×人工单价)
二	技术措施项目清单计价合计	Σ(人工费+材料费+机械费)
	2. 人工费	Σ(工日耗用量×人工单价)
三	组织措施项目人料机费	(1+2)×费率
	3. 人工费	三×人工系数
四	企业管理费	
五	利润	
六	施工组织措施项目费合计	Σ(三+四+五)

零星工作项目费计算程序表 **表 1-10**

序号	费用项目	以人工费为计算基础
一	人工综合单价	人工单价×(1＋企业管理费率)×(1＋利润率)
二	人工费合计	Σ(工日耗用量×人工综合单价)
三	材料综合单价	材料单价
四	材料费合计	Σ(材料综合单价×材料耗用量)
五	机械综合单价	机械单价
六	机械费合计	Σ(机械耗用量×机械综合单价)
七	零星工作项目费	二＋四＋六

(5) 计算单位工程计价费用：包括分部分项工程费用、措施项目费用和零星工作项目费用，并按规定计算规费及税金，见表 1-11；

单位工程工程费用计算表 **表 1-11**

<table>
<tr><th>序号</th><th colspan="2">费用项目</th><th>计算方法</th></tr>
<tr><td rowspan="2">一</td><td colspan="2">分部分项工程量清单计价合计</td><td>Σ(清单工程量×综合单价)</td></tr>
<tr><td>其中</td><td>1. 人工费</td><td>Σ(工日耗用量×人工单价)</td></tr>
<tr><td rowspan="2">二</td><td colspan="2">技术措施项目清单计价合计</td><td>Σ技术措施项目费</td></tr>
<tr><td>其中</td><td>2. 人工费</td><td>同前或按人工费比例计算</td></tr>
<tr><td rowspan="2">三</td><td colspan="2">组织措施项目清单计价合计</td><td>Σ组织措施项目费</td></tr>
<tr><td>其中</td><td>3. 人工费</td><td>三×人工系数</td></tr>
<tr><td rowspan="2">四</td><td colspan="2">其他项目清单计价合计</td><td>Σ其他项目费</td></tr>
<tr><td>其中</td><td>4. 人工费</td><td>Σ其他项目费中的人工费</td></tr>
<tr><td>五</td><td colspan="2">安全文明施工措施费</td><td>(一＋二＋三＋四＋5＋6＋7＋8)×费率</td></tr>
<tr><td rowspan="6">六</td><td rowspan="6">规费</td><td>5社会保险费</td><td rowspan="4">(1＋2＋3＋4)×费率</td></tr>
<tr><td>6. 住房公积金</td></tr>
<tr><td>7. 危险作业意外伤害险</td></tr>
<tr><td>8. 工程排污费</td></tr>
<tr><td>9. 工程定额测定费</td><td rowspan="2">(一＋二＋三＋四＋五＋5＋6＋7＋8)×费率</td></tr>
<tr><td>10. 上级(行业)管理费</td></tr>
<tr><td>七</td><td colspan="2">税金</td><td>(一＋二＋三＋四＋五＋六)×费率</td></tr>
<tr><td>八</td><td colspan="2">工程费用</td><td>一＋二＋三＋四＋五＋六＋七</td></tr>
</table>

(6) 审核并汇总各单位工程费用：如给排水工程、消防工程、电气工程、空调工程等；

(7) 审核并汇总各单项工程费用：如图书馆工程、学生公寓工程等；

(8) 审核并汇总工程项目费用总价：如学校建设总费用；

(9) 编制说明；

(10) 整理并装订成册。

2.3.4 综合单价编制

(1) 综合单价分析表

综合单价的计算，应从综合单价分析表开始，如表 1-12。

综合单价计算分析表 **表 1-12**

工程名称：

序号	项目编码	项目名称	工程内容	综合单价组成					综合单价
				人工费	材料费	机械费	管理费	利润	
1				a	b	c	a×费率	a×费率	
2									

编制综合单价的依据是投标文件、合同条件、工程量清单和消耗量定额或企业定额。

表中工程内容是指工程量清单项目中所综合的工程内容，如表 1-6 所述。

表 1-6 中的数量并非实物工程量，应包括采取措施后的预留量，即预算工程量计算规则中规定的量。如配管配线工程中，预算量与清单中的量不相等，即综合单价中考虑了相关说明中的安装预留长度。

综合单价分析表中的人工、材料、机械费计算均为表中数量与消耗量定额基价中的人工、材料和机械费之积，其中，材料应包括消耗量定额中未计价主材的价格。

综合单价分析表中的管理费和利润，可按当地费用定额中的有关规定计算，投标报价则应依据企业本身的管理水平、技术力量和市场竞争情况确定。

风险因素的考虑，可在计算人工费、材料费计算中增加风险系数，也可在总计后增加系数，作为风险损失。

(2) 综合单价的编制步骤

1) 编制综合单价的准备工作；

2) 确定项目工作内容；

3) 计算人工消耗及费用：人工费＝∑工日耗用量×人工单价；

4) 计算材料消耗及费用：材料费＝∑材料耗用量×材料单价；

5) 计算机械消耗及费用：机械使用费＝∑机械耗用量×机械单价；

6) 分部分项工程直接工程费＝∑(人工费＋材料费＋机械使用费)；

7) 计算分项工程企业管理费＝人工费×相应费率；

8) 计算分项工程利润＝人工费×相应费率；

9) 计算综合单价＝(6)＋7)＋8))/工程数量；

10) 汇总与审核分项工程综合单价表。

2.3.5 工程量清单计价格式

工程量清单计价统一格式：

(1) 封面（工程量清单报价表），见表 1-13；

工程量清单报价 **表 1-13**

____________________工程

工程量清单报价表

投 标 人：____________________(单位签字盖章)

法定代表人：____________________(盖章)

造价工程师

及注册证号：____________________(签字盖执业章)

编 制 时 间：____________________

（2）投标总价，见表 1-14；

投标总价表 **表 1-14**

投标总价

建设单位：________________

工程名称：________________

投标总价：（小写）________________

（大写）________________

投 标 人：________________（单位签字盖章）

法定代表人：________________（盖章）

编 制 时 间：________________

（3）工程项目总价表，见表 1-15；

工程项目总价表 **表 1-15**

工程名称： 第 页共 页

序 号	单位工程名称	金额(元)
	合 计	

造价工程师盖执业章 日期

造价工程师签字：

（4）单项工程费汇总表，见表 1-16；

单项工程费汇总表 **表 1-16**

工程名称： 第 页共 页

序 号	单项工程名称	金额(元)
	合 计	

造价员盖执业章 日期

预 算 员 签 字：

（5）单位工程费汇总表，见表 1-17；

单位工程费汇总表 **表 1-17**

工程名称： 第 页共 页

序 号	项 目 名 称	金额(元)
1	分部分项工程量清单计价合计	
2	措施项目清单计价合计	
3	其他项目清单计价合计	
4	规费	
5	税金	
	合 计	

造价员盖执业章 日期

预 算 员 签 字：

（6）分部分项工程量清单计价表，如表1-18；

分部分项工程量清单计价表 **表1-18**

工程名称： 第　页共　页

序号	项目编码	项目名称	计量单位	工程数量	金额(元)	
					综合单价	合　价
		本页小计				
		合　计				

造价员盖执业章 日期

预 算 员 签 字：

（7）措施项目清单计价表，见表1-19；

措施项目清单计价表 **表1-19**

工程名称： 第　页共　页

序　号	项　目　名　称	金额(元)
	合　计	

造价员盖执业章 日期

预算员签字：

（8）其他项目清单计价表，见表1-20；

（9）零星工作项目计价表，如表1-21。

其他项目清单计价表 **表1-20**

工程名称： 第　页共　页

序　号	项　目　名　称	金额(元)
1	招标人部分	
	小计	
2	投标人部分	
	小计	
	合计	

造价员盖执业章 日期

预 算 员 签 字：

零星工作项目计价表 表 1-21

工程名称： 第　页共　页

序号	名　　称	计量单位	数　量	金额(元)	
				综合单价	合　价
1	人工				
	小计				
2	材料				
	小计				
3	机械				
	小计				
	合计				

造价员盖执业章 日期

预 算 员 签 字：

(10) 分部分项工程量清单综合单价分析表（详实例）；

(11) 措施项目费分析表，见表 1-22。

措施项目费分析表 表 1-22

工程名称： 第　页共　页

序号	措施项目名称	单位	数量	金额(元)					
				人工费	材料费	机械费	管理费	利润	小计
	合计								

造价员盖执业章 日期

预 算 员 签 字：

(12) 主要材料价格表，如表 1-23。

主要材料价格表 表 1-23

工程名称： 第　页共　页

序号	材料编码	材料名称	规格、型号等特殊要求	单位	金额(元)

造价员盖执业章 日期

预 算 员 签 字：

2.4 清单计价软件

施工图预算和工程量清单计价电算化，是建筑业日益市场化的需求。而用于施工图预算及清单报价的一系列计算机软件则是电算化的核心内容。全国各地的用于编制施工图预算及清单报价的计算机软件名目繁多，品种多样。现以影响较广的“神机妙算（清单专家)”系列软件为例，简单介绍计算机软件的应用。

2.4.1 系统概述

“清单专家”工程量清单计价软件，作为最新国家标准——《建设工程工程量清单计价规范》的配套软件，是规范的电子化、信息化版本。“清单专家”数据权威、格式标准，是清单计价“企业自主报价、市场定价”宗旨的全面贯彻和准确体现。软件面向全国统一市场条件下建设工程行业的应用，满足全国各地区、各专业建设工程工程量清单计价和国际工程 FIDIC 合同条件下的投标报价需要。系统集成了单位工程、单项工程、建设项目多级工程量清单报价编制、人材机分析汇总、综合单价分析与报价优化处理、造价审计审核、报表编辑输出、工程量清单项目及定额子目数据库编辑管理、工程量清单定额可视化排版等强大功能，同时全面兼容定额单价法、实物法、单子目取费等多种传统计价模式，并可与清单计价自如转换，为全国各地区、各专业造价改革平稳过渡提供方便。

2.4.2 技术特性

“清单专家”工程量清单计价软件以先进、独有的数据库技术为内核并与标准定额研究所工程量清单数据库权威数据和计量、计价规则紧密结合，人性化、智能化的设计思想贯穿软件全部运行、操作细节，定额数据、工程量清单数据全面宏变量化，面向应用高度开放；强大的二次开发功能和网络化应用，使其成为标准、规范的工程量清单计价软件和灵活易用的建设工程造价业务功能平台。

(1) 先进的数据库架构

“清单专家”工程量清单计价软件将工程量清单项目、计量规则数据库与先进的智能感知技术、模糊关联技术、多叉树形数据库技术相结合，把工程量清单项目体系和计量规则与工程内容定额子目融合为一个智能化的工程量清单定额数据库系统。该系统具备高度数据独立性，实现了程序外部万能悬挂，充分满足了不同地区、不同专业造价管理的需要。“清单专家”的工程量清单定额数据库，可根据不同地区和不同专业清单计价具体实施办法和实际需要灵活选用建库结构模式，即工程量清单项目—工程内容子目指引模式、工程量清单项目—工程内容子目附项模式、工程量清单项目—工程内容综合定额模式。以上三种模式既可独立运用又可嵌套综合，最大限度地满足工程量清单计价的本地化、专业化需要。独有的数据库架构高效稳定，数据智能关联，最大限度地消除数据冗余，运算更加平稳快捷。凭借这一数据支撑平台，系统得以在同一个工程量清单报价编制界面集成套价库、清单定额库、含量库、综合定额及其含量库、换算项目价格库等多个功能窗口，并实现相互间便捷的动态数据调用，极大地提高了工程量清单报价编制的速度和效率。

(2) 人性化的智能感知操作

通过面向对象的智能感知控件技术与工程量清单计价规则相结合，“清单专家”工程量清单计价软件在工程量清单计价实现过程中的每一个操作细节，都能够通过内容丰富的快捷菜单和自动弹出窗口，实时提供专业化的引导，使软件高效易用。

(3) 工程量清单定额库动态挂接与数据模块化调用

软件高度的数据独立性使得程序部分与配套工程量清单定额数据库相互独立，调用不同工程量清单定额只需更改调用路径或调整调用指针，快捷实现不同地区、不同行业工程量清单定额的套用。系统对操作窗口的任何一个功能区的数据（套价数据、价格数据、定额子目组合、计价模式组合、报表格式等），均可定义为模块数据文件存储和随时共享调用。

（4）强大灵活的二次开发定制功能

“清单专家”工程量清单计价软件把握工程造价的业务实质和工程量清单计价的核心思想，采用独创的宏变量技术将全部定额基础数据与工程量清单报价编制基础数据宏变量化并面向用户开放，通过先进的模板技术（动态费率、组价字段、取费表等）灵活调用系统宏变量，借助系统丰富高效的二次开发平台界面，可按照不同计价要求构造实体计价项目和各种费用项目，灵活方便地组合出相应计价模式，从而使本软件成为一个屏蔽了不同地区和不同专业造价管理要求与计价模式差异的造价业务平台，全面满足各地区、各专业工程量清单、传统定额单价、实物法、子目单项取费、综合单价等多种计价模式的要求。“清单专家”工程量清单计价软件提供了强大的报表输出定制功能，通过灵活的表头编辑、宏变量计算式编辑、丰富的选项设置和智能化排版，可定制出各种版式规范、页面美观的工程量清单计价报表和传统概预算书格式。系统支持 OFFICE 标准接口，报表打印输出可直接生成 WORD 文档和 EXCEL 电子表格，从根本上实现了报表“格式万用”，从而充分满足各地区、各专业招标人的特殊要求，便于全国统一建筑市场条件下跨地区、跨行业招投标应用。通过工程模板技术可方便地保存二次开发成果，随时调用。模板与定额库动态外挂结合，使系统灵活性与易用性完美结合在一起。

（5）完备的网络化应用

“清单专家”工程量清单计价软件内置互联网应用机制，支持软件自动在线升级与数据更新，动态下载工程量清单定额库、实时价格信息库、计价规则模板、造价指数指标等计价依据信息，实现预算软件与造价信息网的无缝集成。完备的“NKT”应用模式，使用户可以获得建设市场动态造价信息和最新造价管理政策及其电子化、信息化的可执行文件（数据库、模板文件），编制出符合市场竞争机制要求的工程量清单报价。

2.4.3 系统功能

（1）工程量清单报价编制

工程量清单报价编制界面，集成了套价窗口、工程量清单定额库分部树形目录窗口、工程量清单项目及其工程内容子目树形目录窗口、子目含量窗口、项目换算窗口、综合定额子目及其含量窗口、附注说明窗口等八个可组合功能区域，各区域数据在工程量清单报价编制过程中可直接通过鼠标拖拉操作，动态调用，关联运算。

1）分部分项工程量清单项目报价编制

依据招标文件中的工程量清单和有关要求，结合施工现场情况自行制定的施工组织设计，按照企业定额或参考建设行政管理部门发布的现行消耗量定额及工程造价管理机构发布的市场价格信息，投标人可编制工程量投标报价。

根据招标文件要求，通过工程量清单定额库两级树形目录窗口，直接将选用的工程量清单项目拖入套价窗口，自动生成工程量清单编号、名称、计量单位，录入清单项目工程量。根据招标文件中关于各工程量清单项目特征、工程内容的描述及工程图纸、施工现场情况和制定的施工组织设计，拖拉工程量清单项目所含各工程内容节点下的适用消耗量定额子目进入套价窗口中对应工程量清单项目节点，录入子目工程量，构造出充分体现企业技术管理水平和特点的工程量清单项目及其工程内容子目体系。当按照地区、专业工程量清单计价具体实施办法或造价管理要求，工程量清单定额库采用工程量清单项目—工程内容子目附项结构模式或工程量清单项目—工程内容综合定额结构模式编制工程量清单报价时，将选用的工程量清单项目拖入套价窗口，系统弹出清单项目工程内容定额子目组合列表，录入工程量后自动完成该清单项目组价。

投标人可根据自身技术装备状况和生产管理水平，灵活调整工程内容定额子目消耗量项目含量及其市场价格和修改综合单价中管理费、利润等费用的取费标准，做出企业最具竞争力的投标报价。

2）措施项目报价编制

措施项目是为完成工程项目施工而发生于施工前和施工过程中的技术、生活、安全等方面的非工程实体项目。系统在其清单报价编制过程中，对于子目系数费用项目、综合系数费用项目及包干费用项目均可在“自定义”插页预先定义取费规则（取费基数、费率），在编制措施项目报价时，在套价窗口直接选择拖拉自定义的措施项目，自动完成该措施项目报价。对于“脚手架”、“施工降水”等须套用定额子目的措施项目报价，在套价窗口直接套用相应定额子目完成。投标人可根据自身情况和报价策略灵活调整措施项目费用。

3）其他项目报价编制

对于除分部分项工程量清单项目、措施项目外工程中可能发生的其他项目费用，通过在“其他费”插页自由编辑，可灵活实现包干费用、系数取费费用的编制取定。“零星工作费”则直接在套价库窗口，拖拉（或根据需要自行录入）人、材、机项目自如组价。

4）多专业计价规则综合调用与计价模式便捷切换

“清单专家”工程量清单计价软件通过定额数据宏变量化、设置特项变量和动态费率表，通过计价字段编辑、取费表自由取费编辑，可按照不同计价要求任意构造实体计价项目和各种费用项目，可任意灵活取定取费基数和进行费率设置、调整，真正实现同一工程量清单或预算书中按照不同专业取费规则对子目单独取费，使得跨专业综合调用定额轻松实现。同时，可灵活方便地设置、组合出定额单价法、量价分离、分部单项取费等多种传统计价模式及其打印输出格式，实现工程量清单计价和传统定额计价模式之间的便捷切换，一次录入即可同时处理和输出符合多种计价模式要求的造价编制成果，从而实现向工程量清单计价改革的平稳过渡。

A. 套价窗口录入界面采用“*”符号分级并引导分类汇总，将树型目录结构层次明晰与数据表格易于编辑的优势融合在同一个功能窗口，从而使工程量清单报价编制过程中，清单结构体系层次清楚、关系明晰，操作简便快捷。

B. 通过录入定额子目编号自动输入工程量清单项目工程内容定额子目；通过模糊录入不完整编号或名称，系统自动弹出工程量清单项目的工程内容子目索引列表供候选输入；可直接调用其他招投标项目文件的定额子目编辑当前工程量清单项目的工程内容；通过拖拉套用综合定额子目、子目附项，可快捷完成工程量清单项目常用工程内容子目的编制；工料机（即人工、材料、机械）项目及各种费用可作为清单项目、工程内容子目、措施项目、其他项目由换算窗口直接拖入套价库编制工程量清单报价。

C. 工程量清单项目工程量及其工程内容定额子目工程量录入支持变量及公式编辑操作，并可根据需要自动换算定额子目计量单位。定额附项、综合定额结构模式的工程量清单项目工程量录入后可按预先设置自动填写其工程内容定额子目工程量。通过多种方式快捷录入工程量清单及其工程量，提高了工程量清单编制的质量和效率。

D. 凭借独有的智能动态关联技术，系统提供距离换算、厚度换算、面积换算、配合比材料换算、机械台班换算、系数换算、定额消耗量项目及其单价逐项换算、主材与设备换算的智能化响应操作。换算操作深入至定额基本构造单元，使定额换算真正做到随心所欲、快捷准确。"清单专家"可按照各地区、各专业定额管理要求，自由定制定额子目换算规则，换算后自动标记并保留换算历史记录，便于查询审核。

(2) 工料机汇总分析

"清单专家"工程量清单计价软件提供从普遍工料机分析汇总、价差分析汇总到大材分析汇总、特项材料分析汇总、甲供材料分析汇总的全面工料机分析汇总功能，并可根据需要分列、合并配合比材料和机械台班中的工料机与费用，实现了详尽的全方位、多层次工料机分析汇总。运用模糊关联技术，实现工料机项目反查定额子目功能和材料库取价功能，便于审查和用价。先进的倒算套价功能，将工料机分析调整后的最新价格信息直接传送到套价库，实时刷新计算全部造价数据。价格库动态挂接，可灵活选用不同期价格信息，并提供多期价格信息加权平均取价功能、网络下载价格信息等功能。

(3) 综合单价分析与报价优化处理

"清单专家"工程量清单计价软件可对工程量清单报价进行逐层逐项的单价分析，包括各工程量清单项目综合单价构成分析（所属各工程内容人工费、材料费、机械费、管理费、税金等）、工程量清单项目各工程内容定额子目的工料机消耗及费用分析。依据分析结果、工程招投标特点和企业自身技术装备状况及管理水平，通过系统快速优化调整分部分项工程量清单项目、措施项目、其他项目费用（费率调整、单价调整、工程内容定额子目调整、直至子目消耗量项目含量调整），充分体现企业自主报价的理念，编制出投标人最具竞争力的投标报价。

(4) 完备的审计审核功能

"清单专家"工程量清单计价软件提供了强大的造价审计审核功能，直接读取、传送送审造价数据至审计审核数据区，通过清单项目及工程内容定额子目适用性、工程量、费率、单价等项目全面审查核减造价，并输出详细的审计审核成果。

(5) 报表编辑输出功能

"清单专家"工程量清单计价软件提供了强大的报表输出编辑功能，智能版面、支持图形嵌入和彩色打印，提供页面设置、表格格式设置、字符格式编辑、多种打印输出选项，使得报表输出美观实用。系统内置《建设工程工程量清单计价规范》全部标准报表格式，并可通过系统宏变量技术和报表计算关系编辑接口，灵活构造出符合各地区、各行业不同的造价管理要求、招投标要求的报表输出格式。系统支持 OFFICE 标准接口，报表打印输出可直接生成 EXCEL 电子表格和 WORD 文档，从根本上实现了报表"格式万用"，从而充分满足各地区、各专业招标人的特殊要求，便于全国统一建筑市场条件下的跨地区、跨行业招投标应用。

(6) 造价数据格式化存储与共享调用

"清单专家"工程量清单计价软件对全部造价数据采用数据库和多层次格式文件管

理，方便用户全面、完整地保存并积累经验性造价数据资料，逐步建立起自己的企业定额和经验报价数据。定额数据、价格数据、工料机费用项目纳入数据库管理，用户可随时根据需要构造补充定额、综合定额；典型工程套价文件、常用工程量清单项目及其工程内容子目组合、常用费率表、取费表、自定义费用项目、工料机分析成果、报表输出格式等都可作为独立数据模块存储为专门格式文件，并可根据需要随时调用，载入系统运行。

(7) 定额库编辑与管理

“清单专家”工程量清单计价软件定额管理模块集成了定额数据库建库编辑、子目增删、消耗量项目及其含量调整、单价调整、配合比与机械台班分解等系统化功能，可快捷方便地建立、编辑满足各地区、各专业要求的定额数据库，并能够打印输出多种格式的消耗量定额、估价表及材料价格表。通过与标准定额研究所工程量清单项目与计算规则数据库的技术融合，更可编制出标准、规范的工程量清单定额数据库，满足工程量清单计价的需要，为各级造价管理单位和施工单位提供传统定额与工程量清单定额编辑与管理的专业工具。

定额管理主界面集成了子目录入、含量编辑、价格库项目列表、增减换算设置、系数换算设置综合定额组合及其含量窗口等七个功能窗口。定额子目与含量项目及其单价（提供定额价、市场价）动态关联，子目录入便捷，并可直接拖拉价格库工料机及费用项目作为子目消耗量项目录入。系统自动计算和分类汇总出各定额子目基价、人工费、材料费、机械费、其他费用及非基价项目金额，并提供定额数据校验、平衡、调整功能。综合定额组合编辑可直接拖拉定额子目到综合定额窗口，分配组合系数后自动完成综合定额含量汇总，生成综合定额子目。可根据需要便捷地对任何一条定额子目设置附项定额及附项系数，灵活构造附定额项组合。

系统对定额子目与含量项目行提供增加、删除、复制、粘贴及其块定义与批量处理功能，可对定额号、定额名称、定额单位、含量项目代号、名称、单位进行批量修改替换。定额消耗量项目含量及其价格可自由调整换算，可逐项个别调整也可进行自动乘系数及增减调整。其中，消耗量及费用的定额价、市场价可直接由价格库自动传送。同时，系统提供定额库计算功能，可灵活修改任一项目指标，重新计算全部有关子目基价，调整定额水平。调整替换操作支持智能模糊查找功能，满足便捷高效的操作要求。

各种标号砂浆、强度等级的混凝土、机械台班项目分别建库纳入定额管理，通过套用相关定额子目和费用项目组合生成其预算价格，其构成项目及单价均可灵活调整计算。

系统提供所见即所得的定额排版编辑工具，基于广泛详尽的定额编制需求分析和专业经验总结，开发、集成了丰富的书面定额编辑排版功能，可编辑出版满足不同格式要求的消耗量定额、地区单位估价表、单位估价汇总表照相版，直接交付印刷。简便易用的排版宏语言使得编辑排版可以一次性批处理完成，极大地提高了工作效率。

(8) 系统维护

“清单专家”工程量清单计价软件提供完善的系统维护功能，用户可根据业务需要和工作习惯灵活方便地设置系统参数和操作界面，提高工作效率。同时可通过口令密码的设定来保护数据安全和商业机密。典型、常用系统设置可作为模板保存备用。通过系统内置的文件压缩、解压工具，可方便地完成工程文件的备份和传输；强大的数据库转换及输出、输入功能，与MS—OFFICE的接口功能，可方便地实现系统与其他应用软件的数据交换和共享。

(9) 操作帮助

系统提供了全面、详细的帮助信息以指导用户操作，包括控件智能提示条、系统帮助文件、定额说明文件与附注说明信息、各个编辑操作界面的技术说明信息等。无处不在的帮助系统为用户迅速熟悉、掌握软件及灵活运用提供了便利。

2.4.4 运行环境

“清单专家”工程量清单计价软件采用先进的技术设计思想和独有的程序内核，系统结构强壮，数据关联运算快速平稳、程序运行稳定可靠。推荐系统应用环境见表1-24：

推荐系统应用环境 **表 1-24**

内 容	配 置 要 求
操作系统	WINDOWS95/98/2000/ME/NT/XP版本
CPU处理器	586以上微机
内存空间	64M以上
占用内存空间	50M以上
空闲硬盘空间	100M以上
显示器	彩色VGA800×600以上
打印机	各种24针、激光、喷墨打印机
鼠标器	两键鼠标
其他设备	倍速光驱、声卡

单元2　建筑安装工程工程量计算规则与工程造价实例

知 识 点：安装工程工程量计算规则；预算定额，清单计价规范；建筑给水排水预算、工程量清单和清单计价案例；采暖工程预算和清单计价案例；建筑电气工程预算和清单计价案例；空调工程预算及清单计价案例。

教学目标：熟悉预算定额、地区费用定额及有关计价文件、工程量清单计价规范、地区清单计价指引；掌握工程量计算规则和方法，掌握给排水工程、采暖工程、建筑电气工程和空调工程的定额计价和清单计价的编制；能进行小型单位工程的定额计价和清单计价。

课题1　安装工程工程量计算规则与定额应用

1.1　工业管道

工艺管道的工程量计算，执行《全国统一安装工程预算定额》第六册《工业管道工程》中的有关规定，及《全国统一安装工程预算定额工程量计算规则》第七章的工程量计算规则。编制工程量清单执行《建设工程工程量清单计价规范》附录C中C.6的规定。

1.1.1　管道安装

(1) 管道安装按压力等级、材质、焊接形式分别列项，以“10m”为计量单位。

(2) 各种管道安装，均按设计管道中心线长度，以延长米为计量单位计算，不扣除各种管件阀门所占的长度。管道包括碳钢管、不锈钢管、铬钼钢管、有色金属管、非金属管、铸铁管等，并按低压、中压、高压分类。执行定额时按管材、压力、连接方式、接口材料、公称直径不同套相应子目。如管道直径与定额不符时，按接近规格套用定额，中间则按大者套用，超过本定额最大规格时作补充定额。如外径为$\phi108$、$\phi114$的管道，$\phi108$应套用公称直径$DN100$的子目，而$\phi114$应套用公称直径$DN125$的子目；如外径介于定额子目步距之间的管道，应按上限定额，如$DN275$，介于定额子目$DN250$～$DN300$之间，计算时套用$DN300$子目。这些方法也适用于管件、法兰、阀门安装项目。

(3) 各种钢管、钛管、铝管、铝合金管、铜管、塑料管安装，定额内均不包括管件的安装，管件安装另按定额第二章的规定单独计算。

(4) 玻璃钢管、玻璃管、搪瓷管、石墨管、酚醛石棉塑料管、铝板卷管、硅铁管、法兰铸铁管、预应力混凝土和承插陶土管安装，定额内均包括管道和管件的安装。成品管件按设计数量计算，管件不得另计安装费，但成品管件按设计数量要计算主材费。

(5) 衬里钢管预制安装，管件按成品，弯头两端按短管焊法兰考虑。定额中包括了直管、管件、法兰全部安装工作内容（二次安装、一次拆除），但不包括衬里及场外运输。如衬里管件为成品件时，则管道主材用量要扣除其管件长度。成品管件和法兰按设计用量计算，其本身价值计入材料费。

(6) 有缝钢管螺纹连接项目已包括封头、补芯安装内容，不得另行计算。

(7) 加热套管的内外套管的旁通道和用弯头组成的方型补偿器，其管道和管件应分别计算工程量。

(8) 加热管项目已包括煨弯工序内容，不得另行计算。

(9) 加热套管安装内外套管分别计算，执行相应管道定额。

1.1.2 管件连接

(1) 各种管件连接均按压力等级、材质、焊接形式，不分种类，以“10个”为计算单位。螺纹管件数量，如施工图规定不明确时，可按本册（工艺管道）定额附录二“碳钢管螺纹接口管件含量表”计算。螺纹管接头连接，已包括在管道安装定额内，不得再套用管件连接定额，但螺纹管接头的零件价格应另计。

(2) 管件连接中已综合考虑了弯头、三通、异径管、管帽、管接头等管口含量的差异，应按设计图纸用量，执行相应定额。

(3) 在现场加工各种管道，在主管上挖眼接管三通、摔制异径管，按不同压力、材质、规格、不分种类综合以“件”计量，套用管件连接相应定额，不另计制作费和主材费。

(4) 挖眼接管三通支线管径小于主管径1/2时（属于直管连接，其焊口包括在安装内），不计算管件工程量；在主管上挖眼焊管接头，凸台等配件，按其配件管径计算管件工程量。挖眼接管三通支线管径小于主管径1/2时，不计算工程量；在主管上挖眼焊接管接头，凸台等配件，按配件管径计算管件工程量。

(5) 管件用法兰连接时，执行法兰安装相应项目。管件本身安装不再计算安装费。

(6) 全加热套管的外套管件安装，定额按两半管件考虑的，包括二道纵缝和两个环缝。两半封闭短管可执行两半弯头项目。如外套管件为不锈钢时，电焊条可换算，其他不变。

(7) 半加热外套管摔口后焊在内套管上，每个焊口按一个管件计算。外套碳钢管如焊在不锈钢管内套管上时，焊口间需加不锈钢短管衬垫，每处焊口按两个管件计算，衬垫短管按设计长度计算，如设计无规定时，可按50mm长度计算。

(8) 在管道上安装的仪表部分，由管道安装专业负责安装，其工程量计算方法如下：

1) 在管道上安装的仪表一次部件，执行管件连接相应定额乘以系数0.7；

2) 仪表的温度计扩大管制作安装，执行管件连接定额乘以系数1.5，工程量按大口径计算。

(9) 管件制作，按设计的不同压力、材质、规格、种类，分别以“10个”为计量单位，执行第五章“管件制作”定额。管件安装以“10个”为计量单位，执行管件安装相应定额。

(10) 凡用法兰连接的管件，计算法兰安装工程量，不得再计算管件连接工程量。

1.1.3 阀门安装

(1) 各种阀门按不同压力、材质、规格、连接形式，不分种类，以“个”为计量单位，压力等级按设计图纸规定执行相应定额。

(2) 各种法兰、阀门安装与配套法兰的安装，应分别计算工程量。螺栓与透镜垫的安装费已包括在定额内，其本身价值另行计算：其中螺栓按实际用量加3%损耗计算，定额内垫片材质与实际不符时，可按实调整；法兰阀门安装中只包括一个垫片，一副法兰有的螺栓，另一个接口的垫片和法兰螺栓安装在配套法兰安装项目中。如设计未作规定时，可根据法兰阀门的压力和法兰密封形式，按本定额附录的“法兰螺栓质量表”计算。

(3) 减压阀直径按高压侧计算。

(4) 电动阀门安装包括电动机安装。检查接线工程量应另行计算。

(5) 阀门安装综合考虑了壳体压力试验（包括强度试验和严密性试验）、解体研磨工序内容。执行定额时，不得因现场情况不同而调整。但高压对焊阀门是按碳钢焊接考虑的，如设计要求其他材质，其电焊条价格可换算，其他不变。本项目不包括壳体压力试验、解体研磨工序，发生时应另行计算。

(6) 阀门壳体液压试验介质是按普通水考虑的，如设计要求用其他介质时，应另行计算。

(7) 阀门安装不包括阀体磁粉探伤、密封的气密性试验、阀杆密封填料的更换等特殊要求的工作内容，发生时另行计算。

(8) 低中压法兰阀门工程中的 $DN \geqslant 50$mm，高压阀门 $DN \geqslant 20$mm 的单体试压，解体检查研磨已按比例综合考虑进入定额，不再另行计算工程量，若设计有特殊要求可另行计算；各种非金属法兰阀门安装，除塑料法兰阀门配以塑料法兰焊接外，其余按松套法兰配装。

(9) 直接安装在管道上的仪表流量计，执行阀门安装相应项目乘以系数0.7。

(10) 中压螺纹阀门安装执行低压相应项目，人工乘以系数1.2。

1.1.4 法兰安装

(1) 低、中、高压管道、管件、阀门上的各种法兰安装，应按不同压力、材质、规格和种类，分别以“副”为计量单位。压力等级按设计图纸规定执行相应定额。螺纹法兰安装适用于铸铁法兰和碳钢法兰。

低压碳钢、中压碳钢、不锈钢法兰安装项目是综合考虑的，低压适用于公称压力 $0 < P \leqslant 1.6$MPa 各种密封面的平焊法兰安装。中压适用于公称压力 $1.6\text{MPa} < P \leqslant 10$MPa 的各种密封形式对焊法兰安装。其焊接工序和施工方法与相应管道对口焊相对应，但密封片材质不同时可按实调整。

高压碳钢、不锈钢、铬钼钢对焊法兰安装项目，适用于 $P > 10 \sim 32$MPa 的各种钢垫密封形式的对焊法兰安装，焊接方法和工作内容与相应管道焊接相对应。钢垫片本身价格未计价，应另行计算。

(2) 不锈钢、有色金属的焊环活动法兰安装，可执行翻边活动法兰安装相应定额，但应将定额中的翻边短管换为焊环，并另行计算其价值。

(3) 中、低压法兰安装的垫片是按石橡胶板考虑的，如设计有特殊要求时可作调整。

(4) 法兰安装不包括安装后系统调试运转中的冷、热态紧固内容，发生时可另行计算。高压碳钢螺纹法兰安装，包括了螺栓涂二硫化钼工作内容。

(5) 高压对焊法兰包括了密封面涂机油工作内容，不包括螺栓涂二硫化钼、石墨机油或石墨粉。硬度检查应按设计要求另计算。

(6) 中压螺纹法兰安装，按低压螺纹法兰项目乘以系数1.2。

(7) 用法兰连接的管道安装，管道与法兰分别计算工程量，执行相应定额。

(8) 在管道上安装的节流装置，已包括了短管装拆工作内容，执行法兰安装相应定额乘以系数0.7。

(9) 配法兰的盲板只计算主材费，安装费已包括在单片法兰安装中。

(10) 焊接盲板（封头），执行管件连接相应项目乘以系数0.6。

(11) 中压平焊法兰、执行低压平焊法兰项目乘以系数1.2。

1.1.5 板卷管与管件制作

(1) 本定额适用于各种板卷管及管件制作（包括加工制作全部操作过程，并按标准成品考虑，符合规范质量标准）。板卷管制作，按不同材质、规格，以“t”为计量单位。

(2) 板卷管件制作，按不同材质、规格、种类，以“t”为计量单位。

(3) 成品管材制作管件，按不同材质、规格、种类，以“个”为计量单位，主材用量包括规定的损耗量。

(4) 三通不分同径或异径，均按主管径计算；异径管不分同心或偏心，按大管径计算。

(5) 各种卷管与板卷管件制作，其焊缝均按透油试漏考虑，不包括单件压力试验和无损探伤。

(6) 各种板卷管与板卷管件制作，是按在结构（加工）厂制作考虑的，不包括原材料（板材）及成品的水平运输、卷筒钢板展开、分段切割、平直工作内容，发生时应按相应定额另行计算。

(7) 用管材制作管件项目，其焊缝均不包括试漏和无损探伤工作内容，应按相应管道类别要求计算探伤费用。

(8) 煨弯定额按90°考虑，煨180°时，定额乘以系数1.5。中频煨弯定额不包括煨制时胎具更换内容。

1.1.6 管道压力试验，吹扫与清洗

(1) 管道压力试验、吹扫与清洗，按不同的压力、规格、不分材质，以“100m”为计量单位。

定额各项目中均包括了管道试压、吹扫与清洗所用的摊销材料，不包括管道之间的串通临时管口及管道排放口至排放点的临时管。

管道液压试验是按普通水考虑的，如试压介质有特殊要求，水质可按实调整。

管道清洗，定额按不同介质分为碱洗、酸洗，定额内均未包括碱洗或酸洗介质的价值，应按定额括号内含量乘以设计采用的清洗介质的预算单价计算。

管道清洗定额内，包括溶剂槽子的摊销，$DN \leqslant 100$ 的管道为系统循环洗，$DN > 100$ 的管道为槽浸渗洗。

(2) 脱脂定额以二氯乙烷、三氯乙烯、四氯化碳、动力苯、丙酮和酒精为主要溶剂，定额内不包括脱脂溶剂价格，按定额（　）内数量另计。

(3) 定额内均已包括临时用空压机和水泵作动力进行试压、吹扫、清洗管道连接的临时管线、盲板、阀门、螺栓等材料摊销量，不包括管道之间的串通临时管口及管道排放口至排放点的临时管，其工程量应按施工方案另行计算。

(4) 调节阀等临时短管制作装拆项目，使用管道系统试压、吹扫时需要拆除的阀件以临时短管代替连通管道，其工作内容包括完工后短管拆除和原阀件复位等。

(5) 液压试验和气压试验已包括强度试验和严密性试验工作内容。

(6) 泄漏性试验适用于输送剧毒、有毒及可燃介质的管道，按压力、规格、不分材质，以“100m”为计量单位。

(7) 当管道与设备作为一个系统进行试验时，如管道的试验压力等于或小于设备的试验压力，则按管道的试验压力进行试验；如管道试验压力超过设备的试验压力，且设备的试验压力不低于管道设计压力的115%时，可按设备的试验压力进行试验。

1.1.7 无损探伤与焊缝热处理及其他

(1) 管材表面磁粉探伤和超声波探伤，不分材质、壁厚，以“10m”为计量单位。

(2) 焊缝X光射线、γ射线探伤，按管壁厚，不分规格、材质，以“10张”为计量单位。

(3) 焊缝超声波、磁粉及渗透探伤，按规格不分材质、壁厚，以“10口”为计量单位。

(4) 计算X光、γ射线探伤工程量，按管材的双壁厚执行相应项目。

(5) 管材对接焊接过程中的渗透探伤检验及管材表面的渗透探伤检验，执行管材对接焊缝渗透探伤定额。

(6) 管道焊缝采用超声波无损探伤时，其检测范围内的打磨工程量按展开长度计算。

(7) 无损探伤定额已综合考虑了高空作业降效因素。

(8) 无损探伤定额中不包括固定射线探伤仪器所用的各种支架的制作。因超声波探伤所需的各种对比试块的制作，发生时可根据现场实际情况另行计算。

(9) 管道焊缝应按照设计要求的检验方法和数量进行无损探伤。当设计无规定时，管道焊缝的射线照相检验比例应符合规范规定。管口射线片子数量按现场实际拍片张数计算。

(10) 焊前预热和焊后热处理，按不同材质、规格及施工方法，以“10口”为计量单位。

(11) 热处理的有效时间，是依据《工业管道工程施工及验收规范》GB 50235—97所规定的加热速率、温度下的恒温时间及冷却速率公式计算的，并考虑了必要的辅助时间、拆除和回收用料等工作内容。

(12) 执行焊前预热和焊后热处理定额时，如施焊后立即进行焊口局部热处理，人工乘以系数0.85。

(13) 电加热片加热进行焊前预热或焊后局部热处理时，如要求增加一层石棉布保温，石棉布的消耗量与高硅（氧）布相同，人工不再增加。

(14) 用加热片或电感应加热进行焊前预热或焊后局部处理的项目中，除石棉布和高硅（氧）布为一次性消耗材料外，其他各种材料均按摊销量计入定额。

(15) 电加热片是按履带式考虑的，如实际与定额不符时，可按实调整。

(16) 一般管架制作安装以“100kg”为计量单位，适用于单件重量在100kg以内的管架制作安装，单件重量大于100kg的管架制作安装，应执行相应定额。

(17) 木垫式管架重量中不包括木垫重量，但木垫安装已包括在定额内。

(18) 弹簧式管架制作，不包括弹簧本身价格，应另行计算。

(19) 冷排管制作与安装，以“100m”为计量单位，定额内包括煨弯、组对、焊接、钢带的轧绞、绕片等工作内容，不包括钢带退火和冲、套翘片，其工程量应另行计算。

(20) 分汽缸、集气罐和空气分气筒不包括附件安装，应按相应定额另行计算。

(21) 套管制作与安装，按不同规格，分一般穿墙套管和柔、刚性套管，以“个”为计量单位，所需的钢管和钢板已包括在制作定额内，执行定额时应按设计及规范要求选用项目。

(22) 有色金属管、非金属管的管架制作安装，按一般管架定额乘以系数1.1。

(23) 采用成型钢管焊接的异形管架制作安装，按一般管架定额乘以系数1.3，其中不锈钢用焊条可作调整。

(24) 管道焊接焊口充氩保护定额，适用于各种材质氩弧焊接或氩电联焊焊接方法的项目，按不同的规格和充氩部位，不分材质，以“10口”为计量单位。执行定额时，按设计及规范要求选用项目。

1.2 给排水、采暖与燃气工程

暖卫与燃气管道的工程量计算，执行《全国统一安装工程预算定额》第八册《给排水、采暖、燃气工程》中的有关规定，及《全国统一安装工程预算定额工程量计算规则》第九章的工程量计算规则。编制工程量清单执行《建设工程工程量清单计价规范》附录C中C.8的规定。

1.2.1 管道安装

(1) 各种管道，均以施工图所示中心长度，以“10m”为计量单位，不扣除阀门，管件（包括减压器、疏水器、水表、伸缩器等组成安装）所占的长度。

室内外管道沟土方及管道基础，应执行《全国统一建筑工程基础定额》。

钢管包括弯管制作与安装（伸缩器除外），无论是现场煨制或成品弯管均不得换算。

室内外给水、雨水铸铁管包括接头零件所需的人工，但接头零件价格应另行计算。

定额中未包括铜管、塑料给水管、铝塑复合管、聚丙烯（PPR）塑料给水管的安装子目，使用时应按补充定额编制相应子目。

塑料排水管（管件粘接）定额中没有包括塑料排水管件的价格，可另外计算。

单独的雨水管套土建雨落管定额，雨水管与下水管合用时，执行排水管安装定额。

(2) 镀锌铁皮套管制作以“个”为计量单位，其安装已包括在管道安装定额内，不得另行计算，但制作费另计。

过楼板的钢套管的制作、安装工料，按室外钢管（焊接）项目计算。

钢管作套管，则按套管的公称直径及主管内介质、压力套用相应室外焊接钢管安装定额，直径≤32的管道，其钢套管规格一般比管道直径大2号，直径≥40的管道，其钢套管规格一般比管径大1号。穿楼板钢套管长度等于楼板及面层厚加20～50mm，穿梁式墙的钢套管长度等于梁式墙的厚度。燃气管道的穿墙钢套管套用专门的制作、安装定额。给排水管道穿水池，地下室壁及屋面等的防水套管制作安装执行第六册定额中的柔性或刚性套管，给排水管道穿楼板、设计要求作防水处理时，可参照刚性防水套管制作与安装的子目按不同的楼板厚度乘相应的系数。当楼板厚度≤100mm，相应子目定额乘0.2，当楼板厚度≤200mm，相应子目定额乘0.4，当楼板厚度＞200mm时，相应子目定额乘0.6。

(3) 管道支架制作安装：室内钢管公称直径 32mm 以下的定额中已包括，不得另行计算；公称直径 32mm 以上的，按图示尺寸以“100kg”为计量单位，不扣除切角开孔重量，不包括电焊条和螺栓、螺母、垫片的重量，可另行计算。使用标准图集时，可按图集所列支架钢材明细表计算。

铸铁排水管、雨水管及塑料排水管的安装，定额中均包括管卡及托吊支架、通气帽、雨水漏斗制作安装。

(4) 各种伸缩器制作安装，均以“个”为计量单位，方形伸缩器的两臂，按臂长的两倍合并在管道长度内计算。

伸缩器分法兰式套筒伸缩器安装（分螺纹连接和焊接）和方形伸缩器制作安装。螺纹连接法兰式套筒伸缩器安装未包括法兰及带帽螺栓的费用，应另计。焊接法兰式套筒伸缩器定额中已包括法兰、螺栓、螺帽、垫片，不得另行计算，但法兰套筒伸缩器主材要另计。

法兰安装以“副”为计量单位。法兰安装定额分铸铁螺纹法兰和钢制焊接法兰，安装定额包括了垫片的制作，制作垫片的材料是按橡胶石棉考虑的，如用其他材料，不作调整。铸铁法兰（螺纹连接）定额已包括了带帽螺栓的安装人工和材料，如主材价不包括带帽螺栓者，其价格另计。碳钢法兰（焊接）定额基价中已包括螺栓、螺帽，不得另行计算。定额中没有碳钢法兰（螺纹连接）子目，如发生时可按铸铁法兰螺纹连接子目执行。

(5) 管道消毒、冲洗、压力试验，均按管道长度以“100m”为计量单位，不扣除阀门、管件所占的长度。

1.2.2 阀门、水位标尺安装

(1) 各种阀门安装，均以“个”为计量单位，法兰阀门安装，如仅为一侧法兰连接时，定额所列法兰、带帽螺栓及垫圈数量减半，其余不变。

(2) 各种法兰连接用垫片，均按石棉橡胶板计算，如用其他材料，不得调整。

(3) 法兰阀（带短管甲乙）安装，均以“个”为计量单位。如接口材料不同时，可调整。法兰阀门安装适用于各种法兰阀门的安装，如仅为一侧法兰连接时，定额中的法兰、带帽螺栓及钢垫圈数量减半。

法兰止回阀与法兰闸阀配套使用时，安装基价应扣除两侧法兰，带帽螺栓及钢垫圈减半。

安全阀的安装（包括调试定压）可按阀门安装相应定额项目乘以系数 2.0 计算。

(4) 自动排气阀安装以“个”为计量单位，已包括了支架制作安装，不得另行计算。

(5) 浮球阀安装均以“个”为计量单位，已包括了联杆及浮球的安装，不得另行计算。

(6) 浮标液面计、水位标尺是按国标编制：浮标液面计 FQ-Ⅱ型安装是按《采暖通风国家标准图集》N102-3 编制的。水塔、水池浮漂水位标尺制作安装，是按《全国通用给水排水标准图集》S318 编制的。如设计与国标不符时，可调整。

1.2.3 低压器具及水表组成安装

(1) 减压器、疏水器组成安装以“组”为计量单位，减压器、疏水器组成与安装是按《采暖通风国家标准图集》N108 编制的，如设计组成与定额不同时，阀门和压力表数量可按实际调整，其余不变。

(2) 减压器安装、按高压侧的直径计算。

(3) 法兰水表安装以“组”为计量单位，法兰水表安装是按《全国通用给水排水标准图集》S145编制的，定额内包括旁通管及止回阀，如实际不带旁通管及止回阀，应该减去定额基价中止回阀、阀门及法兰的材料价格及安装人工费。如果使用的闸阀和止回阀与定额材料型号不相同时，可换算。

1.2.4 卫生器具制作安装

(1) 卫生器具组成安装，以“10组”为计量单位，已按标准图综合了卫生器具与给水管、排水管连接的人工与材料用量，不得另行计算。注意分清器具与管道工程的界线，管道工程算至卫生器具或自动水箱进水管的接点处，该接点以内部分已包括在卫生器具安装定额内，对于计价和未计价材料的界线，可以调整和不可调整的界线，必要时，尚需参阅标准图集及定额材料分析以免漏算或重算。

(2) 浴盆安装，定额内已包括了排水栓（带塞）存水弯、水嘴、溢流管（排水配件）等材料，但不包括支座与四周侧面的砌砖和镶贴瓷砖。另外，定额中是铸铁排水管，目前大部分是塑料排水管应该注意换算。

(3) 蹲式大便器安装，已包括了固定大便器的垫砖，但不包括大便器蹲台砌筑。大便器冲洗阀及连接管等均已包括在定额基价内，不得另行计算，蹲式大便器的存水弯目前大多用塑料存水弯，应该调整。小便器的安装均包括了角型阀、存水弯等，套定额时要注意挂式小便器的存水弯是铸铁的，立式小便器的存水弯是铜的，当使用其他材料的存水弯时，可换算。

(4) 大便槽、小便槽自动冲洗水箱安装，以“套”为计量单位，已包括了水箱托架的制作安装，不得另行计算。

(5) 小便槽冲洗管制作与安装，以“10m”为计量单位，不包括阀门安装，其工程量可按相应定额另行计算。

(6) 脚踏开关安装，已包括了弯管与喷头的安装，不得另行计算。

(7) 冷热水混合器安装，以“10套”为计量单位，不包括支架制作安装及阀门安装，其工程量可按相应定额另行计算。

(8) 蒸汽-水加热器安装，以“10台”为计量单位，包括莲蓬头安装，不包括支架制作安装及阀门、疏水器安装，其工程量可按相应定额另行计算。

(9) 容积式水加热器安装，以“台”为计量单位，定额内已按标准图集计算了其中的附件，不包括安全阀安装、保温与基础砌筑，其工程量可按相应定额另行计算。

(10) 电热水器、电开水炉安装，以“台”为计量单位，只考虑本体安装，连接管、连接件等工程量可按相应定额另行计算。

(11) 饮水器安装以“台”为计量单位，阀门和脚踏开关工程量可按相应定额另行计算。

1.2.5 供暖器具安装

(1) 热空气幕安装，以“台”为计量单位，其支架制作安装可按相应定额另行计算。

(2) 长翼、柱型铸铁散热器组成安装，以“10片”为计量单位，其汽包垫不得换算；圆翼型铸铁散热器组成安装，以“节”为计量单位。定额中列出的接口密封材料，除圆翼汽包垫采用橡胶石棉板外，其余均采用成品汽包垫。如采用其他材料，不作换算。

(3) 光排管散热器制作安装，以“10m”为计量单位，已包括联管长度，不得另行计算。光排管散热器制作、安装项目，单位每10m系指光排管长度。联管作为材料已列入定额，不得重复计算。

1.2.6 小型容器制作安装

(1) 钢板水箱制作，按施工图所示尺寸，不扣除人孔、手孔重量，以“100kg”为计量单位，法兰和短管水位计可按相应定额另行计算。水箱制作，包括水箱本身及人孔的质量。水位计、内外人梯均未包括在定额内，发生时可另行计算。采用《全国通用给水排水标准图集》S151，S342及《全国通用采暖通风标准图集》T905，T906编制。

(2) 钢板水箱安装，按国家标准图集水箱容量“m^3”，执行相应定额。各种水箱安装，均以“个”为计量单位。各类水箱均未包括支架制作安装，如为型钢支架，执行本定额“一般管道支架”项目，水箱的消毒、冲洗另计。水箱底座所垫枕木可执行建筑工程预算定额中相应项目。

1.2.7 燃气管道、附件、器具安装

(1) 各种管道安装，均按设计管道中心线长度，以“10m”为计量单位，不扣除各种管件和阀门所占长度。

燃气输送压力大于0.2MPa时，承插燃气铸铁管安装定额中人工乘以系数1.3。燃气输送压力的分级见表2-1。

燃气输送压力（表压）分级 **表2-1**

名 称	低压燃气管道	中压燃气管道		高压燃气管道	
		B	*A*	*B*	*A*
压力(MPa)	$P\leqslant0.005$	$0.005<P\leqslant0.2$	$0.2<P\leqslant0.4$	$0.4<P\leqslant0.8$	$0.8<P\leqslant1.6$

(2) 除铸铁管外，管道安装中已包括管件安装和管件本身价值。承插燃气铸铁管，以N型和X型接口形式编制的；如果采用N型和SMJ型接口时，其人工乘系数1.05；当安装X型，$\phi400$铸铁管接口时，每个口增加螺栓2.06套，人工乘以系数1.08。

(3) 承插铸铁管安装定额中未列出接头零件，其本身价值应按设计用量另行计算，其余不变。

(4) 钢管焊接挖眼接管工作，均在定额中综合取定，不得另行计算。

(5) 调长器及调长器与阀门连接，包括一副法兰安装，螺栓规格和数量以压力为0.6MPa的法兰装配；如压力不同，可按设计要求的数量、规格进行调整，其余不变。

(6) 燃气表安装，按不同规格、型号分别以“块”为计量单位，不包括表托、支架、表底垫层基础，其工程量可根据设计要求另行计算。

(7) 燃气加热设备、灶具等，按不同用途规定型号，分别以“台”为计量单位。

(8) 气嘴安装按规格型号连接方式，分别以“个”为计量单位。

1.3 消防及安全防范设备安装工程

消防及安全防范设备安装工程量的计算，执行《全国统一安装工程预算定额》第七册《消防及安全防范设备安装工程》的有关规定和《全国统一安装工程预算工程量计算规则》中第八章的规定；工程量清单执行《建设工程工程量清单计价规范》附录C中的C.7规定。

1.3.1　执行其他相应定额说明

(1) 电缆敷设、桥架安装、配管配线、接线盒、动力、应急照明控制设备、应急照明器具、电动机检查接线、防雷接地装置等安装，均执行《电气设备安装工程》相应定额。

(2) 阀门、法兰安装，各种套管的制作安装，不锈钢管和管件、铜管和管件及泵间管道安装，管道系统强度试验、严密性试验和冲洗等，执行《工业管道工程》相应定额。

(3) 消火栓管道、室外给水管道安装及水箱制作安装，执行《给排水、采暖、燃气工程》相应项目。

(4) 各种消防泵、稳压泵等机械设备安装及二次灌浆，执行《机械设备安装工程》相应项目。

(5) 各种仪表的安装及带电讯号的阀门、水流指示器、压力开关、驱动装置及泄漏报警开关的接线、校线等，执行《自动化控制仪表安装工程》相应项目。

(6) 泡沫液储罐、设备支架制作、安装等，执行《静置设备与工艺金属结构制作安装工程》相应项目。

(7) 设备及管道除锈、刷油及绝热工程，执行《刷油、防腐蚀、绝热工程》相应项目。

1.3.2　火灾自动报警系统安装

介绍工程量计算规则前，对火灾自动报警系统的线制进行如下说明：

火灾自动报警系统的线制是指探测器和控制器间的长线数量，接线制分为多线制和总线制。

(1) 多线制系统又有四线制和两线制之分：

1) 四线制：即 n+4 线制，n 为探测器数，"4" 指公用线为电源线 (+24V)，地线 (G)，信号线 (S)，自诊断线 (T)。另外每个探测器设一根选通线 (ST)。多线制 (四线制) 接线方式见图 2-1。

2) 两线制：也称 n+1 线制，即一条公用地线，另一线则承担供电、选通信息与自检的功能。

(2) 总线制系统是采用地址编码技术，整个系统只用几组总线。总线制也有四总线制和二总线制之分。

1) 四总线制：四条总线为：P 线给出探测器的电源、编码、选址信号；T 线给出自检信号以判断探测部位或传输线是否有故障，控制器从 S 线上获得探测部位的信息；G 为公共地线。P・T・S・G 均为并联方式连接。四总线制连接方式见图 2-2。

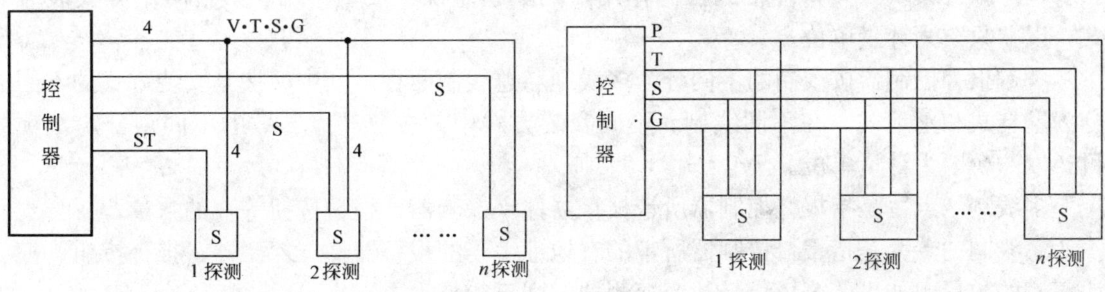

图 2-1　多线制（四线制）接线方式　　图 2-2　四总线制连接方式

2）二总线制：二条总线为：G 线为公共地线、P 线则完成供电、供址，自检，获取信息等功能。二总线系统有并列和环形两种连接方式。二总线制并列连接方式见图 2-3，环形连接方式，见图 2-4。

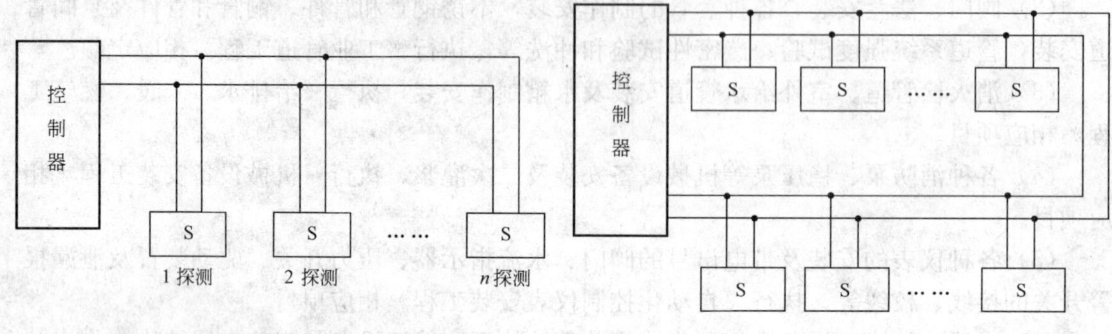

图 2-3　二总线制并列连接方式　　图 2-4　二总线制环形连接方式

工程量计算规则：

（1）点型探测器按线制的不同分为多线制与总线制，不分规格、型号、安装方式与位置，以“只”为计量单位。探测器安装包括了探头和底座的安装及本体调试。

（2）红外线探测器以“只”为计量单位。红外线探测器是成对使用的，在计算时一对为两只。定额中包括了探头支架安装和探测器的调试、对中。

（3）火焰探测器、可燃气体探测器，按线制的不同分为多线制与总线制两种，计算时不分规格、型号、安装方式与位置，以“只”为计量单位。探测器安装包括了探头和底座的安装及本体调试。

（4）线型探测器的安装方式按环绕、正弦及直线综合考虑，不分线制及保护形式，以 10m 为计量单位。定额中未包括探测器连接的一只模块和终端，其工程量应按相应定额另行计算。

（5）按钮包括消火栓按钮、手动报警按钮、气体灭火启/停按钮，以“只”为计量单位，按照在轻质墙体和硬质墙体上安装两种方式综合考虑。执行时不得因安装方式不同而调整。

（6）控制模块（接口）是指仅能起控制作用的模块（接口），亦称为中继器，依据其给出控制信号的数量，分为单输出和多输出两种形式。执行时不分安装方式，按照输出数量以“只”为计量单位。

（7）报警模块（接口）不起控制作用，只能起监视、报警作用。执行时不分安装方式，以“只”为计量单位。

（8）报警控制器按线制的不同分为多线制与总线制两种，其中又按其安装方式的不同分为壁挂式和落地式。在不同线制、不同安装方式中，按照“点”数的不同划分定额项目，以“台”为计量单位。

多线制“点”是指报警控制器所带报警器件（探测器、报警按钮等）的数量。

总线制“点”是指报警控制器所带的有地址编码的报警器件（探测器、报警按钮、模块等）的数量。如果一个模块带数个探测器，则只能计为一点。

（9）联动控制器按线制的不同分为多线制与总线制两种，其中又按其安装方式不同分为壁挂式和落地式。在不同线制、不同安装方式中，按照“点”数的不同划分定额项目，以“台”为计量单位。

多线制“点”是指联动控制器所带联动设备的状态控制和状态显示的数量。

总线制“点”是指联动控制器所带的有控制模块（接口）的数量。

（10）报警联动一体机按线制的不同分为多线制与总线制两种，其中按其安装方式不同分为壁挂式和落地式。在不同线制、不同安装方式中，按照“点”数的不同划分定额项目，以“台”为计量单位。

多线制“点”是指报警联动一体机所带报警器件与联动设备的状态控制和状态显示的数量。

总线制“点”是指报警联动一体机所带的有地址编码的报警器件与控制模块（接口）的数量。

（11）重复显示器（楼层显示器）不分规格、型号、安装方式，按总线制与多线制划分，以“台”为计量单位。

（12）报警装置分为声光报警和警铃报警两种形式，均以“台”为计量单位。

（13）远程控制器按其控制回路数以“台”为计量单位。

（14）火灾事故广播中的功放机、录音机的安装，按柜内及台上两种方式综合考虑，分别以“台”为计量单位。

（15）消防广播控制柜是指安装成套消防广播设备的成品机柜，不分规格、型号，以“台”为计量单位。

（16）火灾事故广播中的扬声器不分规格、型号，按照吸顶式与壁挂式，以“台”为计量单位。

（17）广播分配器是指单位安装的消防广播用分配器（操作盘），以“台”为计量单位。

（18）消防通信系统中的电话交换机按“门”数不同，以“台”为计量单位；通信分机、插孔是指消防专用电话分机与电话插孔，不分安装方式，分别以“部”、“个”为计量单位。

1.3.3 水灭火系统安装

（1）管道安装按设计管道中心长度，以“10m”为计量单位，不扣除阀门、管件及各种组件所占长度。主材数量应按定额用量计算，管件含量见表2-2。管道安装仅适用于自动喷淋等水灭火系统的管道安装，消火栓管道安装套用第八册定额，两者之间的区别是本定额的管道安装要计算管件主材费。

镀锌钢管（螺纹连接）管件含量表（单位：10m） **表 2-2**

项目	名称	公称直径(mm以内)						
		25	32	40	50	70	80	100
管件含量	四通	0.02	1.20	0.53	0.69	0.73	0.95	0.47
	三通	2.29	3.24	4.02	4.13	3.04	2.95	2.12
	弯头	4.92	0.98	1.69	1.78	1.87	1.47	1.16
	管箍		2.65	5.99	2.73	3.27	2.89	1.44
	小计	7.23	8.07	12.23	9.33	8.91	8.26	5.19

（2）镀锌钢管安装定额也适用于镀锌无缝钢管，其对应关系见表 2-3。

镀锌钢管与镀锌无缝钢管对应关系表　　表 2-3

公称直径(mm)	15	20	25	32	40	50	70	80	100	150	200
无缝钢管外径（mm）	20	25	32	38	45	57	76	89	108	159	219

（3）镀锌钢管法兰连接定额，管件是按成品，弯头两端是按接短管焊法兰考虑的。定额中包括直管、管件、法兰等全部安装工作内容，但管件、法兰及螺栓的主材数量应按设计规定另行计算。

（4）喷头、报警装置、水流指示器等安装：

喷头安装按有吊顶、无吊顶，分别以“个”为计量单位。

报警装置安装按成套产品以“组”为计量单位。其他报警装置适用于雨淋、干湿两用及预作用报警装置，其安装执行湿式报警装置安装定额，其人工乘以系数 1.2，其余不变。成套产品包括的内容详见表 2-4。

成套产品包括的内容　　表 2-4

序号	项目名称	型号	包括内容
1	湿式报警装置	ZSS	湿式阀、蝶阀、装配管、供水压力表、装置压力表、试验阀、泄放试验阀、泄放试验管、试验管流量计、过滤器、延时器、水力警铃、报警截止阀、漏斗、压力开关等
2	干湿两用报警装置	ZSL	两用阀、蝶阀、装置截止阀、装配管、加速器、加速器压力表、供水压力表、试验阀、泄放试验阀(湿式)、泄放试验阀(干式)、挠性接头、泄放试验管、试验管流量计、排气阀、截止阀、漏斗、过滤器、延时器、水力警铃、压力开关等
3	电动雨淋报警装置	ZSY1	雨淋阀、蝶阀(2个)、装配管、压力表、泄放试验阀、流量表、截止阀、注水阀、止回阀、电磁阀、排水阀、手动应急球阀、报警试验阀、漏斗、压力开关、过滤器、水力警铃等
4	预作用报警装置	ZSU	干式报警阀、控制蝶阀(2个)、压力表(2块)、流量表、截止阀、排放阀、注水阀、止回阀、泄放阀、报警试验阀、液压切断阀、装配管、供水检验管、气压开关(2个)、试压电磁阀、应急手动试压器、漏斗、过滤器、水力警铃等
5	室内消火栓	SN	消火栓箱、消火栓、水枪、水龙带、水龙带接扣、挂架、消防按钮
6	室外消火栓	地上式 SS 地下式 SX	地上式消火栓、法兰接管、弯管底座 地下式消火栓、法兰接管、弯管底座或消火栓三通
7	消防水泵接合器	地上式 SQ 地下式 SQX 墙壁式 SQB	消防接口本体、止回阀、安全阀、闸阀、弯管底座、放水阀 消防接口本体、止回阀、安全阀、闸阀、弯管底座、放水阀 消防接口本体、止回阀、安全阀、闸阀、弯管底座、放水阀;标牌
8	室内消火栓组合卷盘	SN	消火栓箱、消火栓、水枪、水龙带、水龙带接扣、挂架、消防按钮、消防软管卷盘

水流指示器、减压孔板安装，按不同规格均以“个”为计量单位。

喷头、报警装置及水流指示器安装定额，均按管网系统试压、冲洗合格后安装考虑的。定额中已包括丝堵、临时短管的安装、拆除及其摊销。

（5）温感式水幕装置安装，按不同型号和规格以“组”为计量单位。给水三通至喷头、阀门间管道的主材数量，按设计管道中心长度另加损耗计算，喷头数量按设计数量另加损耗计算。

(6) 末端试水装置，按不同规格均以“组”为计量单位。

(7) 集热板制作安装均以“个”为计量单位。

(8) 室内消火栓安装，区分单栓和双栓，以“套”为计量单位，所带消防按钮的安装另行计算。

(9) 室内消火栓组合卷盘安装，执行室内消火栓安装定额乘以系数1.2。

(10) 室外消火栓安装，区分不同规格、工作压力和覆土深度，以“套”为计量单位。室外消火栓安装分为1.0MPa和1.6MPa两个压力级别，每个压力级别又分浅型，深Ⅰ型，深Ⅱ型三种，浅型是指消火栓安装在支管上，且管道覆土深度≤1000mm，深型是指管道覆土深度1000mm。深（Ⅰ）型安装是指消火栓下部直埋，通过消火栓三通与给水干管连接，深（Ⅱ）型安装是指消火栓下部直埋，设有检修蝶阀和阀门井室，通过弯头和消火栓三通与给水干管连接。南方地区一般都是浅型安装，北方地区常用深型安装。

(11) 消防水泵接合器安装，区分不同安装方式和规格，以“套”为计量单位。如设计要求用短管时，其本身价值可另行计算，其余不变。消防水泵接合器包括了消防接口本体，止回阀、安全阀、闸阀、弯管底座、放水阀的安装内容，如果实际没有安装止回阀、放水阀，应该乘以折减系数0.8。

(12) 隔膜式气压水罐安装，区分不同规格，以“台”为计量单位。出入口法兰和螺栓按设计规定另行计算。地脚螺栓是按设备带有考虑的，定额中包括二次灌浆用工，但二次灌浆费用应按相应定额另行计算。

(13) 管道支吊架已综合支架、吊架及防晃支架的制作安装，均以“100kg”为计量单位。

(14) 自动喷水灭火系统管网水冲洗，区分不同规格，以“100m”为计量单位。

(15) 阀门、法兰安装，各种套管的制作安装、泵间管道安装及管道系统强度试验、严密性试验，执行《工业管道工程》相应定额。

(16) 消火栓管道、室外给水管道安装及水箱制作安装，执行《给排水、采暖、燃气工程》相应定额。

(17) 各种消防泵、稳压泵等安装及二次灌浆，执行《机械设备安装工程》相应定额。

(18) 各种仪表的安装，带电讯信号的阀门、水流指示器、压力开关的接线、校线，执行《自动化控制装置及仪表安装工程》相应定额。

(19) 各种设备支架的制作安装等，执行《静置设备与工艺金属结构制作安装工程》相应定额。

(20) 管道、设备、支架、法兰焊口除锈刷油，执行《刷油、防腐蚀、绝热工程》相应定额。

(21) 系统调试执行本定额第五节相应定额。

1.3.4 消防系统调试

(1) 消防系统调试包括：自动报警系统、水灭火系统、火灾事故广播、消防通讯系统，消防电梯系统、电动防火门、防火卷帘门、正压送风阀、排烟阀、防火阀控制装置、气体灭火系统装置。

(2) 自动报警系统包括各种探测器、报警按钮、报警控制器组成的报警系统，按不同点数，以“系统”为计量单位。其点数按多线制与总线制报警器的点数计算。

(3) 水灭火系统控制装置，按照不同点数以“系统”为计量单位。其点数按多线制与总线制联动控制器的点数计算。

(4) 火灾事故广播、消防通讯系统中的消防广播喇叭、音箱和消防通讯的电话分机、电话插孔，按其数量以“个”为计量单位。

(5) 消防用电梯与控制中心间的控制调试，以“部”为计量单位。

(6) 电动防火门、防火卷帘门，指可由消防控制中心显示与控制的电动防火门、防火卷帘门，以“处”为计量单位，每樘为一处。

(7) 正压送风阀、排烟阀、防火阀，以“处”为计量单位，一个阀为一处。

(8) 气体灭火系统装置调试包括模拟喷气试验、备用灭火器贮存容器切换操作试验，按试验容器的规格（L），分别以“个”为计量单位。试验容器的数量包括系统调试、检测和验收所消耗的试验容器的总数，试验介质不同时可以换算。

1.3.5 安全防范设备安装

(1) 本定额包括入侵探测设备、出入口控制设备、安全检查设备、电视监控设备、终端显示设备安装及安全防范系统调试等项目。

(2) 设备、部件，按设计成品以“台”或“套”为计量单位。

(3) 模拟盘以“m^2”为计量单位。

(4) 入侵报警系统调试以“系统”为计量单位，其点数按实际调试点数计算。

(5) 电视监控系统调试以“系统”为计量单位，其台数包括摄像机、监视器数量之和。

在执行电视监控设备安装定额时，其综合工日应根据系统中摄像机台数和距离（摄像机与控制器之间电缆实际长度）远近，分别乘以表 2-5、表 2-6 中的有关系数。

黑白摄像机折算系数 **表 2-5**

台数 / 距离	1～8	9～16	17～32	33～64	65～128
71～200	1.3	1.6	1.8	2.0	2.2
200～400	1.6	1.9	2.1	2.3	2.5

彩色摄像机折算系数 **表 2-6**

台数 / 距离	1～8	9～16	17～32	33～64	65～128
71～200	1.6	1.9	2.1	2.3	2.5
200～400	1.9	2.1	2.3	2.5	2.7

(6) 安防检测部门的检测费由建设单位负担。

(7) 系统调试是指入侵报警系统和电视监控系统安装完毕并且联通，按国家有关规范所进行的全系统的检测、调整和试验。

系统调试中的系统装置，包括前端各类入侵报警探测器、信号传输和终端控制设备、监视器及录像、灯光、警铃等所必需的联动设备。

(8) 其他联动设备的调试已考虑在单机调试中，工程量不得另行计算。

1.4 自动化仪表工程量

自动化仪表工程工程量计算，执行《全国统一安装工程预算定额》第十册《自动化控制仪表安装工程》和《全国统一安装工程预算工程量计算规则》第十一章自动化控制仪表安装工程规定。工程量清单执行《建设工程工程量清单计价规范》附录 C 中的 C.10 规定。

1.4.1 过程检测

（1）检测仪表及控制仪表安装及单体调试包括温度、压力、流量、差压、物位、显示仪表、组合仪表、调节仪表、执行仪表，均以“台（块）”为计量单位，放大器、过滤器等与仪表成套的元件、部件，其工程量不得分开计算。

（2）仪表在工业设备、管道上的安装孔和一次部件安装，按预留好和安装好考虑，并已合格，定额中已包括部件提供、配合开孔和配合安装的工作内容，不得另行计算。

（3）电动式气动调节阀按成套考虑，包括执行机构与阀、手轮或所带附件成套，不能分开计算工程量。但是，与之配套的阀门定位器，电磁阀要另行计算。执行机构安装调试不包括风门、挡板或阀。执行机构或调节阀还应另外配置附件，对于组成不同的控制方式，附件选择按定额所列项目。

（4）蝶阀、多通电动阀、多通电磁阀、开关阀、O 形切断阀、偏心旋转阀，隔膜阀等在工业管道上已安装好的调节阀门。包括现场调试、检查、接线、接管和接地，不得另外计算运输、安装、本体试验工程量。

（5）管道上安装节流装置，只计算一次安装工程量并包括一次法兰垫的制作安装。

（6）工业管道上安装流量计、调节阀、电磁阀、节流装置等由自控仪表专业配合管道专业安装，其领运、清洗、保管的工作已包括在自控仪表定额的相应项目内。不在工业管道或设备上的仪表系统用法兰焊接和电磁阀安装，是仪表安装范围，应执行相应定额。

（7）钢带液位计、储罐液位称重仪、重锤探测物位计、浮标液位计现场安装以“台”为计量单位，包括导向管、滑轮、浮子、钢带、钢丝绳、钟罩和台架等。

（8）仪表设备支架、支座制作安装执行第二册《电气设备安装工程》金属铁构件制作安装。

（9）系统调试项目用于仪表设备组成的回路，除系统静态模拟试验外，还包括回路中管、线、缆检查、排错、绝缘电阻测定及回路中仪表需要再次调试的工作等，但不适用于计算机系统和成套装置的回路调试，应按各有关章说明执行。回路系统调试以“套”为计量单位，并区分检测系统、调节系统和手动调节系统。

系统调试项目中，调节系统是具有负反馈的闭环回路。简单回路是指单参数、一个调节器、一个检测元件或变压器组成的基本控制系统，复杂调节回路是指单参数调节或多参数调节、由两个以上回路组成的调节回路，多回路是指两个以上的复杂调节回路。

（10）过程检测与控制装置及仪表，定额中已包括安装、调试、配合单机试运转的工作内容，不得另行计算，但不包括无负荷或有负荷联动试车。随机自带校验用专用仪器仪表，建设单位应免费无偿提供给施工单位使用。

1.4.2 仪表管、线、缆敷设及支架制作安装

（1）屏蔽双绞电缆、同轴电缆、光缆、补偿导线按图示长度以“m”为计量单位，另

加穿墙、穿楼板以及拐弯的量；电缆接至现场仪表处增加 1.5m 的预留长度，接至盘上，按盘高加盘宽预留长度。敷设时，还要增加一定的裕量（裕量按第二册《电气设备安装工程》规定），带专用插头的系统电缆按总数以“根”为计量单位。

(2) 专用电缆工程量计算可按第二册《电气设备安装工程》中的电缆工程量计算执行。

(3) 屏蔽电缆头制作安装按总数以“个”为计量单位，包括焊接地线、接地电阻测试、校线、套线号。光缆和需要制作接头的，按“芯”以“个”为计量单位，包括熔接、连续及试验等。终端头按每“芯”包括制作、固定、测试。光缆堵塞以“个”为计算单位，包括配制堵塞剂、气密试验和绝缘试验。

(4) 电缆敷设为仪表专用或计算机通讯电缆，控制电缆、电力电缆、电缆头、电气配管、接地系统等应执行第二册《电气设备安装工程》相应定额。

(5) 电缆穿线盒以“个”为计量单位。如设计有规定时按设计规定，设计无规定时，可按每 10m 有 2.8 个电缆穿线盒考虑，结算时按实计算。

(6) 金属挠性管以“个”为计量单位，包括接头安装，防爆挠性管的密封。

(7) 降阻剂的埋设以“kg”为计量单位。

(8) 电缆敷设，降阻剂埋设、管路安装的挖填土工程、开挖路面的工程量应按相应定额另行计算。

(9) 电缆和配管的支架、托架安装工程量应按相应定额另行计算。

(10) 仪表导压管敷设应区别不同用途和安装方式，按图示以“m”为计量单位，不扣除管件和阀门所占长度。管路试压、供气管通气试验和防腐已包括在定额内，不得另行计算。公称直径大于 50mm 的管路，应执行第六册《工业管道工程》相应定额。

(11) 碳钢管敷设连接形式分为焊接和丝接。计算工程量时，焊接按管径大小，丝接按公称直径不同计算。管路中的截止阀、疏水器、过滤器等应按相应定额另行计算。

(12) 导压管敷设范围是从取源一次阀门后，不包括取源部件及一次阀门。

(13) 伴热电缆和伴热带以“50m”为计量单位，伴热元件以“根”为计量单位，包括敷设、绝缘测定、接地、控制及保护电路测定。电伴热的供电设备、接线盒应按相应定额另行计算。伴热管以“m”为计量单位，包括焊接、除锈、防腐、试压、气密性试验等。管路及设备伴热不包括被伴热的管路或仪表的外部保温层、防护防水层，其工程量应按相应定额另行计算。

(14) 仪表管路和仪表设备脱脂定额适用于必须禁油或设计要求需要脱脂的工程，无特殊情况或设计无要求时，不得计算其工程量。

(15) 仪表立柱以“个”为计量单位，定额每个按 1.5m 考虑，材料费按实计算。

(16) 混凝土基础规格 400mm×400mm，体积为 0.112m^3/个，如实际规格与定额不同，可先计算出基础体积再计算工程量。

(17) 双杆吊架、冲孔板/槽、电缆穿墙密封架均按成品件考虑，双杆吊架以“对”为计量单位，如单杆安装，定额乘以系数 0.5。

(18) 冲孔板/槽是电缆或管路的固定件，以“m”为计量单位；电缆穿墙密封架安装不分大小，以“个”为计量单位，其制作应执行第二册《电气设备安装工程》中的“一般铁构件制作”定额。

（19）仪表桥架安装、支架制作安装执行第二册《电气设备安装工程》相应定额。

1.4.3　仪表阀门、取源部件及其他附件工程量计算

（1）取源部件配合安装以“个”为计量单位，其安装执行第六册《工业管道工程》相应定额。

（2）辅助容器、水封和排污漏斗制作安装以“个”为计量单位。

（3）仪表阀门安装以“个”为计量单位。需要进行研磨的阀门工程量按“个”计算。口径大于50mm的阀门安装执行第六册《工业管道工程》相应定额。

（4）气源分配器按供气点12点，以“个”为计量单位。

（5）防雨罩制作安装以“kg”为计量单位，包括附件的重量。

1.4.4　仪表盘、箱、柜安装及校接线

（1）仪表盘、箱、柜安装以“台”为计量单位。基础或支座工程量应按相应定额另行计算。

（2）盘上安装元件、部件应计安装工程量。随盘套的元件、部件已包括在盘校线内，不得另行计算。

（3）校线为成套仪表盘柜校线，不适用接线箱、组（插）件箱、计算机机柜检查接线、计算机柜、接线箱、组（插）件箱已包括检查校线的工作。由外部电缆进入箱、柜端子板校线的工作执行本册定额相应项目。

（4）控制室内空调安装，室内照明应按相应定额另行计算。

（5）仪表盘开孔以“个”为计量单位，每一个开孔尺寸为80mm×160mm以内，超过时按比例增加计算。

（6）密封剂以“kg”为计量单位，包括领搬、密封、固化、检查、清理。凡使用密封剂进行密封的工程，均应执行本定额项目。

（7）接线箱按端子对数，接管箱按出口点数以“台”为计量单位。

1.5　通风空调工程

通风空调工程的工程量计算规则执行《全国统一安装工程预算定额》第九册《通风空调工程》、《全国统一安装工程预算工程量计算规则》的第十章，工程量清单执行《建设工程工程量清单计价规范》附录C中的C.9相关规定。

通风、空调工程的工程量计算顺序为：各种设备台数→各种部件重量→风管展开面积及风管附件→设备支架及部分风管支架重量→除锈、刷油与保温→自控、热工仪表安装。

1.5.1　风管制作安装

（1）风管和设备、风道和部件及不同规格风管间的分界点

1）设备与风管的分界点，应从设备手册或设备样本中查设备构造尺寸确定；部件与风管的分界点，从部件标准中查部件构造尺寸确定。

2）风管与风管间的分界点：

A. 两种不同规格主管道的分界点在变径管件长度的1/2处。

B. 分支管与主管的分界点为二者的中心线交点。

（2）风管制作安装以施工图示规格（管直径、壁厚、管周长、壁厚）的不同，按展开面积计算，不扣除检查孔、测定孔、送风口、吸风口等所占面积。

对于圆形风管：$F=\pi DL$（m^2）

对于矩形风管：$F=2(a+b)L$（m^2）

式中 D——圆管直径（m）；

a、b——矩形风管的高宽尺寸（m）；

L——管道中心线长度（m）。

为便于计算风管刷油、保温工程量，计算管道长度或展开面积时，要将刷油、保温、非保温管道分开计算。

(3) 计算风管长度时一律以图注中心线长度为准，包括三通、弯头、变径管、天圆地方等管件的长度，但不包括各部件所占长度。直径和周长按图示尺寸为准展开，咬口重叠部分已包括在定额内，不得另行增加。

(4) 风管导流叶片制作安装按图示叶片的面积计算。

(5) 整个通风系统设计采用渐缩管均匀送风时，圆形风管按平均直径、矩形风管按平均周长计算。

(6) 塑料风管、复合型材料风管制作安装定额所列规格直径为内径，周长为内周长。

(7) 柔性软风管安装，按图示管道中心线长度以“米”为计量单位，柔性软风管阀门安装以“个”为计量单位。

(8) 软管（帆布接口）制作安装，按图示尺寸以“平方米”为计量单位。

(9) 风管检查孔重量，按本定额附录四“国际通风部件标准重量表”计算。或按其型号查标准图 T614。

(10) 风管测定孔制作安装，按其型号以“个”为计量单位。

(11) 薄钢板通风管道、净化通风管道、玻璃钢通风管道、复合型材料通风管道的制作安装中已包括法兰、加固框和吊托支架，不得另行计算。

(12) 不锈钢通风管道、铝板通风管道的制作安装中不包括法兰和吊托支架，可按相应定额以“100kg”为计量单位另行计算。

(13) 塑料通风管道制作安装，不包括吊托支架，可按相应定额以“100kg”为计量单位另行计算。

(14) 设备支架及部分管道支架制作安装

1) 有标准图的设备或风管支架的单个重量，查标准图。

2) 没有标准图的设备或风管支架的单个重量，要按其制作安装详图上所标注的重量计算。图中未标注重量，按其构造查《五金手册》计算单个重量。

3) 薄钢板通风管道和净化通风管道制作安装项目中，包括弯头、三通、变径管、天圆地方等管件及法兰、加固框和吊托支架的制作用工，但不包括过跨风管落地支架，落地支架执行设备支架项目。

4) 清洗槽、浸油槽、晾干架、LWP 滤尘器支架制作安装执行设备支架项目。计算支架重量时要区分刷油的不同。

1.5.2 通风、空调部件制作安装

(1) 标准部件的制作，按其成品重量以“kg”为计量单位，根据设计型号、规格，按本定额附录四“国标通风部件标准重量表”计算重量，非标准部件按图示成品重量计算。部件的安装按图示规格尺寸（周长或直径）以“个”为计量单位。分别执行相应

定额。

(2) 钢百叶窗、活动金属百叶风口按图示尺寸以"m^2"为计量单位，安装按规格尺寸以"个"为计量单位计算工程量。

1) 百叶风口安装定额子目包括：带调节板活动百叶风口、单层百叶风口、双层百叶风口、三层百叶风口、连动百叶风口、135 型单层百叶风口、135 型双层百叶风口、135 型带导流叶片百叶风口、活动金属百叶风口等。

2) 散流器安装定额子目包括：圆形直片散流器、方形散流器、流线型散流器。

3) 送吸风口安装定额子目包括：单面送吸风口、双面送吸风口。铝合金或其他材料制作的风口安装也套用本章有关子目。

(3) 风帽筝绳制作安装，按其图示规格、长度，以"kg"为计量单位。

(4) 风帽泛水制作安装，按其图示展开面积以"m^2"为计量单位。

(5) 挡水板制作安装按空调器断面面积计算。

(6) 钢板密闭门的制作安装，以"个"为单位计算。

(7) 设备支架的制作安装，依据图纸按重量计算。执行第五册《静置设备与工艺金属结构制作安装工程》定额相应项目和工程量计算规则。

(8) 电加热器外壳制作安装，按图示尺寸以"kg"为计量单位。

(9) 风机减震台座制作安装执行设备支架定额，定额内不包括减震器，应按设计规定另行计算。

(10) 高、中、低效过滤器、净化工作台安装以"台"为计量单位，风淋室安装按不同重量以"台"为计量单位。

(11) 洁净室安装工程量按重量计算。执行本册定额第八章"分段组装式空调器"安装定额。

1.5.3 通风、空调设备安装

(1) 风机安装按不同型号以"台"为计量单位计算工程量。包括电动机安装，其安装形式包括 A、B、C 或 D 型，也适用不锈钢和塑料风机的安装。

(2) 整体式空调机组、空调器按其不同重量和安装方式以"台"为计量单位；分段组装式空调器按重量计算其安装工程量。

(3) 风机盘管、诱导器安装，按其安装方式不同以"台"为计量单位。其配管执行第八册《给排水、采暖、燃气工程》相关项目。

(4) 空气加热器、除尘设备安装，按不同重量以"台"为计量单位计算工程量。

(5) 玻璃钢冷却塔安装、制冷压缩机安装、通风机和水泵安装需套用第一册《机械设备安装工程》；锅炉安装需套用第三册《热力设备安装工程》；燃油锅炉房的储油罐、热交换器安装需套用第五册《静置设备与工艺金属结构制作安装工程》等。

1.5.4 套用定额时应注意的几项规定

(1) 有关系数调整的规定

1) 各类通风管道，若整个通风系统设计采用渐缩管均匀送风者，圆形风管按平均直径，矩形风管按平均周长执行相应规格项目，其人工乘以系数 2.5。

2) 如制作空气幕送风管时，按矩形风管平均周长套用相应风管规格项目，其人工乘以系数 3，其余不变。

3）玻璃钢挡水板套用钢板挡水板相应项目，其材料、机械均乘以系数0.45，人工不变。

4）保温钢板密闭门套用钢板密闭门项目，其材料乘以0.5，机械乘以0.45，人工不变。

5）风管及部件项目中，型钢未包括镀锌费，如设计要求镀锌时，另加镀锌费。

6）不锈钢风管凡以电焊考虑的项目，如须使用手工氩弧焊时，其人工乘以系数1.238，材料乘以系数1.163，机械乘以系数1.673。

7）铝板风管凡以电焊考虑的项目，如须使用手工氩弧焊时，其人工乘以系数1.154，材料乘以系数0.852，机械乘以系数9.242。

（2）关于换算的规定

1）镀锌薄钢板风管子目中的板材是按镀锌薄钢板编制的，如设计要求不用镀锌薄钢板者，板材可以换算，其他不变。

2）薄钢板风管子目中的板材，如设计要求厚度不同时可以换算，但人工、机械不变。

3）软管接头使用人造革而不使用帆布者可以换算。

4）项目中的法兰垫料如设计要求使用材料品种不同时可以换算，但人工不变。使用泡沫塑料时每千克橡胶板换算为泡沫塑料0.125kg；使用闭孔乳胶海绵时，每千克橡胶板换算为闭孔乳胶海绵0.5kg。

5）通风空调设备安装项目的定额不包括设备费和应配备的地脚螺栓价值。

6）净化风管项目中的板材，如设计厚度不同时可以换算。人工和机械不变。

7）风管涂密封胶是按全部口缝外表面涂抹考虑的，如设计要求口缝不涂抹而只在法兰处涂抹时，每$10m^2$风管应减去密封胶1.5kg，人工0.57工日。

8）玻璃钢风管及管件按计算工程量加损耗外加工订作，其价值按实际价格；风管修补应由加工单位负责，其费用按实际计算在主材费内。

9）玻璃钢通风管道及部件安装项目未考虑预留铁件的制作和埋设，如果设计要求用膨胀螺栓安装吊托支架时。膨胀螺栓可按实际调整，其余不变。

1.6 刷油、防腐蚀、绝热工程

刷油、防腐蚀、绝热工程工程量计算规则执行《全国统一安装工程预算定额》第十一册《刷油、防腐蚀、绝热工程》和《全国统一安装工程预算工程量计算规则》第十二章的规定。

1.6.1 除锈、刷油、防腐蚀工程

刷油和防腐蚀工程中设备、管道以"$10m^2$"为计量单位，一般金属结构和管廊钢结构以"100kg"为计量单位，H型钢制结构（包括大于400mm以上的型钢）以"$10m^2$"为计量单位。

（1）除锈与刷油工程

1）设备筒体、管道表面积计算公式：

$$S=\pi\times D\times L \tag{2-1}$$

式中 π——圆周率；

D——设备或管道直径；

L——设备筒体高或管道延长米。

2）计算设备筒体、管道表面积时已包括各种管件、阀门、人孔、管口凹凸部分，不再另外计算。

（2）防腐蚀工程

1）设备筒体、管道表面积计算公式（2-1）。

2）阀门、弯头、法兰表面积计算式。

A. 阀门表面积：

$$S=\pi\times D\times 2.5D\times K\times N \quad (2\text{-}2)$$

式中 D——直径；

K——1.05；

N——阀门个数。

B. 弯头表面积：

$$S=1.05\pi\times D\times 1.5D\times 2\pi\times N/B \quad (2\text{-}3)$$

式中 D——直径；

N——弯头个数；

B 值取定为：90°弯头 $B=4$；45°弯头 $B=8$。

C. 法兰表面积：

$$S=\pi\times D\times 1.5D\times K\times N \quad (2\text{-}4)$$

式中 D——直径；

K——1.05；

N——法兰个数。

（3）设备和管道法兰翻边防腐蚀工程量计算式。

$$S=\pi\times(D+A)\times A \quad (2\text{-}5)$$

式中 D——直径；

A——法兰翻边宽。

1.6.2 绝热工程

绝热工程中设备、管道保温层（绝热层）以“m^3”为计量单位，防潮层、保护层工程量以“$10m^2$”为计量单位。

（1）设备筒体或管道绝热、防潮和保护层计算

$$V=\pi\times(D+1.033\delta)\times 1.033\delta\times L \quad (2\text{-}6)$$

$$S=L\times\pi\times(D+2.1\delta+0.0082) \quad (2\text{-}7)$$

式中 V——绝热层体积（m^3）；

L——管道长度（m）；

D——直径（m）；

δ——绝热层厚度（m）；

1.033——调整系数；

0.0082——用于捆扎保温材料的金属线直径。

（2）伴热管道绝热工程量计算

1）单管伴热或双管伴热（管径相同，夹角小于90°时）：

$$D'=D_1+D_2+(10\sim 20\text{mm}) \quad (2\text{-}8)$$

式中　D'——伴热管道综合值；

D_1——主管道直径；

D_2——伴热管道直径；

(10～20mm)——主管道与伴热管道之间的间隙。

2）双管伴热（管径相同，夹角大于 90°时）：

$$D'=D_1+1.5D_2+(10\sim20\text{mm}) \tag{2-9}$$

3）双管伴热（管径不同，夹角小于 90°时）：

$$D'=D_1+D_{伴大}+(10\sim20\text{mm}) \tag{2-10}$$

式中　D'——伴热管道综合值；

D_1——主管道直径。

将上述 D'结果分别代入式（2-7），式（2-8）中，即可计算伴热管的绝热层、防潮层、保护层工程量。

（3）设备封头绝热、防潮和保护层工程量计算式：

$$V=[(D+1.033\delta)/2]^2\pi\times1.033\delta\times1.5\times N \tag{2-11}$$

$$S=\pi[(D+2.1\delta)/2]^2\times1.5\times N \tag{2-12}$$

式中　D——设备直径（m）；

δ——绝热层厚度（m）；

N——设备台数。

（4）阀门绝热、防潮和保护层工程量计算式：

$$V=\pi(D+1.033\delta)\times2.5D\times1.033\delta\times1.05\times N \tag{2-13}$$

$$S=\pi(D+2.1\delta)\times2.5D\times1.05\times N \tag{2-14}$$

式中　D——阀门公称直径（m）；

N——阀门个数（个）。

（5）法兰绝热、防潮和保护层工程量计算式：

$$V=\pi(D+1.033\delta)\times1.5D\times1.033\delta\times1.05\times N \tag{2-15}$$

$$S=\pi(D+2.1\delta)\times1.5D\times1.05\times N \tag{2-16}$$

式中　D——法兰公称直径（m）；

N——法兰个数（个）；

δ——绝热层厚度（m）。

（6）弯头绝热、防潮和保护层工程量计算式：

$$V=\pi(D+1.033\delta)\times1.5D\times2\pi\times1.033\delta\times N/B \tag{2-17}$$

$$S=\pi(D+2.1\delta)\times1.5D\times2\pi\times N/B \tag{2-18}$$

式中　D——弯头公称直径（m）；

N——弯头个数（个）；

B 值取定为：90°弯头 $B=4$，45°弯头 $B=8$；

δ——绝热层厚度（m）。

（7）拱顶罐封头绝热、防潮和保护层工程量计算式：

$$V=2\pi r(h+1.033\delta)\times1.033\delta \tag{2-19}$$

$$S=2\pi r\times(h+2.1\delta) \tag{2-20}$$

1.7 电气安装工程

电气安装的工程量计算，执行《全国统一安装工程预算定额》第二册《电气设备安装工程》中的有关规定，及《全国统一安装工程预算定额工程量计算规则》第三章的工程量计算规则。工程量清单执行《建设工程工程量清单计价规范》附录C中C.2的有关规定。

1.7.1 变压器安装

(1) 变压器安装，按不同容量以“台”为计量单位。

(2) 干式变压器如果带有保护罩时，其定额人工和机械费乘以系数2.0。

(3) 变压器通过试验，判定绝缘受潮时才需进行干燥，所以只有需要干燥的变压器才能计取此项费用（编制施工图预算时可列此项，工程结算时根据实际情况再作处理），以“台”为计量单位。

(4) 消弧线圈的干燥按同容量电力变压器干燥定额执行，以“台”为计量。

(5) 变压器油过滤不论过滤多少次，直到过滤合格为止，以“t”为计量单位。其具体计算方法如下：

1) 变压器安装定额未包括绝缘油的过滤，需要过滤时，可按制造厂提供的油量计算。

2) 油断路器及其他充油设备的绝缘油过滤，可按制造厂规定的充油量计算。计算公式为：

油过滤数量（t）=设备油的重量（t）×(1+损耗率)

1.7.2 配电装置

(1) 断路器、电流互感器、电压互感器、油浸电抗器、电力电容器及电容器柜的安装，以“台（个）”为计量单位。电抗器安装定额系按三相叠放、三相平放和二叠一平的安装方式综合考虑，不论何种安装方式，均不作换算，一律执行本定额。干式电抗器安装定额适用于混凝土电抗器、铁芯干式电抗器和空心电抗器等干式电抗器的安装。

互感器安装定额系按单相考虑，不包括抽芯及绝缘油过滤。特殊情况另作处理。

(2) 隔离开关、负荷开关、熔断器、避雷器、干式电抗器的安装，以“组”为计量单位，每组按三相计算。

(3) 交流滤波装置的安装以“台”为计量单位。每套滤波装置包括三台组架安装，不包括设备本身及铜母线的安装，按本章相应定额另行计算。

(4) 高压设备安装定额内均不包括绝缘台的安装，按施工图设计执行相应定额。

(5) 高压成套配电柜和箱式变电站的安装以“台”为计量单位，均未包括基础槽钢、母线及引下线配置安装和设备干燥。

(6) 配电设备安装的支架、抱箍及延长轴、轴套、间隔板等，按施工图设计的需要量计算，执行定额第四章铁构制作安装定额或成品价。

(7) 绝缘油、六氟化硫气体、液压油等均按设备带有考虑。电气设备以外的加压设备和附属管道的安装应按相应定额另行计算。

(8) 配电设备的端子板外部接线，按定额第四章相应定额另行计算。

(9) 设备安装用的地脚螺栓按土建预埋考虑，不包括二次灌浆。

1.7.3 母线、绝缘子

(1) 悬垂绝缘子串安装，指垂直或V型安装的提挂导线、跳线、引下线、设备连接线或设备等所用的绝缘子串安装，按单、双串分别以“串”为计量单位。耐张绝缘子串的安装，已包括在软母线安装定额内。

(2) 支持绝缘子安装分别按安装在户内、户外、单孔、四孔固定，以“个”为计量单位。定额已综合考虑了安装在墙上或铁构件上所需的工料，实际安装在不同场合时不作调整。定额中未包括金属构架制作安装，应另列项目套“铁构件制作安装”定额。

(3) 穿插套管安装不分水平、垂直安装，均以“个”为计量单位。1kV 以下的低压穿墙装置（板）应套“穿通板制作安装”定额。

(4) 软母线安装，指直接由耐张绝缘子串悬挂部分，按软母线截面大小分别以“跨/三相”为计量单位，设计跨距不同时，不得调整，导线、绝缘子、线夹、弛度调节金具等均按施工图设计用量加定额规定的损耗率计算。

(5) 软母线引下线，指出 T 型线夹或并沟线夹从软母线引向设备的连接线，以“组”为计量单位，每三相为一组；软母线经终耐张线夹引下（不经 T 型线夹或并沟线夹引下）与设备连接的部分均执行引下线定额，不得换算。

(6) 两跨软母线间的跳引线安装，以“组”为计量单位，每三相为一组。不论两端的耐张线夹是螺栓式或压接式，均执行软母线跳线定额，不得换算。

(7) 设备连接线安装，指两设备间的连接部分。不论引下线、跳线、设备连接线，按导线截面、三相为一组计算工程量。

(8) 组合软母线安装，按三相为一组计算，跨距（包括水平悬挂部分和两端引下部分之和）是以 45m 以内考虑，跨度的长与短不得调整。导线、绝缘子、线夹、金具、按施工图设计用量加定额规定的损耗率计算。

【例】 某工程组合软母线设计跨度为 60m，母线根数为 3 根，试调整定额基价。

解： 根据题意套用 2－122 子目

增加定额材料量为：定额材料量×(60－45)/45×100％＝定额材料量×33.33％

调整后基价为：731.19＋56.09×33.33％＝749.88 元

(9) 软母线安装预留长度按表 2-7 计算。

软母线安装预留长度（单位：m/根） **表 2-7**

项　　目	耐　张	跳　线	引下线、设备连接线
预留长度	2.5	0.5	0.6

(10) 带型母线安装及带型母线引下线安装包括铜排、铝排，按以不同截面和片数以“m/单相”为计量单位。母线和固定母线的金具均按设计量加损耗率计算。

(11) 钢带型母线安装，按同规格的铜母线定额执行，不得换算。

(12) 母线伸缩接头及铜过渡板安装，均以“个”为计量单位。

(13) 槽型母线安装以“m/单相”为计量单位。槽型母线与设备连接，按连接不同的设备以“台”为计量单位。槽型母线及固定槽型母线的金具按设计用量加损耗率计算。壳的大小尺寸以“m”为计量单位，长度按设计母线的轴线长度计算，分线箱以“台”为计量单位，以电流大小按设计数量计算。

(14) 低压（指 380V 以下）封闭式插接母线槽安装，按导体的额定电流大小以“m”为计量单位，长度按设计母线的轴线长度计算，分线箱以“台”为计量单位，以电流大小按设计数量计算。

(15) 重型母线安装包括铜母线、铝母线，按截面大小以母线的成品重量以"t"为计量单位。

(16) 重型铝母线接触面加工指铸造件需加工接触面，按其接触面大小，以"片/单相"为计量单位。

(17) 硬母线配置安装预留长度按表 2-8 的规定计算。

硬母线配置安装预留长度（单位：m/根） **表 2-8**

序 号	项 目	预埋长度	说 明
1	带型、槽型母线终端	0.3	从最后一个支持点算起
2	带型、槽型母线与分支线连接	0.5	分支线预留
3	带型母线与设备连接	0.5	从设备端子接口算起
4	多片重型母线与设备连接	1.0	从设备端子接口算起
5	槽型母线与设备连接	0.5	从设备端子接口算起

(18) 带型母线、槽型母线安装均不包括支持瓷瓶安装和钢构件配置安装，其工程量应分别按设计成品数量执行本章相应定额。

1.7.4 控制设备及低压电器

(1) 控制设备及低压电器安装均以"台"为计量单位。均未包括基础槽钢、角钢的制作安装，其工程量应按相应定额另行计算。除限位开关及水位电气信号装置外，其他均未包括支架制作、安装，发生时可执行相应定额。

基础型钢以米为单位计算。单个柜盘的基础型钢长度 $L=2(A+B)$；n 个同规格型号柜、盘相连，安装在共用的基础上的型钢长度为：

$$L=2(nA+B)$$

式中 n——表示柜、屏台数；

A——表示柜、屏宽度（m）；

B——表示柜、屏深度（m）。

基础型钢安装不包括型钢制作，型钢制作应另列项目，执行"铁构件制作"定额。

(2) 铁构件制作安装均按施工图设计尺寸，以成品质量"kg"为计量单位。

(3) 网门、保护网制作安装，按网门或保护网设计图示的框外围尺寸，以"m^2"为计量单位。

(4) 盘柜配线分不同规格，以"m"为计量单位。

(5) 盘、箱、柜的外部进出线预留长度按表 2-9 计算。

盘、箱、柜的外部进出线预留长度（单位：m/根） **表 2-9**

序号	项 目	预留长度	说 明
1	各种箱、柜、盘、板、盒	高+宽	盘面尺寸
2	单独安装的铁壳开关、自动开关、刀开关、启动器、箱式电阻器、变阻器	0.5	从安装对象中心算起
3	继电器、控制开关、信号灯、按钮、熔断器等小电器	0.3	从安装对象中心算起
4	分支接头	0.2	分支线预留

(6) 配电板制作安装及包铁皮，按配电板图示外形尺寸，以“m^2”为计量单位。

(7) 焊（压）接线端子定额只适用于导线。电缆终端头制作安装定额中已包括压接线端子，不得重复计算。

接线端子是连接设备和导线的，多股导线在同电机或设备连接时，一般都需要有接线端子，以保证连接要可靠，一般导线在 $16mm^2$ 以上都要求用接线端子。接线端子按材质分为铜接线端子、铝接线端子、铜铝接线端子（铝线与设备铜端子连接用）。计算时：外线接到配电设备上时，有一根线算一个头（$16mm^2$ 以上的截面），内线连接两个配电设备的导线，有一根线计算二个头。电缆终端头中已包括了焊（压）接线端子，不得重复计算。焊、压铜铝接线端子按不同材质和截面积，以“个”为单位计算，并套用定额。

(8) 端子板外部接线按设备盘、箱、柜、台的外部接线图计算，以“个头”为计量单位。端子板是为连接电力电路或控制电路中线端连接用的，一般用于成套控制设备或现场组装配电盘等内部出线头与外部线路的连接。端子板安装每 10 个端子为一组，不足 10 个按一组计算。端子板外部接线适用于盘、柜、箱、台的端子外端接线，不包括控制设备或配电盘内部各种电器元件之间连接线在端子板上的接线。端子板外部接线按导线截面不同，以接线的“个”数套用定额。

(9) 盘、柜配线定额只适用于盘上小设备元件的少量现场配线，不适用于工厂的设备修、配、改工程。

1.7.5 蓄电池

(1) 铅酸蓄电池和碱性蓄电池安装，分别按容量大小以单体蓄电池“个”为计量单位，按施工图设计的数量计算工程量。定额内已包括了电解液的材料消耗，执行时不得调整。

(2) 免维护蓄电池安装以“组件”为计量单位。

【例】 某项工程设计一组蓄电池为 220V/500A·h，由 12V 的组件 18 个组成，那么就应该套用 12V/500A·h 的定额 18 组件。

(3) 蓄电池充放电按不同容量以“组”为计量单位。

1.7.6 电机

(1) 发电机、调相机、电动机的电气检查接线，均以：“台”为计量单位。直流发电机组和多台一串的机组按单台电机分别执行定额。

(2) 起重机上的电气设备、照明装置和电缆管线等安装，均执行本定额的相应子目。

(3) 电气安装规范要求每台电机接线均需要配金属软管，设计有规定的，按设计规格和数量计算，设计没有规定的，平均每台电机配相应规格的金属软管 1.25m 和与之配套的金属软管专用活接头。

(4) 电机检查接线定额。除发电机和调相机外，均不包括电机干燥，发生时其工程量应按电机干燥定额另行计算。电机干燥定额系按一次干燥所需的工、料、机消耗量考虑。在特别潮湿的地方，电机需要进行多次干燥，应按实际干燥次数计算。在气候干燥，电机绝缘性能良好、符合技术标准而不需要干燥时，则不计算干燥费用。实行包干的工程，可参照以下比例，由有关各方协商而定：

1) 低压小型电机 3kW 以下，按 25%的比例考虑干燥。

2) 低压小型电机 3kW 以上至 220kW，按 30%～50%考虑干燥。

3）大中型电机按100%考虑一次干燥。

(5) 电机解体检查定额，应根据需要选用。如不需要解体可只执行电机检查接线定额。

(6) 电机定额的界线划分：单台电机重量在3t以下的为小型电机；单台电机重量在3t以上至30t以下的为中型电机，单台电机重量在30t以上的为大型电机。

(7) 小型电机按电机类别和功率大小执行相应定额，大、中型电机不分类别一律按电机重量执行相应定额。

(8) 与机械同底座的电机和装在机械设备上的电机安装，执行《机械设备安装工程》的电机安装定额；独立安装的电机执行电机安装定额。

1.7.7 滑触线装置

(1) 滑触线安装以"m/单相"为计量单位，其附加和预留长度按表2-10的规定计算。

滑触线安装附加和预留长度（单位：m/根） **表2-10**

序号	项目	预留长度	说明
1	圆钢、钢母线与设备连接	0.2	从设备接线端子接口起算
2	圆钢、钢滑触线终端	0.5	从最后一个固定点起算
3	角钢滑触线终端	1.0	从最后一个支持点起算
4	扁钢滑触线终端	1.3	从最后一个固定点起算
5	扁钢母线分支	0.5	分支线预留
6	扁钢母线与设备连接	0.5	从设备接线端子接口起算
7	轻轨滑触线终端	0.8	从最后一个支持点起算
8	安全节能及其他滑触线终端	0.5	从最后一个固定点起算

(2) 滑触线支架：滑触线支架安装，区分不同的安装固定方式和支架形式，以"10付"为计算单位并套用定额。滑触线支架制作以"吨"为计量单位，套用C2-501"一般铁构件"制作定额。支架的基础铁件及螺栓按土建预埋考虑。支架及滑触线的油漆定额均按一遍考虑。如需刷第二遍时另列项目计算，套用刷油、防腐蚀、绝热工程定额相应子目。

(3) 移动软电缆安装。在有爆炸和火灾危险的厂房，以及有严重腐蚀性气体的厂房，不能采用裸滑触线，而应采用软电缆供电方式。移动软电缆安装分沿钢索和沿轨道安装两种。沿钢索安装是按软电缆每根长度多少套用定额；沿轨道安装则按截面积不同以100延长米为计量单位套用定额。软电缆敷设未包括轨道安装及滑轮、拖架制作，但滑轮和拖架的安装费用已包括在定额内。

1.7.8 电缆

(1) 直埋电缆的挖、填土（石）方，除特殊要求外，可按表2-11计算土方量。

直埋电缆的挖、填土（石）方量 **表2-11**

项目	电缆根数	
	1～2	每增一根
每米沟长挖方量(m^3)	0.45	0.153

注：1. 两根以内的电缆沟，系按上口宽度600mm，下口宽度400mm、深度900mm计算的常规土方量（深度按规范的最低标准）。

2. 每增加一根电缆，其宽度增加170mm。

3. 以上土方量系按埋深从自然地坪起算，如设计埋深超过900mm时，多挖的土方量应另行计算。

（2）电缆沟盖板揭、盖定额，按每揭或每盖一次以延长米计算，如又揭又盖，则按两次计算。

（3）电缆保护管长度，除按设计规定长度计算外，遇有下列情况，应按以下规定增加保护管长度：

1）横穿道路，按路基宽度两端各增加 2m。

2）垂直敷设时，管口距地面增加 2m。

3）穿过建筑物外墙时，按基础外缘以外增加 1m。

4）穿过排水沟时，按沟壁外缘以外增加 1m。

（4）电缆保护管埋地敷设，其土方量凡有施工图注明的按施工图计算；无施工图的，一般按沟深 0.9m、沟宽按最外边的保护管两侧边缘外各增加 0.3m 工作面计算。

（5）电缆敷设按单根以延长米计算，一个沟内（或架上）敷设三根各长 100m 的电缆，应按 300m 计算，以此类推。

（6）电缆敷设长度应根据敷设路径的水平和垂直敷设长度，按表 2-12 规定增加附加长度。

电缆敷设的附加长度 **表 2-12**

序号	项　　目	预留长度（附加）	说　　明
1	电缆敷设弛度、波形弯度、交叉	2.5%	按电缆全长计算
2	电缆进入建筑物	2.0m	规范规定最小值
3	电缆进入沟内或吊架时引上(下)预留	1.5m	规范规定最小值
4	变电所进线、出线	1.5m	规范规定最小值
5	电力电缆终端头	1.5m	检修余量最小值
6	电缆中间接头盒	两端各留 2.0m	检修余量最小值
7	电缆进控制、保护屏及模拟盘等	高＋宽	按盘面尺寸
8	高压开关柜及低压配电盘、箱	2.0m	盘下进出线
9	电缆至电动机	0.5m	从电机接线盒起算
10	厂用变压器	3.0m	从地坪起算
11	电缆绕过梁柱等增加长度	按实计算	按被绕物的断面情况计算增加长度
12	电梯电缆与电缆架固定点	每外 0.5m	规范最小值

注：电缆附加及预留的长度是电缆敷设长度的组成部分，应计入电缆长度工程量之内。

（7）电缆终端头及中间头以“个”为计量单位。电力电缆和控制电缆均按一根电缆有两个终端头考虑。中间电缆头设计有图示的按设计确定；设计没有规定的按实际情况计算（或按平均 250m 一个中间头考虑），或按下式确定。

$$N=L/I$$

式中　N——中间头的个数；

L——电缆设计敷设总长度（m）；

I——每段电缆平均长度（m）。

关于 I 的取定，可按下列参数确定：对于 1kV 以下的电缆，截面在 35mm^2 以内取 600～700m，截面在 120mm^2 以内取 500～600m，截面在 240mm^2 以内取 400～500m。对于 10kV 以下电缆，截面在 35mm^2 以内取 300～350m，截面在 120mm^2 以内取 250～

300m，截面在 240mm^2 以内取 200～350m。计算结果如遇小数时，其第一位小数为 1 则舍，为 2 以上则进。每段电缆平均长度范围内，大截面取下限，小截面取上限。

(8) 桥架安装，以“10m”为计量单位。电缆桥架、托盘、槽盒等安装，可执行第十册“自控仪表”定额的“槽盒、托架、托盘”安装定额的相应项目。

(9) 吊电缆的钢索及拉紧装置，应按本章相应定额另行计算。

(10) 钢索的计算长度要以两端固定点的距离为准，不扣除拉紧装置的长度。

(11) 电缆敷设及桥架安装，应按定额说明的综合内容范围计算。

1.7.9　防雷及接地装置

(1) 接地极制作安装以“根”为计量单位，其长度按设计长度计算。设计无规定时，每根长度按 2.5m 计算。若设计有管帽时，管帽另按加工件计算。

(2) 接地母线按设计长度以“m”为计量单位计算工程量。接地母线、避雷线敷设，均按延长米计算，其长度按施工图设计水平和垂直规定长度另加 3.9%的附加长度（包括转弯、上下波动、避绕障碍物、搭接头所占长度）计算。计算主材费时应另增加规定的损耗率。

接地母线：接地母线长度（m）＝按图示尺寸计算的长度×(1＋3.9%)×(1＋1.5%)。

接地母线分户外和户内敷设。户外接地母线敷设定额已包括挖土，填土夯实，但其挖沟土方量是按沟底宽 0.4m，上口宽 0.5m、深度为 0.75m（每米沟长的土方量为 0.34m^3），如设计要求不同可按实际土方量计算，土质是按一般土综合考虑，如遇有石方、矿渣、积水、障碍物等情况时可另行计算，冬季可套坚土定额。

户内母线安装包括支持卡子与接地端子的制作与安装，不另计量。

(3) 接地跨接线以“处”为计量单位。按规程规定，凡需接地跨接线的工作内容，每跨接一次按一处计算。户外配电装置构架均需接地，每副构架按“一处”计算。接地跨接线是指接地母线遇有障碍（如建筑物伸缩缝、沉降缝以及行车，抓斗吊等轨道接缝）需跨越时相连接的连接线，或利用金属构件、金属管道作为接地线时需要焊接的连接线，但金属管道敷设中通过箱、盘、盒等断开点焊接的连接线已包括在管道敷设定额中，不能算跨接线。

(4) 避雷针的加工制作、安装，以“根”为计量单位，独立避雷针安装以“基”为计量单位。长度、高度、数量均按设计规定。独立避雷针的加工制作应执行“一般铁件”制作定额或按成品计算。

(5) 半导体少长针消雷装置安装以“套”为计量单位，按设计安装高度分别执行相应定额。装置本身由设备制造厂成套供货。

(6) 利用建筑物内主筋作接地引下线安装，以“10m”为计量单位，每一柱子内按焊接两根主筋考虑。如果焊接主筋超过两根时，可按比例调整。

(7) 断接卡子制作安装以“套”为计量单位，按设计规定装设的断接卡子数量计算。接地检查井内的断接卡子安装按每井一套计算。

(8) 高层建筑物屋顶的防雷接地装置应执行“避雷网安装”定额，电缆支架的接地线安装应执行“户内接地母线敷设”定额。

(9) 均压环敷设以“m”为单位计算，主要考虑利用圈梁内主筋作均压环接地连线，焊接按两根主筋考虑。超过两根时，可按比例调整。长度按设计需要作均压接地的圈梁中心线长度，以延长米计算。防雷均压环安装定额是按利用建筑物圈梁内主筋作为防雷接地连接线考虑的。如果采用单独扁钢或圆钢明敷作均压环时，可执行“户内接地母线敷设”定额。

（10）钢、铝窗接地以“处”为计量单位（高层建筑六层以上的金属窗设计一般要求接地），按设计规定接地的金属窗数进行计算。

（11）柱子主筋与圈梁连接以“处”为计量单位，每处按两根主筋与两根圈梁钢筋分别焊接连接考虑。如果焊接主筋和圈梁钢筋超过两根时，可按比例调整；需要连接的柱子主筋和圈梁钢筋“处”数按规定设计计算。

1.7.10　10kV以下架空配电线路

（1）工地运输，是指定额内未计价材料从集中材料堆放点或工地仓库运至杆位上的工程运输，分人力运输和汽车运输，以“吨·千米”（t·km）为计量单位。

工程运输量＝施工图用量×(1＋损耗率)

预算运输重量＝工程运输量＋包装物重量（不需要包装的可不计算包装物重量）

运输重量可按表2-13的规定进行计算。

运输重量表　　**表2-13**

材料名称		单位	运输重量(kg)	备注
混凝土制品	人工浇制	m^3	2600	包括钢筋
	离心浇制	m^3	2860	包括钢筋
线材	导线	kg	$W\times1.15$	有线盘
	钢绞线	kg	$W\times1.07$	无线盘
木杆材料		—	500	包括木横担
金具、绝缘子		kg	$W\times1.07$	—
螺栓		kg	$W\times1.01$	—

注：1. W为理论质量；
2. 未列入者均按净重计算。

（2）无底盘、卡盘的电杆坑，其挖方体积为：

$$V=0.8\times0.8\times h$$

式中　h——坑深（m）。

（3）电杆坑的马道土、石方量按每坑$0.2m^3$计算。

（4）施工操作裕度按底拉盘底宽每边增加0.1m。

（5）各类土质的放坡系数按表2-14计算。

各类土质的放坡系数　　**表2-14**

土质	普通土、水坑	坚土	松砂石	泥水、流砂、岩石
放坡系数	1∶0.3	1∶0.25	1∶0.2	不放坡

（6）冻土厚度大于300mm时，冻土层的挖方量按挖坚土定额乘以系数2.5。其他土层仍按土质性质执行定额。

（7）土方量计算公式

$$V=h/6[ab+(a+a_1)(b+b_1)+a_1b_1]$$

式中　V——土（石）方体积（m^3）；

h——坑深（m）；

a (b) 坑底宽（m），a (b)＝底拉盘底宽＋2×每边操作裕度；

a_1 (b_1)——坑口宽（m），a_1 (b_1)＝a (b)＋$2h$×边坡系数。

本定额按平地施工条件考虑，如在其他地形条件下施工时，其人工和机械费按表 2-15 地形系数予以调整。

地形系数 **表 2-15**

地形类别	丘陵(市区)	一般山地、泥沼地带
调整系数	1.20	1.60

(8) 杆坑土质按一个坑的主要土质而定。如一个坑大部分为普通土，少量为坚土，则该坑应全部按普通土计算。

(9) 带卡盘的电杆坑，如原计算的尺寸不能满足卡盘安装时，因卡盘超长而增加的土（石）方量另计。

(10) 底盘、卡盘、拉线盘按设计用量以“块”为计量单位。

(11) 杆塔组立，分别杆塔形式和高度按设计数量以“根”为计量单位。

(12) 拉线制作安装按施工图设计规定，分不同形式，以“组”为计量单位。

(13) 横担安装按施工图设计规定，分不同形式和截面，以“根”为计量单位，定额按单根拉线考虑，若安装 V 形、Y 形或双拼形拉线时，按 2 根计算。拉线长度按设计全根长度计算，设计无规定时可按表 2-16 计算。

拉线长度（单位：m/根） **表 2-16**

项	目	普通拉线	V(Y)形拉线	弓形拉线
杆高(m)	8	11.47	22.94	9.33
	9	12.61	25.22	10.10
	10	13.74	27.48	10.92
	11	15.10	30.20	11.82
	12	16.14	32.28	12.62
	13	18.69	37.38	13.42
	14	19.68	39.36	15.12
水平拉线		26.47	—	—

(14) 导线架设，分别导线类型和不同截面以“km/单线”为计量单位计算。导线预留长度按表 2-17 的规定计算。

导线长度按线路总长度和预留长度之和计算。计算主材费时应增加规定的损耗率。

导线顶留长度（单位：m/根） **表 2-17**

项目名称		长度
高压	转角	2.5
	分支、终端	2.0
低压	分支、终端	0.5
	交叉跳线转角	1.5
与设备连线		0.5
进户线		2.5

(15) 导线跨越架设，包括越线架的搭、拆、运输以及因跨越（障碍）施工难度增加而增加的工作量，以“处”为计量单位，每个跨越间距按50m以内考虑，大于50m而小于100m时按2处计算，以此类推。在计算架线工程量时，不扣除跨越档的长度。

(16) 杆上变配电设备安装以“台”或“组”为计量单位，定额内包括杆、钢支架及设备的安装，但钢支架主材、连引线、线夹、金具等应按设计规定另行计算。设备的接地安装和调试应按本章相应定额另行计算。

1.7.11 电气调整试验

(1) 电气调试系统的划分以电气原理系统图为依据。电气设备元件的本体试验均包括在相应定额的系统调试之内，不得重复计算，绝缘子和电缆等单体试验，只在单独试验时使用，在系统调试定额中，各工序的调试费用如需单独计算时，可按表2-18所列比率计算。

电气调试系统各工序的调试费用比率 **表 2-18**

项目 / 比率(%) / 工 序	发电机调相机系统	变压器系统	送配电设备系统	电动机系统
一次设备本体试验	30	30	40	30
附属高压二次设备试验	20	30	20	30
一次电流及二次回路检查	20	20	20	20
继电器及仪表试验	30	20	20	20

(2) 电气调试所需的电力消耗已包括在定额内，一般不另计算。但10kW以上电机及发电机的启动调试用的蒸气，电力和其他动力能源消耗及变压器空载试运转的电力消耗，另行计算。

(3) 供电桥回路的断路器、母线分段断路器、均按独立的送配电设备系统计算调试费。

(4) 送配电设备系统调试，按一侧有一台断路器考虑，若两侧面均有断路器时，则应按两个系统计算。

(5) 送配电设备系统调试，适用于各种供电回路（包括照明供电回路）的系统调试。凡供电回路中带有仪表、继电器、电磁开关等调试元件的（不包括闸刀开关、保险器），均按调试系统计算。移动式电器和以插座连接的家电设备，经厂家调试合格、不需要用户自调的设备，均不应计算调试费。成套设备的整套起动调试按专业定额另行计算。

(6) 变压器系统调试，以每个电压侧有一台断路器为准。多于一个断路器的，按相应电压等级送配电设备系统调试的相应定额另行计算。

(7) 干式变压器、油浸电抗器调试，执行相应容量变压器调试定额，乘以系数0.8。

(8) 特殊保护装置，均以构成一个保护回路为一套，其工程量计算规定如下（特殊保护装置未包括在各系统调试定额之内，应另行计算）：

1) 发电机转子接地保护，按全厂发电机共用一套考虑。

2) 距离保护，按设计规定所保护的送电线路断路器台数计算。

3) 高频保护，按设计规定所保护的送电线路断路器台数计算。

4) 零序保护，按发电机，变压器、电动机的台数或送电线路断路器的台数计算。

5) 故障录波器的调试，以一块屏为一套系统计算。

6）失灵保护，按设置该保护的断路器台数计算。

7）失磁保护，按所保护的电机台数计算。

8）变流器的断线保护，按变流器台数计算。

9）小电流接地保护，按装设该保护的供电回路断路器台数计算。

10）保护检查及打印机调试，按构成该系统的完整回路为一套计算。

（9）自动装置及信号系统调试，均包括继电器，仪表等元件本身和二次回路调整试验。规定如下：

1）备用电源自动投入装置，按连锁机构的个数确定备用电源自投装置系统数。一个备用厂用变压器，作为三段厂用工作母线备用的厂用电源，计算备用电源自动投入装置调试时，应为三个系统。装设自动投入装置的两条互为备用的线路或两台变压器，计算备用电源自动投入装置调试时，应为两个系统。备用电动机自动投入装置也按此计算。

2）线路自动重合闸调试系统，按采用自动重合闸装置的线路自动断路器的台数计算系统数。

3）自动调频装置的调试，以一台发电机为一个系统。

4）同期装置调试，按设计构成一套能完成同期并车行为的装置为一个系统计算。

5）蓄电池及直流监视系统调试，一组蓄电池按一个系统计算。

6）事故照明切换装置调试，按设计能完成交直流切换的一套装置为一个调试系统计算。

7）周波减负荷装置调试，凡有一个周率继电器，不论带几个回路，均按一个调试系统计算。

8）变送器屏以屏的个数计算。

9）中央信号装置调试，按每一个变电所或配电室为一个调试系统计算工程量。

（10）接地网的调试规定如下：

1）接地网接地电阻的测定，一般的发电厂或变电站连为一体的母网，按一个系统计算；自成母网不与厂区母网相连的独立接地网，另按一个系统计算，大型建筑群各有自己的接地网（接地电阻值设计有要求），虽然在最后也将各接地网连在一起，但应按各自的接地网计算，不能作为一个网，具体应按接地网的试验情况而定。

2）避雷针接地电阻的测定，每一避雷针均有单独接地网（包括独立的避雷针、烟囱避雷针等）时，均按一组计算。

3）独立的接地装置按组计算，如一台柱上变压器有一个独立的接地装置，即按一组计算。

4）接地网是由多根接地极连成的，只套接地网试验定额，可按网长每 50m 为一个试验单位，不足 50m 也按一个网计算。设计有规定的，可按设计数量计算。按长度计算调试单位后，接地极无论多少，不再计算调试费用。接地网总长度以最大外围长度为准，分格网长度不计。

（11）避雷器、电容器的调试，按每三相为一组计算，单个装设的按一组计算。上述设备如设置在发电机、变压器，输、配电线路的系统或回路内，仍应按相应定额另外计算调试费用。

（12）高压电气除尘系统调试，按一台升压变压器、一台机械整流器及附属设备为一个系统计算，分别按除尘器范围（m^2）执行定额。

(13) 硅整流装置调试，按一套硅整流装置为一个系统计算。

(14) 普通电动机的调试，分别按电机的控制方式、功率、电压等级，以“台”为计量单位。

(15) 可控硅调速直流电动机调试以“系统”为计量单位。其调试内容包括可控硅整流装置系统和直流电动机控制回路系统两个部分的调试。

(16) 交流变频调速电动机调试以“系统”为计量单位。其调试内容包括变频装置系统和交流电动机控制回路系统两个部分的调试。

(17) 微型电机系指功率在0.75kW以下的电机，不分类别，一律执行微电机综合调试定额，以“台”为计量单位，电机功率在0.75kW以上的电机调试，应按电机类别和功率分别执行相应的调试定额。

(18) 一般的住宅、学校、办公楼、旅馆、商店等民用电气工程的供电调试应按下列规定：

1) 配电室带有调试元件的盘、箱、柜和带有调试元件的照明主配电箱，应按供电方式执行相应的“配电设备系统调试”定额。

2) 每个用户房间的配电箱（板）上虽装有电磁开关等调试元件，但如果生产厂家已按固定的常规参数调整好，不需要在安装后进行调试就可直接投入使用的，不得计取调试费用。

3) 民用电度表的调整校验属于供电部门的专业管理，一般由用户向供电局订购调试好的电度表，不得另外计算调试费。

(19) 高标准的高层建筑、高级宾馆、大会堂、体育馆等具有较高控制技术的电气工作（包括照明工程），应按控制方式执行相应的电气调试定额。

(20) 1kV以下供电配电设备系统调试。

1) 凡回路中有需要调试元件的低压供电回路可划分为一个系统。

可调元件有仪表、继电器、电磁开关等，如上述仪表单独安装时不能作“系统调试”，只作校验处理，按校验收费标准计费。

2) 低压电路中的电度表，保险器，闸刀等不作设备调试，只作试亮试通工作。自动空气开关，漏电开关也不作调试工作，不能划为调试系统。

3) 从配电箱到电动机的供电回路已包括在电动机系统调试项目内，不得重复计算系统的调试。

1.7.12 配管、配线

(1) 各配管按不同敷设方式、敷设位置、管材材质、规格，以“延长米”为计量单位，不扣除管路中间的接线箱（盒）、灯头盒、开关盒所占长度。

电线管敷设超过下列长度时，中间应加接线盒：

1) 管子长度每超过45m无弯时；

2) 管子长度每超过30m有一个弯时；

3) 管子长度每超过20m有两个弯时；

4) 管子长度超过12m有三个弯时。

两接线盒间对于暗配管其直角弯曲不得超过三个，明配管不超过四个。

(2) 定额中未包括钢索架设及拉紧装置、接线箱（盒）、支架的制作安装，其工程量应另行计算。

(3) 管内穿线的工程量，按线路性质、导线材料、导线截面，以单线“延长米”计算。线路分支接头线的长度已综合考虑在定额中，不得另行计算。照明导线大于 $6mm^2$ 以上时，执行动力线路定额子目。

管内穿线工程量计算公式：

单线长度＝[(配管长度＋预留线长度)×(1＋损耗率)]×导线根数。

(4) 线夹配线工程量，按线夹材质（塑料、瓷质）、线式（两线、三线）、敷设位置（木、砖、混凝土）以及导线规格，以“延长米”计算。

(5) 绝缘子配线工程量，按绝缘子形式（针式、鼓形、蝶式）、绝缘子配线位置（沿屋架、梁、柱、墙，跨屋架、梁、柱、木结构、顶棚内、砖、混凝土结构、沿钢支架及钢索）、导线截面积，以线路“延长米”计算。

绝缘子暗配，引下线按线路支持至天棚下缘距离的长度计算。

(6) 槽板配线工程量，按槽板材质（木质、塑料）、配线位置（木结构、砖、混凝土）导线截面、线式（二线、三线），以线路“延长米”计算。

(7) 塑料护套线明敷工程量，按导线截面，导线芯数（二芯、三芯）、敷设位置（木结构、砖混凝土结构、沿钢索），以单线根路“延长米”计算。

(8) 线槽配线工程量，按导线截面，以单根线路“延长米”计算。

(9) 钢索架设工程量，按圆钢、钢索直径（$\phi6$，$\phi9$），按图示墙（柱）内缘距离，以“延长米”计算，不扣除拉紧装置所占长度。

(10) 母线拉紧装置及钢索拉紧装置制作安装工程量，应区别母线截面、花篮螺栓直径（12、16、18mm），以“套”计算。

(11) 车间带形母线安装工程量，按母线材质（铝、铜）、母线截面、安装位置（沿屋架、梁、柱、墙、跨屋架、梁、柱），以“延长米”计算。

(12) 动力配管混凝土地面刨沟工程量，按管径，以“延长米”计算。

(13) 接线箱安装工程量，按安装形式（明装、暗装）、接线箱半周长，以“个”计算。

(14) 接线盒安装工程量，按安装形式（明装、暗装、钢索上）以及接线盒类型，以“个”计算。

(15) 灯具，明、暗开关，插座、按钮等的预留线，已分别综合在相应定额内，不得另行计算，配线进入开关箱、柜、板的预留线，按表 2-19 规定的长度，分别计入相应的工程量。

配线进入箱、板的预留线（每一根线） **表 2-19**

序号	项　　目	预留长度	说　明
1	各种开关、柜、板	高＋宽	盘面尺寸
2	单独安装（无箱、盘）的铁壳开关、闸刀开关、启动器、线槽进出线盒等	0.3m	从安装对象中心算起
3	由地面管子出口引至动力接线箱	1.0m	从管口计算
4	电源与管内导线连接（管内穿线与软、硬母线接点）	1.5m	从管口计算
5	出户线	1.5m	从管口计算

1.7.13 照明器具

(1) 普通灯具安装的工程量，按灯具的种类、型号、规格，以“套”计算。普通灯具安装定额适用范围见表2-20。

普通灯具安装定额适用范围 **表2-20**

定额名称	灯具种类
圆球吸顶灯	材质为玻璃的螺口，卡口圆球独立吸顶灯
半圆球吸顶灯	材质为玻璃的独立的半圆球吸顶灯，扁圆罩吸顶灯、平圆形吸顶灯
方形吸顶灯	材质为玻璃的独立的矩形罩吸顶灯、方形罩吸顶灯、大口方罩顶灯
软线吊灯	利用软线为垂吊材料、独立的，材质为玻璃、塑料、搪瓷，形状如碗、伞、平盘灯罩组成的各式软线吊灯
吊链灯	利用吊链作辅助悬吊材料，独立的，材质为玻璃、塑料罩的各式吊链灯
防水吊灯	一般防水吊灯
一般弯脖灯	圆球弯脖灯，风雨壁灯
一般墙壁灯	各种材质的一般壁灯、镜前灯
软线吊灯头	一般吊灯头
声光控座灯头	一般声控、光控座灯头
座灯头	一般塑胶、瓷质座灯头

(2) 吊式艺术装饰灯具的工程量，按装饰灯具示意图集所示，区别不同装饰物以及灯体直径和灯垂吊长度，以“套”为计量单位计算，灯体直径为装饰物的最大外缘直径。灯体垂吊长度为灯座底部到灯梢之间的总长度。

(3) 吸顶式艺术装饰灯具安装的工程量，按装饰灯具示意图集所示，区别不同装饰物、吸盘的几何形状、灯体直径、灯体周长和灯体垂吊长度，以“套”为计量单位计算。灯体直径为吸盘最大外缘直径，灯体半周长为矩形吸盘的半周长，吸顶式艺术装饰灯具的灯体垂吊长度为吸盘到灯梢之间的总长度。

(4) 荧光艺术装饰灯具安装的工程量，按装饰灯具示意图集所示，区别不同安装形式和计量单位计算。

1) 组合荧光灯光带安装的工程量，按装饰灯具示意图集所示，区别安装形式、灯管数量，以“延长米”为计量单位计算。灯具的设计数量与定额不符时，可以按设计量加损耗量调整主材。

2) 内藏组合式灯安装的工程量，按装饰灯具示意图集所示，区别灯具组合形式，按“延长米”计算。灯具的设计数量与定额不同时，可根据设计数量加损耗量调整主材。

3) 发光棚安装的工程量，按装饰灯具示意图集所示，以“m^2”为计量单位。发光棚灯具按设计用量加损耗量计算。

4) 立体广告灯箱、荧光灯光沿的工程量，按装饰灯具示意图集所示，按“延长米”计算，灯具设计用量与定额不同时，可根据设计数量加损耗量调整主材。

(5) 几何形状组合艺术灯具安装的工程量，按装饰灯具示意图集所示，区别安装和灯具的不同，按“套”计算。

(6) 标志、诱导装饰灯具安装的工程量，按装饰灯具示意图集所示，区别不同安装形式，按“套”计算。

(7) 水下艺术装饰灯具安装的工程量，按装饰灯具示意图集所示，区别不同安装形式，按“套”计算。

(8) 点光源艺术装饰灯具安装的工程量，按装饰灯具示意图集所示，区别不同安装形式和灯具直径，按“套”计算。

(9) 草坪灯具安装的工程量，按装饰灯具示意图集所示，区别不同安装形式，按“套”计算。

(10) 歌舞厅灯具安装的工程量，按装饰灯具示意图所示，区别不同灯具形式，分别以“套”、“延长米”、“台”为计量单位计算。装饰灯具安装定额适用范围见表 2-21。

装饰灯具安装定额适用范围 **表 2-21**

定 额 名 称	灯具种类(形式)
吊式艺术装饰灯具	不同材质、不同灯体垂吊长度、不同灯体直径的蜡烛灯、挂片灯、串珠(穗)灯、串棒灯、吊杆式组合灯、玻璃罩(带装饰)灯
吸顶式艺术装饰灯具	不同材质、不同灯体垂吊长度、不同灯体几何开头的串珠(穗)灯、串棒灯、挂片、挂碗、挂吊蝶灯、玻璃罩(带装饰)灯
荧光艺术装饰灯具	不同安装形式、不同灯管数量的组合荧光灯光带，不同几何组合形式的内藏组合式灯、不同几何尺寸、不同灯具形式的发光棚，不同形式的立体广告灯箱、荧光灯光源
几何形状组合艺术灯具	不同固定形式、不同灯具形式的繁星灯、钻石星灯、礼花灯、玻璃罩钢架组合灯、凸片灯、反射挂灯、筒形钢架灯、U 型组合灯、弧形管组合灯
标志、诱导装饰灯具	不同安装形式的标志灯、诱导灯
水下艺术装饰灯具	简易型彩灯、密封型彩灯、喷水池灯、幻光型灯
点光源艺术装饰灯具	不同安装形式、不同灯体直径的筒灯、牛眼灯、射灯、轨道射灯
草坪灯具	各种立柱式、墙壁式的草坪灯
歌舞厅灯具	各种安装形式的变色转盘灯、雷达射灯、幻影转彩灯、维纳斯旋转彩灯、卫星旋转效果灯、飞蝶旋转效果灯、多头转灯、滚筒灯、频闪灯、太阳灯、雨灯、歌星灯、边界灯、射灯、泡泡发生器、迷你满天星彩灯、迷你单立(盘彩灯)、多头宇宙灯、镜面球灯、蛇光管

(11) 荧光灯具安装的工程量，按灯具的安装形式、灯具种类、灯管数量，以“套”为计量单位计算。

荧光灯具安装定额适用范围见表 2-22。

荧光灯具安装定额适用范围 **表 2-22**

定额名称	灯 具 种 类
组装型荧光灯	单管、双管、三管、吊链式，现场组装独立荧光灯
成套型荧光灯	单管、双管、三管、吊链式、吸顶式、成套独立荧光灯

(12) 工厂灯及防水防尘灯的工程量，按不同安装形式，以“套”为计量单位计算。

工厂灯及防水防尘灯安装定额适用范围见表 2-23。

工厂灯及防水防尘灯安装定额适用范围　　表 2-23

定额名称	灯具种类
直杆工厂吊灯	配照(GC_1-A),广照(GC_5-A),斜照(GC_7-A),圆球(GC_{17}-A),双罩(GC_{19}-A)
吊链式工厂灯	配照(GC_1-B),广照(GC_3-B),斜照(GC_5-B),圆球(GC_7-B),双罩(GC_{19}-A),广照(GC_{19}-B)
吸顶式工厂灯	配照(GC_1-C),广照(GC_3-C),深照(GC_5-C),斜照(GC_7-C),双罩(GC_{19}-C),
弯杆式工厂灯	配照(GC_1-D/E),广照(GC_3-D/E),深照(GC_5-D/E),斜照(GC_7-D/E),双罩(GC_{19}-C),局部深罩(GC_{26}-F/H)
悬挂式工厂灯	配照(GC_{21}-2),深照(GC_{23}-2)
防水防尘灯	广照(GC_9-A,B,C),广照保护网(GC_{11}-A,B,C),散照(GC_{15}-A,B,C,D,E,F,G)

(13) 工厂其他灯具安装的工程量，按不同灯具类型、安装形式、安装高度，以“套”、“个”、“延长米”为计量单位计算。

(14) 工厂其他灯具的工程量，按不同灯具类型、安装形式、安装高度，以“套”、“个”、“延长米”为计量单位计算。工厂其他灯具安装定额适用范围见表 2-24。

工厂其他灯具安装定额适用范围　　表 2-24

定额名称	灯具种类	额定名称	灯具种类
防潮灯	扁形防潮灯(GC-31),防潮灯(GC-32)	高压水银灯镇流器	外附式镇流器具 125～450W
腰形舱顶灯	腰形舱顶灯(CCD-1)	安全灯	AOB-1,2,3 型和 AOC-1,2 型安全灯
碘钨灯	DW 型,220V,300～1000W	防爆灯	CBC-200 型防爆灯
管形氙气灯	自然冷却式,200V/380V,20kW 内	高压水银防爆灯	CBC-125/250 型高压水银防爆灯
投光灯	TG 型室外投光灯	防爆荧光灯	CBC-1/2 单/双管防爆型荧光灯

(15) 医院灯具安装的工程量，按灯具种类以“套”为计量单位计算。医院灯具安装定额适用范围见表 2-25。

(16) 路灯安装工程，按不同臂长、不同灯数，以“套”为计量单位计算。

路灯安装定额范围见表 2-26。

医院灯具安装定额适用范围　表 2-25

定额名称	灯具种类
病房指示灯	病房指示灯
病房暗脚灯	病房暗脚灯
无影灯	3～12 孔管式无影灯

路灯安装定额范围　　表 2-26

定额名称	灯具种类
大马路弯灯	臂长 1200mm 以下,臂长 1200 以上
庭院路灯	三火以下,七火以下

(17) 开关、按钮安装的工程量，按安装形式、种类、开关极数、单控与双控，以“套”为计量单位计算。

(18) 插座安装的工程量，按电源相数、额定电流、安装形式、插孔个数，以“套”为计量单位计算。暗开关、插座均不包括开关盒和插座盒，应另外计算。

(19) 安全变压器安装的工程量，按安全变压器容量，以“台”为计量单位计算。

(20) 电铃、电铃号码牌箱安装工程量，按电铃直径、电铃号牌箱规格（号），以“套”为计量单位计算。

(21) 门铃安装工程量计算，按安装形式，以“个”为计量单位计算。

(22) 风扇安装工程量计算，按风扇种类，以“台”为计量单位计算。

(23) 盘管风机三速开关、请勿打扰灯、须刨插座安装的工程量，以“套”为计量单位计算。

1.7.14 电梯电气装置

(1) 交流手柄操纵或按钮控制（半自动）电梯电气安装的工程量，按电梯层数、站数，以“部”为计量单位计算。

(2) 交流信号或集选控制（自动）电梯电气安装的工程量，按电梯层数、站数，以“部”为计量单位计算。

(3) 直流信号或集选控制（自动）快速电梯电气安装的工程量，应区别电梯层数、站数、以“部”为计量单位计算。

(4) 直流集选控制（自动）高速电梯电气安装的工程量，按电梯层数、站数、以“部”为计量单位计算。

(5) 小型杂物电梯电气安装的工程量，按电楼层数、站数、以“部”为计量单位计算。

(6) 电厂专用电梯电气安装的工程量，按配合锅炉容量，以“部”为计量单位计算。

(7) 电梯增加门厅，自动轿厢门及提升高度的工程量，按电梯形式，增加自动轿厢门数量，增加提升高度，分别以“个”、“延长米”为计量单位计算。

(8) 电梯定额按“层/站”数目划分子目。如果是40层/站，就套用40层/站的定额。自动扶梯安装不分高度，以梯宽1m以内编制定额。

(9) 电梯安装定额是以平均层高4m为准的，如果平均楼层超过4m时，超过部分则套用“增加提升高度”子目，不足1m也按增加提升高度1m考虑。如果只有部分楼层层高超过4m，平均不超过4m，也不能套用“增加提升高度”子目。

(10) 有些项目不在本章定额之内，如电梯电源的安装、接地极、接地母线敷设、轿箱内的空调、冷热风机、闭路电视、音响设备的管线及设备的安装、群控电梯的监视系统、模拟装置。

(11) 对于并列电梯群控电梯，一般在双井道、三井道或四井道集中并列安装。并列电梯和群控电梯在电气上是联锁的。

(12) 电梯安装以外的“辅助项目”的定额应用要点：

A. 五层以下不停车时应套“减厅门”。

B. 30层站的电梯实际运行是16～30层站，仍套30层站的定额，但应减去15个厅门。

C. 金属门套安装只用于金属门套，如果用大理石门套，套装修定额。

D. 电梯双井道无隔墙时在顶层机房有“间隔梁制作安装”项目，有隔墙时不得套用此项目。

E. 机器钢板底座安装项目在没有混凝土基座时才取用此项。

F. 厅门开闭时使用的门槽需要用“牛腿”支托，如果采用现浇混凝土施工，施工图中已经有牛腿的制作安装，不能再另行计算。

G. 增减厅门的项目使用定额应该注意：一般增门用于货梯，便于从轿箱两侧进出货物。减门只用于住宅，例1～5层电梯不停，也不用安装厅门，则应该减去5个厅门。

课题2 暖卫工程预算与工程量清单计价实例

2.1 室内给排水工程预算与工程量清单计价实例

2.1.1 建筑给水排水施工图

现以某住宅楼给排水工程施工图（见下图）为例，介绍工程量清单计价方法。

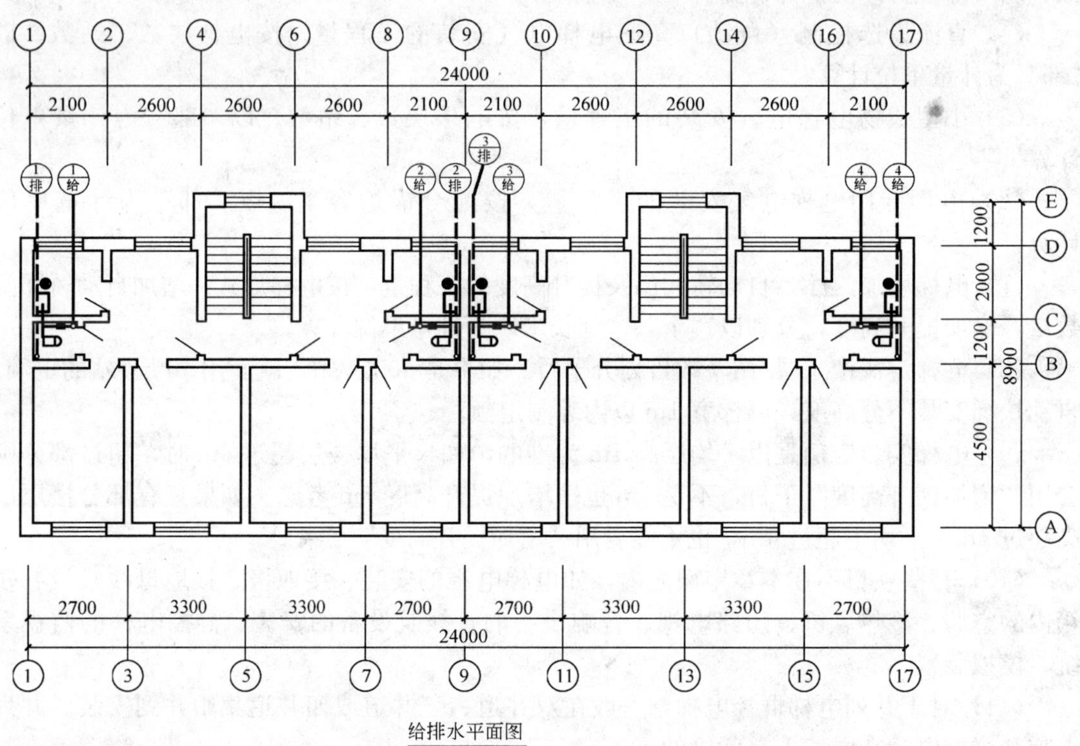

给排水平面图

室内给排水工程施工图说明：

(1) 图示尺寸，标高以米计，其余均以毫米计；

(2) 给水管材采用镀锌钢管，螺纹连接；排水管材采用铸铁排水管，水泥接口；

(3) 卫生设备安装达到施工及验收规范要求；

(4) 一至三层给水利用城市管网的压力，四至八层考虑到水压不够，每户在厨房顶棚下墙上安装一个水箱，规格为1m×0.5m×0.5m；

(5) 明装镀锌钢管刷银粉二遍，埋地镀锌钢管和铸铁管刷沥青，水箱除锈后刷红丹二遍，刷调合漆二遍；

(6) 未尽事项均按现行有关规定执行。

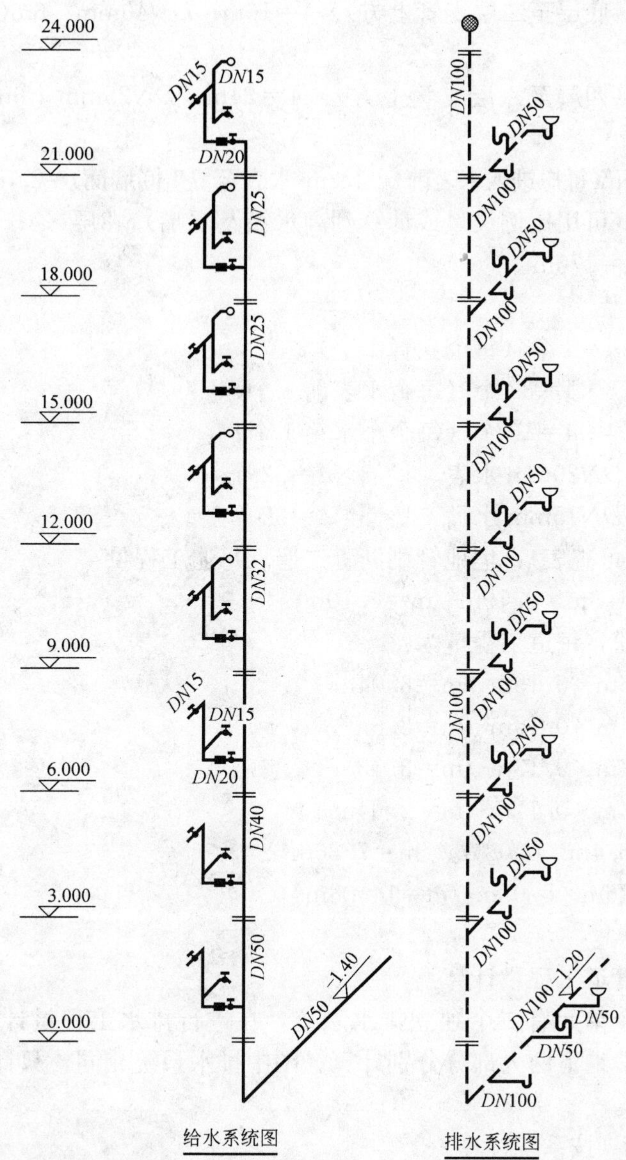

2.1.2 施工图预算的编制

根据施工图，结合《全国统一安装工程预算定额××省单位估价表》有关工程量计算规则进行计算。管道工程量中水平管道用比例尺量尺计算。

(1) 室内给水管道工程量计算

每个单元有两个独立系统，两个单元相同。图中J1、J2、J3、J4四个系统完全相同，只要计算出一个系统，然后乘4即完成图中全部的工程量计算。

1) 镀锌钢管（丝扣连接）

埋地部分：

*DN*50mm ［3.6m(室内外界线至室内外墙)＋0.8m(室外埋地深)＋0.4m(过墙进入室内)＋0.6m(室内外地面高差)］×4＝5.4m×4＝21.6m。

明装部分（立管）：

*DN*50mm　4m(底层至二层支管上方)×4=16m；*DN*40mm　6m(二层至四层支管上方)×4=24m

*DN*32mm　6m(四层至六层支管上方)×4=24m；*DN*25mm　6m(六层至八层支管处)×4=24m（支管）

*DN*20mm　1.5m(每户进入水表前)+1.2m(水表至卫生间墙面)=2.7m×8层×4=86.4m

*DN*15mm　3m(可用比例尺量或计算到高水箱及水嘴)×8层×4+2.5(四楼以上各支管到小水箱)×8×4=176m

2）丝扣阀门安装

*DN*50mm　1×4=4 个（每个立管 1 个）

*DN*20mm　1×8×4=32 个（每个水表前 1 个）

*DN*15mm　1×4×4=16 个（每个小水箱 1 个）

3）水表安装：*DN*20mm 水表　1×8×4=32 个

4）水嘴安装：*DN*15mm 水嘴　1×8×4=32 个

5）管道刷油（可查表）：埋地管刷沥青二遍，每遍工程量：

*DN*50mm 管 21.6m×0.19m^2/m=4.10m^2

明管刷两道银粉，每道工程量为：

*DN*50mm 管 16m×0.19m^2/m=3.04m^2

*DN*40mm 管 24m×0.15m^2/m=3.6m^2

*DN*32mm 管 24m×0.13m^2/m=3.12m^2

*DN*25mm 管 24m×0.11m^2/m=2.64m^2

*DN*20mm 管 86.4m×0.084m^2/m=7.26m^2

*DN*15mm 管 176m×0.08m^2/m=14.08m^2

小计　33.74m^2

(2) 室内排水管道工程量计算

由图中看出每个单元有二个独立排水系统，在进行排水工程量计算时，可按系统进行，也可以按地上、地下两大部分分别计算。图中排水系统相同，只计算一个系统乘以 4 即可。

1）铸铁排水管（按系统计算）

*DN*100mm 管　2m(各层大便器至立管距离)×8层×4+[24m(8层楼层高)+1.5m(出屋面部分)+1.2m(埋地深)]×4+10m(室外部分)=180.8m

*DN*50mm 管　[1.3m(各层水池至立管距离)+1.2mm(各层地漏至水池支管距离)]×8×4=80m

2）地漏安装：*DN*50mm 地漏　1×8×4=32 个

3）排水栓安装：*DN*50mm 排水栓　1×8×4=32 个

4）焊接钢管安装（用于地漏丝扣连接）：*DN*50mm 管　0.2m×32=6.4m（每个地漏用 0.2m）

5）高水箱蹲式大便器：每户一套共 32 套

6）管道刷油

铸铁排水管的表面积，可根据管壁厚度按实际计算，一般习惯上是将焊接钢管表面积乘系数 1.2，即为铸铁管的表面积（包括承口部分），现计算如下（以下数据均为刷一遍面积）：

铸铁管刷沥青二遍

*DN*100mm　管 180.8m×0.36m^2/m×1.2=78.11m^2，*DN*50mm 管　80m×0.19m^2/m×1.2=18.24m^2

小计　96.35m^2

焊接钢管刷红丹二遍，银粉二遍：*DN*50mm 管：6.4m×0.19 m^2/m=1.22m^2

（3）水箱及支架计算略

（4）地下管安装挖填土方应根据土建定额计价，查表知每米管道挖土工程量乘以管道延长米，或者按实际挖填方计算即可。

（5）施工图预算书。

1）安装工程取费表，见表 2-27

工程造价取费表　　**表 2-27**

建设单位：某大学教工宿舍　　给排水工程

序号	名　称	引用号	费用公式	费率(%)	金额(元)
1	直接工程费	[一]			23103.05
2	其中:基价	[1]	Σ基价×相应工程量		
3	其中:人工费	[2]			2044.44
4	其中:主材(未计价材料)费	[3]			
5	技术措施费(脚手架搭拆费)	[二]	人工费×费率		
6	其中:人工费	[4]	其中人工费占 25%		
7	组织措施费	[三]	[6]+[7]+[8]+[9]+[10]+[11]+[12]	100	332.94
8	其中:人工费	[5]	[三]×费率	15	49.94
9	其中:临时设施费	[6]	{[2]+[4]}×费率	7.53	153.90
10	其中:检验试验费	[7]	{[2]+[4]}×费率	1.25	25.60
11	其中:夜间施工费	[8]	{[2]+[4]}×费率	1.75	35.80
12	其中:二次搬运费	[9]	{[2]+[4]}×费率	1.75	35.80
13	其中:冬雨季施工费	[10]	{[2]+[4]}×费率	1.25	25.60
14	其中:生产工具用具使用费	[11]	{[2]+[4]}×费率	1.75	35.8
15	其中:工程定位,点交,清理费	[12]	{[2]+[4]}×费率	1.00	20.44
16	企业管理费	[四]	{[2]+[4]+[5]}×费率	31.1	651.35
17	利润	[五]	{[2]+[4]+[5]}×费率	29.1	609.46
18	规费	[六]	[13]+[17]+[18]+[19]+[20]+[21]	100	934.49
19	1. 社会保障费	[13]	[14]+[15]+[16]	100	613.17
20	其中:养老保险费	[14]	{[2]+[4]+[5]}×费率	21.7	454.48
21	其中:失业保险费	[15]	{[2]+[4]+[5]}×费率	1.07	21.93
22	其中:医疗保险费	[16]	{[2]+[4]+[5]}×费率	6.53	136.76
23	2. 住房公积金	[17]	{[2]+[4]+[5]}×费率	5.40	113.10
24	3. 危险作业意外伤害保险费	[18]	{[2]+[4]+[5]}×费率	0.66	13.82
25	4. 工程排污费	[19]	{[2]+[4]+[5]}×费率	0.33	6.91
26	5. 工程定额测定费	[20]	{[一]+[二]+[三]}×费率	0.20	46.87
27	6. 上级(行业)管理费	[21]	{[一]+[二]+[三]}×费率	0.60	140.62
28	安全文明施工措施费	[七]	{[一]+[二]+[三]+[四]+[五]+[六]}×费率	0.70	179.42
29	税金	[八]	{[一]+[二]+[三]+[四]+[五]+[六]+[七]}×费率	3.413	880.92
30	工程费用(含税)	[九]	[一]+[二]+[三]+[四]+[五]+[六]+[七]+[八]	100	26691.58
31	工程费用(不含安全文明施工)	[十]	[一]+[二]+[三]+[四]+[五]+[六]+[八]	100	26512.16

2）安装工程预（结）算表，见表2-28

安装工程预（结）算书 **表2-28**

工程名称：给排水工程 年 月 日

程序	定额编号	项目名称	规格	单位	数量	单价				合价			
						人工费	辅材费	机械费	主材费	人工费	辅材费	机械费	主材费
1	8-76	镀锌钢管(丝接)	DN50	10m	3.76	7.20	16.78	0.61	109.45	27.07	63.09	2.29	411.53
2	8-75	镀锌钢管(丝接)	DN40	10m	2.40	7.20	11.94	0.22	87.08	17.28	28.66	0.53	208.99
3	8-74	镀锌钢管(丝接)	DN32	10m	2.40	6.07	11.65	0.22	71.78	14.57	27.96	0.53	172.27
4	8-73	镀锌钢管(丝接)	DN25	10m	2.40	6.07	11.61	0.22	56.14	14.57	27.86	0.53	134.74
5	8-72	镀锌钢管(丝接)	DN20	10m	8.64	5.35	9.62	0.00	40.68	46.22	83.12	0.00	351.48
6	8-71	镀锌钢管(丝接)	DN15	10m	17.60	5.35	10.48	0.00	33.31	94.16	184.45	0.00	586.26
7	8-235	丝扣截止阀安装	DN50	个	4.00	0.66	4.27	0.00	26.70	2.64	17.08	0.00	106.80
8	8-289	丝扣浮球阀安装	DN15	个	16.00	0.25	1.22	0.00	10.83	4.00	19.52	0.00	173.28
9	材价	铜浮球	DN100	个	16.00	0.00	5.77	0.00	0.00	0.00	92.32	0.00	0.00
10	8-338	室内用户水表安装	DN20	个	32.00	0.52	6.71	0.00	28.60	16.64	214.72	0.00	915.20
11	8-372	铁水嘴	DN15	个	32.00	0.08	0.05	0.00	4.46	2.56	1.60	0.00	142.72
12	8-130	铸铁污水管	DN100	10m	18.08	9.47	124.66	0.00	152.16	171.22	2253.85	0.00	2751.05
13	8-128	铸铁污水管	DN50	10m	8.00	6.15	33.54	0.00	102.17	49.20	268.32	0.00	817.36
14	8-375	高水箱蹲便器		10套	3.20	25.25	246.34	0.00	1126.25	80.80	788.29	0.00	3604.00
15	8-397	排水栓带存水弯	DN50	10套	3.20	4.94	120.46	0.00	66.50	15.81	385.47	0.00	212.80
16	8-95	焊接钢管排水	DN50	10米	0.64	7.2	12.33	0.70	73.34	4.61	7.89	0.45	46.94
17	8-397	地漏带存水弯	DN50	10套	3.20	4.94	12.46	0.00	69.90	15.81	39.87	0.00	223.68
18	材价	丝扣截止阀安装	DN20	个	32.00	0.00	11.30	0.00	0.00	0.00	361.60	0.00	0.00
19	土建	管道挖土方		m	20.00	50.00	0.00	0.00	0.00	1000.00	0.00	0.00	0.00
20	8-471	钢板水箱制作	16个×50kg/个	100kg	8.00	7.45	24.70	8.17	273.00	59.60	197.60	65.36	2184.00
21	8-481	钢板水箱安装	1×0.5×0.5m	个	16.00	9.02	5.30	3.72	0.00	144.32	84.80	59.52	0.00
22	8-152/153	水箱支座制作安装		t	0.75	193.70	210.64	147.69	2583.00	145.28	157.98	110.77	1937.25
23	13-42/43	镀锌钢管	刷银粉二遍	$10m^2$	3.37	1.69	5.92	0.00	0.00	5.70	19.95	0.00	0.00
24	13-52/53	镀锌钢管	刷沥青二遍	$10m^2$	0.41	1.69	10.59	0.00	0.00	0.69	4.34	0.00	0.00
25	13-130/131	铸铁管	刷沥青二遍	$10m^2$	9.64	2.12	10.59	0.00	0.00	20.44	102.09	0.00	0.00
26	13-37/38	焊接钢管	刷红丹二遍	$10m^2$	0.12	1.66	15.72	0.00	0.00	0.20	1.89	0.00	0.00
27	13/42/43	焊接钢管	刷银粉二遍	$10m^2$	0.12	1.69	5.92	0.00	0.00	0.20	0.71	0.00	0.00
28	13-8	钢板除锈	人工除锈	100kg	8.00	1.49	1.63	0.00	0.00	11.92	13.04	0.00	0.00
29	13-8	角钢架除锈	人工除锈	100kg	7.50	1.49	1.63	0.00	0.00	11.18	12.23	0.00	0.00
30	13-99/100	钢板水箱	刷红丹二遍	100kg	15.50	1.38	12.00	0.00	0.00	21.39	186.00	0.00	0.00
31	13-108/109	钢板除锈	刷灰油	100kg	15.50	1.32	7.37	0.00	0.00	20.46	114.24	0.00	0.00
		小计								2018.52	5760.53	239.97	14980.34
		8册脚手架搭拆费	1926.34×5%	其中人工工资占25%						24.08	96.32		
		13册脚手架搭拆费	92.18×8%	其中人工工资占25%						1.84	7.37		
		定额直接费	2018.52+5760.53+239.97+14980.34+96.32+7.37=23103.05							2044.44			

2.1.3 工程量清单的编制

(1) 工程量清单封面：见表2-29

表 2-29

工程量清单

招标人：____×××____（单位签字盖章）
法定代表人：____×××____（签字盖章）
中介机构法定代表人：____×××____（签字盖章）
造价工程师及注册证号：____×××____（签字盖执业专用章）
编制时间：____××年××月××日____

（2）填表须知：见表 2-30

表 2-30

填 表 须 知

1. 工程量清单及计价格式中所有要求签字、盖章的地方，必须由规定的单位和人员签字、盖章

2. 工程量清单及计价格式中的所有内容不得随意删除或涂改

3. 工程量清单计价格式中列明的所有需要填报的单价和合价，投标人均应填报，未填报的单价和合价，均视为此项费用已包含在工程量清单的其他单价和合价中

4. 金额（价格）均应以____币表示

（3）说明：见表 2-31

总说明　　表 2-31

工程名称：给排水工程　　第　页共　页

1. 工程概况：
2. 招标范围：
3. 工程质量要求：
4. 工程量清单编制依据：

（4）定额预（结）算表（直接费部分）与清单项目之间关系分析对照表：见表 2-32

定额预（结）算表（直接费部分）与清单项目之间关系分析对照表　　表 2-32

工程名称：给排水工程　　第　页共　页

序号	项目编码	项 目 名 称	清单主项在预(结)算表中的序号	清单综合的工程内容在预(结)算表中的序号
1	030801001001	镀锌钢管 *DN*50，室内给水工程，丝扣连接，埋地敷设，刷沥青二遍	1	24
2	030801001002	镀锌钢管 *DN*50，室内给水工程，丝扣连接，刷银粉二遍	1	23
3	030801001003	镀锌钢管 *DN*40，室内给水工程，丝扣连接，刷银粉二遍	2	23
4	030801001004	镀锌钢管 *DN*32，室内给水工程，丝扣连接，刷银粉二遍	3	23
5	030801001003	镀锌钢管 *DN*25，室内给水工程，丝扣连接，刷银粉二遍	4	23
6	030801001003	镀锌钢管 *DN*20，室内给水工程，丝扣连接，刷银粉二遍	5	23
7	030801001003	镀锌钢管 *DN*15，室内给水工程，丝扣连接，刷银粉二遍	6	23
8	030801003001	承插铸铁污水管 *DN*100，室内排水工程，水泥接口，刷沥青二遍	12	25

续表

序号	项目编码	项 目 名 称	清单主项在预(结)算表中的序号	清单综合的工程内容在预(结)算表中的序号
9	030801003002	承插铸铁污水管 DN50,室内排水工程,水泥接口,刷沥青二遍	13	25
10	030801002001	焊接钢管 DN50,室内排水工程,丝扣连接,刷沥青银粉各二遍	16	26+27
11	030801014001	钢板水箱,规格为 1×0.5×0.5(m),水箱除锈,刷红丹及调和漆各二遍	20+21	22+28+29+30+31
12	030803010001	室内用户水表 DN20,丝扣连接	10	无
13	030804012001	蹲便器,带高水箱	14	无
14	030804015001	铁质排水栓 DN50,带存水弯	15	无
15	030804016001	水龙头,铁质,DN15	11	无
16	030804017001	地漏 DN50,带存水弯	17	无
17	030803001001	螺纹阀门,截止阀,DN50	7	无
18	030803001002	螺纹阀门,浮球阀,DN15	8	无
19	010101006001	管沟土方	19	无

(5) 措施项目清单表：见表 2-33

措施项目清单 **表 2-33**

工程名称：给排水工程 第 页共 页

序号	项目名称	备 注	序号	项目名称	备 注
1	环境保护		7	大型机械设备进出场及安拆	
2	文明施工		8	脚手架	
3	安全施工		9	已完工程及设备保护	
4	临时设施		10	施工排水、降水	
5	夜间施工		11	其他	
6	二次搬运		12	措施项目费合计	1+2+3+……+10+11

(6) 其他项目清单表：见表 2-34

其他项目清单 **表 2-34**

工程名称：给排水工程 第 页共 页

序 号	项 目 名 称	金额(元)
1	招标人部分	
	不可预见费	
	工程分包和材料购置费	
	其他	
2	投标人费用	
	总承包服务费	
	零星工作项目费	
	其他	
	合计	

(7) 零星工作项目表：见表 2-35

零星工作项目表 **表 2-35**

工程名称：给排水工程 第 页共 页

序 号	项目名称	计量单位	数 量
1	人工费		
		元	1.00
2	材料费		
		元	1.00
3	机械费		
		元	1.00

2.1.7 给排水工程工程量清单报价

(1) 工程量清单报价封面：见表 2-36

表 2-36

工程量清单报价表

招标人：×××（单位签字盖章）

法定代表人：×××（签字盖章）

造价工程师及注册证号：×××（签字盖执业专用章）

编制时间：××年××月××日

(2) 投标总价表：见表 2-37

表 2-37

投 标 总 价

建设单位：

工程名称：给排水工程

投标总价(小写)：27056.38 元

(大写)：贰万柒千零伍拾陆元叁角捌分

投标人：×××（单位签字盖章）

法定代表人：×××（签字盖章）

编制时间：××年××月××日

(3) 总说明，见表 2-38

总说明 **表 2-38**

工程名称：给排水工程 第 页共 页

1. 工程概况：
2. 招标范围：
3. 工程质量要求：
4. 工程量清单编制依据：
5. 工程量清单计费列表：

注：1. 本例工程以定额人工费为取费基数，其中管理费费率为 62%，利润率为 51%；

2. 规费费率 1%，税金 3.41%。

(4) 单位工程费汇总表：见表 2-39

单位工程费汇总表 **表 2-39**

工程名称：给排水工程　　　　第　页共　页

序　号	项　目　名　称	金额(元)
1	分部分项工程量清单计价合计	25905.13
2	措施项目清单计价合计	0.00
3	其他项目清单计价合计	0.00
4	规费	259.05
5	税金	892.20
	合　计	27056.38

(5) 分部分项工程量清单计价表：见表 2-40

分部分项工程量清单计价表 **表 2-40**

工程名称：给排水工程　　　　第　页共　页

序号	项目编码	项　目　名　称	计量单位	工程数量	金额(元)	
					综合单价	合价
1	030801001001	镀锌钢管 *DN*50,室内给水工程,丝扣连接,埋地敷设,刷沥青二遍	m	21.6	14.62	315.79
2	030801001002	镀锌钢管 *DN*50,室内给水工程,丝扣连接,刷银粉二遍	m	16	14.62	233.92
3	030801001003	镀锌钢管 *DN*40,室内给水工程,丝扣连接,刷银粉二遍	m	24	11.79	282.96
4	030801001004	镀锌钢管 *DN*32,室内给水工程,丝扣连接,刷银粉二遍	m	24	9.93	238.32
5	030801001003	镀锌钢管 *DN*25,室内给水工程,丝扣连接,刷银粉二遍	m	24	8.31	199.44
6	030801001003	镀锌钢管 *DN*20,室内给水工程,丝扣连接,刷银粉二遍	m	86.4	6.33	546.91
7	030801001003	镀锌钢管 *DN*15,室内给水工程,丝扣连接,刷银粉二遍	m	176	5.65	994.4
8	030801003001	承插铸铁污水管 *DN*100,室内排水工程,水泥接口,刷沥青二遍	m	180.8	28.68	5185.34
9	030801003002	承插铸铁污水管 *DN*50,室内排水工程,水泥接口,刷沥青二遍	m	80	14	1120
10	030801002001	焊接钢管 *DN*50,室内排水工程,丝扣连接,刷沥青银粉各二遍	m	6.4	10.85	69.44
11	030801014001	钢板水箱,规格为 1×0.5×0.5(m),水箱除锈,刷红丹及调和漆各二遍	套	16	397.01	6352.16
12	030803010001	室内用户水表 *DN*20,丝扣连接	个	32	36.42	1165.44
13	030804012001	蹲便器,带高水箱	套	32	173.78	5560.96
14	030804015001	铁质排水栓 *DN*50,带存水弯	套	32	19.74	631.68
15	030804016001	水龙头,铁质,*DN*15	个	32	4.68	149.76
16	030804017001	地漏 *DN*50,带存水弯	个	32	20.15	644.8
17	030803001001	螺纹阀门,截止阀,*DN*50	个	4	32.65	130.6
18	030803001002	螺纹阀门,浮球阀,*DN*15	个	16	12.59	201.44
19	010101006001	管沟土方	m	20	10.65	213
		合计	元			24236.36

注：以 030801001001 为例说明分部分项工程量清单计价表的编制。

该项目发生的工程内容为：管道安装、管道刷沥青二遍（计算工程量为0.19 m^2/m）。

1）根据《全国统一安装工程预算定额山东省单位估价表》确定人、材、机消耗量。

管道安装：8-76（定额计量单位：10m）

管道刷沥青二遍：13-52/53（定额计量单位：10m^2）。

2）计算清单项目每计量单位（m）所含工程内容的人、材、机费用：

管道安装：人工费：7.2 元×0.1=0.72 元

材料费：16.78 元×0.1=1.68 元

主材费：10.95 元×1.02=11.17 元

机械费：0.61 元×0.1=0.06 元

管道刷沥青二遍：

人工费：1.69 元×0.019=0.03 元

材料费：10.59 元×0.019=0.11 元

本清单项目每计量单位（m）人、材、机费用合计：

人工费：0.72+0.03=0.75 元

材料费：1.678+11.17+0.11=12.96 元

机械费：0.06 元

合计：0.75+12.96+0.06=13.77 元

3）计算综合单价及合价

根据管理费费率为62%，利润率为51%。

综合单价：13.77+0.75×(0.62+0.51)=14.62 元

（6）措施项目清单计价表（略）

（7）其他项目清单计价表（略）

（8）零星工作项目表计价表（略）

（9）分部分项工程量清单综合单价分析表：见表2-41

分部分项工程量清单综合单价分析表 **表 2-41**

工程名称：给排水工程 第 页共 页

序号	项目编码	项目名称	定额编号	工作内容	单位	数量	综合单价组成					综合单价
							人工费	材料费	机械费	管理费	利润	
1	030801001001	镀锌钢管 *DN*50(埋地)			m		0.75	12.96	0.061	0.47	0.38	14.62
			8-76	镀锌钢管 *DN*50	10m	0.1	7.2	16.78	0.61			
				镀锌钢管 *DN*50	m	1.02		10.95				
			13-52 13-53	管道刷沥青二遍	10m^2	0.019	1.69	10.59				
2	030801001002	镀锌钢管 *DN*50			m		0.75	12.96	0.061	0.47	0.38.	14.62
			8-76	镀锌钢管 *DN*50	10m	0.1	7.2	16.78	0.61			

续表

序号	项目编码	项目名称	定额编号	工作内容	单位	数量	综合单价组成					综合单价
							人工费	材料费	机械费	管理费	利润	
				镀锌钢管 *DN*50	m	1.02		10.95				
			13-42 13-43	管道刷银粉二遍	10m^2	0.019	1.69	5.92				
3	030801001003	镀锌钢管 *DN*40			m		0.75	10.17	0.022	0.47	0.38	11.79
			8-75	镀锌钢管 *DN*40	10m	0.1	7.2	11.94	0.22			
				镀锌钢管 *DN*40	m	1.02		8.71				
			13-42 13-43	管道刷银粉二遍	10m^2	0.015	1.69	5.92				
4	030801001004	镀锌钢管 *DN*32			m		0.63	8.57	0.022	0.39	0.32	9.93
			8-74	镀锌钢管 *DN*32	10m	0.1	6.07	11.65	0.22			
				镀锌钢管 *DN*32	m	1.02		7.18				
			13-42 13-43	管道刷银粉二遍	10m^2	0.013	1.69	5.92				
5	030801001005	镀锌钢管 *DN*25			m		0.63	6.95	0.022	0.39	0.32	8.31
			8-73	镀锌钢管 *DN*25	10m	0.1	6.07	11.61	0.22			
				镀锌钢管 *DN*25	m	1.02		5.61				
			13-42 13-43	管道刷银粉二遍	10m^2	0.011	1.69	5.92				
6	030801001006	镀锌钢管 *DN*20			m		0.55	5.16	0.00	0.34	0.28	6.33
			8-72	镀锌钢管 *DN*20	10m	0.1	5.35	9.62				
				镀锌钢管 *DN*20	m	1.02		4.07				
			13-42 13-43	管道刷银粉二遍	10m^2	0.0084	1.69	5.92				
7	030801001007	镀锌钢管 *DN*15			m		0.55	4.48	0.00	0.34	0.28	5.65
			8-71	镀锌钢管 *DN*15	10m	0.1	5.35	10.48				
				镀锌钢管 *DN*15	m	1.02		3.33				
			13-42 13-43	管道刷银粉二遍	10m^2	0.0067	1.69	5.92				

续表

序号	项目编码	项目名称	定额编号	工作内容	单位	数量	综合单价组成					综合单价
							人工费	材料费	机械费	管理费	利润	
8	030801003001	承插铸铁污水管 *DN*100			m		1.04	26.47	0.00	0.64	0.53	28.68
			8-130	铸铁污水管 *DN*100	10m	0.1	9.47	124.66				
				铸铁污水管 *DN*100	m	0.89		15.22				
			13-130 13-131	管道刷沥青二遍	10m^2	0.043	2.12	10.59				
9	030801003002	承插铸铁污水管 *DN*50			m		0.66	12.59	0.00	0.41	0.34	14.00
			8-128	铸铁污水管 *DN*50	10m	0.1	6.15	33.54				
				铸铁污水管 *DN*50	m	0.88		10.22				
			13-130 13-131	管道刷沥青二遍	10m^2	0.023	2.12	10.59				
10	030801002001	焊接钢管 *DN*50			m		0.78	9.12	0.07	0.48	0.40	10.85
			8-95	焊接钢管 *DN*50	10m	0.1	7.20	12.33	0.70			
				焊接钢管 *DN*50	m	1.02		7.33				
			13-37 13-38	管道刷红丹二遍	10m^2	0.019	1.66	15.72				
			13-42 13-43	管道刷银粉二遍	10m^2	0.019	1.69	5.92				
11	030804014001	钢板水箱			套		26.61	325.06	15.27	16.50	13.57	397.01
			8-471	钢板水箱制作	100kg	0.51	7.45	24.70	8.17			
				钢材	kg	53.81		2.73				
			8-481	钢板水箱安装	个	1.00	9.02	5.30	3.72			
			8-152 8-155	水箱支架制作安装	t	0.05	193.70	210.64	147.69			
				型钢	t	0.05		2583.00				
			13-8	钢板除锈	100kg	0.51	1.49	1.63				
			13-8	水箱支架除锈	100kg	0.47	1.49	1.63				
			13-99 13-100	水箱刷红丹二遍	100kg	0.98	1.38	12.00				
			13-108 13-109	水箱刷银粉二遍	100kg	0.98	1.32	7.37				

续表

序号	项目编码	项目名称	定额编号	工作内容	单位	数量	综合单价组成					综合单价
							人工费	材料费	机械费	管理费	利润	
12	030803010001	室内用户水表 *DN*20			个		0.52	35.31	0.00	0.32	0.27	36.42
			8-338	水表安装 *DN*20	个	1.00	0.52	6.71				
				水表 *DN*20	个	1.00		28.6				
13	030804012001	蹲便器			套		2.53	138.39	0.00	1.57	1.29	173.78
			8-375	蹲便器安装	10套	0.1	25.25	246.34				
				蹲便器	套	1.01		112.63				
14	030804015001	排水栓 *DN*50			套		0.49	18.70	0.00	0.30	0.25	19.74
			8-397	排水栓安装	10套	0.1	4.94	120.46				
				排水栓 *DN*50	套	1.00		6.65				
15	030804016001	水龙头 *DN*15			个		0.08	4.51	0.00	0.05	0.04	4.68
			8-372	水龙头安装	个	1.00	0.08	0.05				
				水龙头 *DN*15	个	1.01		4.46				
16	030804017001	地漏 *DN*50			套		0.49	19.11	0.00	0.30	0.25	20.15
			8-397	地漏（带存水弯）	10套	0.1	4.94	120.46				
				地漏 *DN*50	套	1.01		6.99				
17	030803001001	螺纹阀门 *DN*50			个		0.66	31.24	0.00	0.41	0.34	32.65
			8-235	截止阀安装	个	1.00	0.66	4.27				
				截止阀 *DN*50	个	1.01		26.70				
18	030803001001	螺纹阀门 *DN*15					0.25	12.05	0.00	0.16	0.13	12.59
			8-289	浮球阀安装	个	1.00	0.25	1.22				
				浮球阀 *DN*15	个	1.00		10.83				
19	010101006001	管沟土方			m		5.00	0.00	0.00	3.1	2.55	10.65
			土建	管沟挖填土方	m	1	5.00					

(10) 措施项目费分析表（略）

(11) 主要材料价目表：表 2-42

主要材料价目表 **表 2-42**

工程名称：给排水工程 第 页共 页

序号	材料编码	材料名称	规格型号等特殊要求	单位	单价(元)
1		镀锌钢管	*DN*50	m	10.95
2		镀锌钢管	*DN*40	m	8.71
3		镀锌钢管	*DN*32	m	7.18
4		镀锌钢管	*DN*25	m	5.61
5		镀锌钢管	*DN*20	m	4.07
6		镀锌钢管	*DN*15	m	3.33
7		铸铁污水管	*DN*10	m	15.22
8		铸铁污水管	*DN*50	m	10.22
9		焊接钢管	*DN*50	m	7.33
10		钢材		kg	2.73
11		型钢		t	2583.0
12		螺纹水表	*DN*20	个	28.6
13		高水箱蹲便器		套	112.63
14		排水栓	带存水弯 *DN*15	套	6.65
15		水龙头	*DN*15	个	4.46
16		地漏	带存水弯 *DN*50	个	6.99
17		螺纹截止阀	*DN*50	个	26.7
18		螺纹浮球阀	*DN*15	套	10.83

2.2 室内采暖施工图预算与清单计价实例

2.2.1 施工图纸

某单位退休职工活动中心，其建筑面积 9m×6m。如图 2-5、图 2-6 所示。采暖热媒用 85/60℃热水，散热器采用 TZ4-6-5（内腔无砂型）散热器，每组散热器均安装手动放风门。采暖管道采用镀锌钢管，外刷银粉一遍，管道保温需做 40mm 厚岩棉保温。其他各项施工要求应严格遵守《建筑给排水及采暖工程施工质量验收规范》GB 50242—2002。

2.2.2 施工图预算

(1) 施工图预算书

1) 封面：见表 2-43

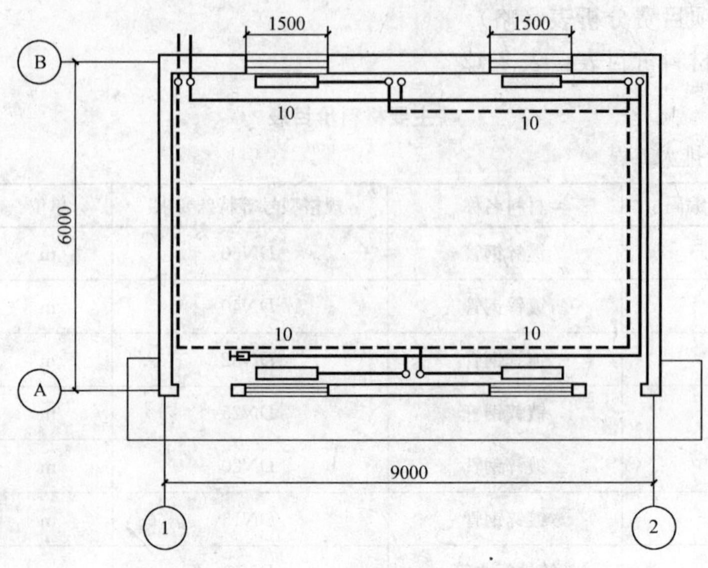

图 2-5　平面图

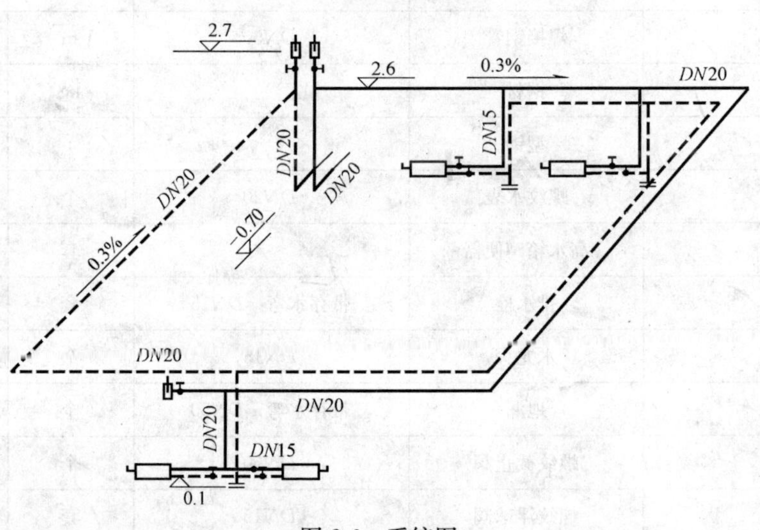

图 2-6　系统图

施工图预算书封面　　**表 2-43**

郑州市建设工程预(结)算书

(2005 年×月×日编审)

工程名称:某退休职工活动中心室内采暖工程

建筑面积:　54m²　　结构层数:一层

工程造价:　3234.85 元　　经济指标:　59.90 元/m²

施工单位:×××安装公司

承包单位:×××安装公司

编制人资格印章　××　　审核人资格印章×××

编制单位印鉴　　审核单位印鉴

2）编制说明：见表 2-44

建筑安装工程预（结）算编制说明 表 2-44

一、工程名称：某退休职工活动中心室内采暖工程。

二、编制依据：

1. 定额按河南省安装工程单位估价表（2003 版）编制。
2. 主要材料的价格执行《郑州市建设工程材料基准价格信息》2004 第三季度。
3. 施工图等设计资料，有关技术资料等。

三、取费标准：本工程属于三类工程，按郑州地区建安工程造价计算程序及费率计取。

四、其他说明：

1. 本预算只包括图纸上所发生的费用。
2. 本工程图纸不详之处均按常规作法及施工规范进行预算，不同之处待工程竣工结算时予以调整

3）采暖工程预算费用计算：见表 2-45

安装工程预（结）算费用汇总表 表 2-45

工程名称：某退休职工活动中心室内采暖工程

序号	项　　目	金额(元)	计 算 方 法
1	综合基价合计	1507.55	工程量×综合基价
2	基价中人工费	563.27	工程量×综合基价中的人工费
3	未计价材料费	1338.39	按计价办法第五条计算
4	施工措施费	68.11	
4.1	施工技术措施费	28.68	按计价办法第六条计算
4.2	施工组织措施费	39.43	按计价办法第六条计算
5	差价		按计价办法第九条计算
6	专项费用	191.51	按计价办法第十条计算
6.1	社会保险费	185.88	2×33％
6.2	工程定额测定费	5.63	2×1％
7	工程成本	2914.05	1＋3＋4＋5
8	利润	214.04	2×利润率(38％三类)
9	税金	106.76	(7＋8)×税率(3.413％)
10	工程造价	3234.85	7＋8＋9

4）采暖工程预算表：见表 2-46

安装工程预（结）算表 表 2-46

项目名称：某退休职工活动中心室内采暖工程

序号	定额编号	项目名称	单位	数量	单位(元)			合价(元)		
					综合基价	人工费	未计价材料	综合基价	人工费	未计价材料
1	8-88	室内镀锌钢管 *DN*20（丝接）	10m	5.749	94.36	38.43		542.48	220.93	
		镀锌钢管 *DN*20	m	2.749×10.20			7.56			443.32

续表

序号	定额编号	项目名称	单位	数量	单位(元)			合价(元)		
					综合基价	人工费	未计价材料	综合基价	人工费	未计价材料
2	8-87	室内镀锌钢管 *DN*15(丝接)	10m	2.332	93.99	38.43		219.18	219.18	
		室内镀锌钢管 *DN*15	m	2.332×10.20			5.81			138.2
3	8-242	阀门 *DN*20(螺纹连接)	个	3	8.2	2.1		24.6	6.3	
		阀门 *DN*20(螺纹连接)	个	3×1.010			15			45.45
4	8-241	阀门 *DN*15 安装(丝接)	个	8	6.8	2.1		54.4	16.8	
		阀门 *DN*15(螺纹连接)	个	8×1.010			5			40.4
5	8-302	手动跑风门安装	个	4	1.3	0.63		5.2	2.52	
		手动跑风门	个	4×1.010			1			4.04
6	8-300	自动排气阀安装 *DN*20	个	3	16.12	4.62		48.36	13.86	
		自动排气阀	个	3×1.000			20			60
7	8-491	散热器安装	10片	4	118.24	8.69		472.96	34.76	
		散热器	片	4×6.910			21			580.44
8	11-200	散热器刷调和漆一遍	$10m^2$	1.12	19.32	7.14		21.64	8	
		调和漆	kg	1.12×0.450			8.6			4.33
9	11-1825	管道保温绝热	m^3	0.04	261.92	118.32		10.48	4.73	
		埋地管岩棉壳保温后 40mm	m^3	0.04×1.030			240			9.89
10	11-2153	玻璃丝布保护层安装	$10m^2$	0.296	19.83	9.87		5.89	0.92	
		玻璃丝布	m^2	0.296×14.00			0.4			1.66
11	11-250	保护层刷沥青漆第一遍	$10m^2$	0.296	39.19	18.06		11.6	5.35	
		沥青漆	kg	0.296×5.20			3.98			6.12
12	11-251	保护层刷沥青漆第二遍	$10m^2$	0.296	33.02	15.33		9.77	4.54	
		沥青漆	kg	0.296×3.85			3.98			4.54
		小计1(1+2+3+4+5+6+7)						1367.18	514.36	

续表

序号	定额编号	项目名称	单位	数量	单位(元)			合价(元)		
					综合基价	人工费	未计价材料	综合基价	人工费	未计价材料
		小计 2(8+11+12)						43.01	17.89	
		小计 3(9+10)						16.37	7.65	
		小计 4(1+…+12)						1426.56	539.9	
13		管道安装脚手架搭拆费	人工费×5%	其中人工工资占 25%				25.72	6.43	
14		刷油工程脚手架搭拆费	人工费×8%	其中人工工资占 25%				1.43	0.36	
15		绝热工程脚手架搭拆费	人工费×20%	其中人工工资占 25%				1.53	0.38	
16		采暖系统调试费	人工费×15%	其中人工工资占 20%				80.99	16.2	
		合计						1536.23	563.27	1388.39

(2) 工程量计算

1) 工料汇总表：见表 2-47

安装工程预（结）算工料汇总表 **表 2-47**

序号	名称及规格	单位	数　量	预算单价	合计
一	管道安装				
1	镀锌钢管安装 *DN*20	m	5.749×(10.200)	7.56 元/m	443.32 元
2	镀锌钢管安装 *DN*15	m	2.332×(10.200)	5.81 元/m	138.20
3	阀门 Z15T-1.0*DN*20	个	3×(1.010)	15 元/个	45.45 元
4	阀门 Z15T-1.0*DN*15	个	8×(1.010)	5 元个	40.40 元
5	自动排气阀 *DN*20	个	3×(1.000)	20 元/个	60.00 元
6	手动跑风门	个	4×1.010	1 元/个	1.04 元
7	散热器安装	片	4×6.910	21 元/片	580.44 元
二	除锈、刷油				
1	散热器刷调和漆一遍	kg	1.12×0.450	8.6 元/kg	4.33 元
2	埋地管 *DN*20 保护层刷沥青漆两遍	kg	0.296×(5.200+3.850)	3.98 元/kg	10.66 元
三	绝热层安装				
1	岩棉管壳	m^3	0.04×1.030	240 元/m^3	9.89 元
2	玻璃丝布保护层	m^2	0.296×14.000	0.4 元/m^2	1.66 元

2）工程量计算：见表 2-48

安装工程工程量计算表 **表 2-48**

项目名称：某退休职工活动中心室内采暖工程

序号	项目名称及技术规格	单位	数量	计算式及说明
1	室内镀锌钢管 *DN*20	m	57.49	供水水平管：(1.5+0.24)（室内外管道界线 1.5m 为界）+8.26（进水管至 2 轴线的供水管长，用比例尺直接量测）+5.05（B 轴线至 A 轴线间供水管长）+7.18（2 轴线至排气阀间供水管长）=22.23m 垂直立管： (2.7+0.7)（排气阀至埋地管距离）+(2.6−0.1−0.642)（供水干管至散热器供水支管距离）=5.26m； (2.7+0.7)+(2.6−0.1)+0.06（灯叉弯）=5.96m 回水水平管：(1.5+0.24)（室内外管道界线 1.5m 为界）+4.3（1 轴线至 2 轴线回水管长）+4.81（B 轴线至 A 轴线回水管长）+8.32（2 轴线至 1 轴线回水管长）+4.87（A 轴线至 B 轴线回水管长）=24.04m
2	室内镀锌钢管 *DN*15	m	23.32	水平支管：{2.04（轴 1～轴 2 窗中心至窗间墙两立管中心距离）−5×0.058（散热器长）+0.035 灯叉弯}×2（供、回水）+{1.86（轴 1～轴 2 窗中心至墙角两立管中心距离）−5×0.058+0.035}×2（供、回水）+{4.5（轴 2～轴 1 两窗中心距离）−10×0.058+0.035×2}×2（供、回水）=14.48m 垂直立管：(2.6−0.1-0.642)×2（供水） (2.6−0.1+0.06+灯叉弯)×2（回水）=8.84m
3	阀门 *DN*20	个	3	
4	阀门 *DN*15	个	8	
5	散热器	片	40	
6	自动排气阀 *DN*20	个	3	
7	手动跑风门	个	4	
8	散热器刷银粉一遍	m^2	11.2	40 片×0.28m^2/片=11.2m^2
9	埋地管道岩棉管壳保温层厚 40mm	m^3	0.04	*V*=3.14×(0.027+1.033×0.040)×1.033×0.040×4.88（埋地管道工程量 m）=0.04
10	保护层安装	m^2	2.96	*S*=3.14×(0.027+2.1×0.040+0.082)×4.88=2.96
11	保护层刷油	m^2	2.96	*S*=3.14×(0.027+2.1×0.040+0.082)×4.88=2.96

（3）施工措施费用，见表 2-49

施工措施费用表 **表 2-49**

工程名称：某退休职工活动中心室内采暖工程

编号	措施项目	单位	工程量	单价	合价（元）
一	技术措施费项目				
1	抱杆使用				
2	胎具制作				
3	大型机械厂外运输及安拆				

续表

编号	措施项目	单位	工程量	单价	合价(元)
4	脚手架				28.68
	技术措施费合计				28.68
二	组织措施费项目				
1	材料二次搬运费				
2	远途施工增加费				
3	缩短工期增加费				
4	安全文明施工增加费				563.27×7%=39.43
5	其他费用				
	组织措施费合计				39.43
三	措施费用合计				68.11

2.2.3 工程量清单计价（投标人填写）

（1）工程量清单计价封面：见表 2-50

工程量清单计价封面 **表 2-50**

某退休职工活动中心室内采暖工程

工 程 量 清 单 报 价 表

投标人：×××　安装公司　　（盖章）

法定代表人

或委托代理人：×××　　（签字盖章）

造价工程师

及注册证号：　　（签字盖职业专用章）

编 制 时 间：2005 年×月×日

（2）清单计价投标总价：见表 2-51

（3）清单报价说明：见表 2-52

清单计价投标总价表 **表 2-51**

投 标 总 价 表

建 设 单 位：×××公司

工 程 名 称：某退休职工活动中心室内采暖工程

投标总价：(小写)：3373.15 元

(大写)：叁仟叁百柒拾叁元壹角伍分

投 标 人：×××安装公司

法 定 代 表 人：

或 委 托 代 理 人：×××　　（签字盖章）

编 制 时 间：2005 年×月×日

清单报价说明表 **表 2-52**

<table>
<tr><td>

工程量清单投标报价说明

1. 本报价依据本工程投标须知和合同文件的有关条款进行编制。

2. 工程量清单报价表中所填入的综合单价和合价，均包括人工费、材料费(应扣除招标人暂定材料费)、机械费、管理费、利润、税金以及采用固定价格的工程所测算的风险金等全部费用。

3. 措施项目报价表中所填入的措施项目报价，应包括《建设工程工程量清单计价规范》表 3.31 的内容、投标人编制的施工组织设计所采用方案的全部费用。

4. 其他项目报价表中所填入的其他项目报价，包括工程量清单报价表和措施项目报价表以外的，为完成本工程项目施工所必需发生的其他费用。

5. 本工程清单报价表中各单项均应填写单价和合价，对没有填写单价和合价的项目费用，视为已包括在工程量清单的其他单价或合价之中。

6. 本报价的币种为<u>　　人民币　　　　　　　　　</u>。

7. 投标人应将投标报价需要说明的事项，用文字书写与投标报价表一并报送。

</td></tr>
</table>

(4) 工程项目总价表：见表 2-53

工程项目总价表 **表 2-53**

工程名称：活动中心室内采暖工程　　第　页共　页

序号	单项工程名称	金额(元)
1	采暖安装工程	3373.15
合　计		3373.15

(5) 单项工程费汇总表：见表 2-54

单项工程费汇总表 **表 2-54**

工程名称：活动中心室内采暖工程　　第　页共　页

序号	单项工程名称	金额(元)	其　中				
			分部分项工程量清单项目费	措施项目费	其他项目	规费	税金
1	采暖安装工程	3373.15	3027.32	32.25		202.25	111.33
合计		3373.15	3027.32	32.25		202.25	111.33

(6) 单位工程费汇总表：见表 2-55

单位工程费汇总表 **表 2-55**

工程名称：活动中心室内采暖工程　　第　页共　页

序号	项　目　名　称	金额(元)
1	分部分项工程量清单计价合计	3027.32
2	措施项目合计	32.25
3	其他项目清单合计	
4	规费[(1+2+3)人工费×规定费率]	202.25
5	税金[(1+2+3)×规定费率]	111.33
合计		3373.15

注：规费：202.25 元

1) 文明施工增加费＝(分部分项工程量清单项目合计的人工费＋技术措施费中的人工费)×费率＝(540.05＋6.56)×7%＝38.26元

2）社会统筹＝(分部分项工程量清单项目合计的人工费＋技术措施费中的人工费)×费率
＝(540.05＋6.56)×29％＝158.52元

3）定额测定费＝(分部分项工程量清单项目合计的人工费＋技术措施费中的人工费)
×费率＝(540.05＋6.56)×1％＝5.47元

(7) 分部分项工程量清单计价表：见表 2-56

分部分项工程量清单计价表 **表 2-56**

工程名称：活动中心室内采暖工程 第　页共　页

序号	项目编码	项 目 名 称	计价单位	工程数量	金额(元)	
					综合单价	合价
1	030801001001	镀锌钢管 *DN*20 螺纹连接	m	57.49	20.23 元/m	1163.20 元
2	030801001002	镀锌钢管 *DN*15 螺纹连接	m	23.32	17.22 元/m	401.60 元
3	030803001001	螺纹阀门 *DN*20	个	3	24.40 元/个	73.20 元
4	030803001002	螺纹阀门 *DN*15	个	8	12.90 元/个	103.20 元
5	030805001001	散热器	片	40	27.51 元/片	1100.47 元
6	030803005001	自动排气阀 *DN*20	个	3	32.16 元/个	96.48 元
7	030803005002	手动跑风门	个	4	2.63 元/个	10.52 元
8	030807001	采暖工程系统调整	系统	1	78.65 元/系统	78.65 元
本页小计						3027.32
合计						3027.32

(8) 措施项目清单计价表：见表 2-57

措施项目清单计价表 **表 2-57**

工程名称：活动中心室内采暖工程 第　页共　页

序号	项 目 名 称	金额(元)
1	脚手架搭拆费	32.25
合 计		32.25

(9) 其他项目清单计价表：见表 2-58

其他项目清单计价表 **表 2-58**

工程名称：活动中心室内采暖工程 第　页共　页

序号	项 目 名 称	金额(元)
1	招标人部分 (1)预留金 (2)招标人拟供主要材料暂估费用 (3)暂定金额	
小 计		
2	投标人部分	
小 计		
合 计		

(10) 零星工作项目表：见表 2-59

零星工作项目表 **表 2-59**

工程名称：活动中心室内采暖工程　　　　第　页共　页

序号	名称	计量单位	数量	金额(元)	
				综合单价	合价
1	人工				
	小计				
2	材料				
	小计				
3	机械				
	小计				
	合计				

(11) 分部分项工程量清单综合单价分析表：见表 2-60

分部分项工程量清单综合单价分析表 **表 2-60**

工程名称：活动中心室内采暖工程　　　　第　页共　页

序号	项目编号	项目名称	工程内容	单位	数量	综合单价组成					合价	综合单价
						人工费	材料费	机械费	管理费	利润		
1	030801001001	镀锌钢管 *DN*20		m	57.49						1163.2	20.23
			镀锌钢管 *DN*20 室内，螺纹连接	10m	5.749	49.87	17.70		26.79	18.95	651.42	
				m	58.63		7.56				443.24	
			绝热层安装	m^3	0.04	153.42	20.19	5.87	82.44	58.30	12.81	
				m^3	0.041		240				9.84	
			保护层安装	$10m^2$	0.296	12.81	0.14		6.88	4.87	7.31	
				m^2	4.14		0.4				1.66	
			保护层刷油	$10m^2$	0.296	43.33	5.60		23.28	16.47	26.25	
				m^2	2.68		3.98				10.67	
2	030801001002	镀锌钢管 *DN*15		m	23.32						401.60	17.22
			管道安装	10m	2.332	49.87	17.33		26.79	18.95	263.38	
				m	23.79		5.81				138.22	
3	030803001001	螺纹阀门 *DN*20		个	3						73.20	24.40
			安装	个	3	2.73	4.01		1.47	1.04	27.75	
				个	3.03		15				45.45	
4	030803001002	螺纹阀门 *DN*15		个	8						103.2	12.90
			安装	个	8	2.73	2.61		1.47	1.04	62.80	
				个	8.08		5				40.4	

续表

序号	项目编号	项目名称	工程内容	单位	数量	综合单价组成					合价	综合单价
						人工费	材料费	机械费	管理费	利润		
5	030805001001	散热器		片	40						1100.47	27.51
			安装	10片	4	11.28	100.90		6.06	4.29	490.12	
				片	27.64		21				580.44	
			刷油	10m²	1.12	9.27	5.08		4.97	3.52	25.58	
				m²	0.504		8.6				4.33	
6	030803005001	自动排气阀 *N*20		个	3						96.48	32.16
			安装	个	3	3.25	5.49		2.18	1.24	36.48	
				个	3		20				60	
7	030803005002	手动跑风门		个	4						10.52	2.63
			安装	个	4	0.82	0.04		0.44	0.32	6.48	
				个	4.04		1				4.04	
8	030807001001	系统调整	系统调整	系统	1	15.73					78.65	
本页小计						540.05					3027.32	

注：综合单价中的人、材、机、管理费、利润，借用《河南省安装工程单位综合基价》（2003）直接生成，其中人工费＝定额人工费＋附加人工费，附加人工费＝6.25×工日数；材料费＝计价材料费＋未计价材料费；管理费＝人工费×费率；利润＝人工费×费率。

（12）措施项目费分析表：见表 2-61

措施项目费分析表 **表 2-61**

工程名称：活动中心室内采暖工程 第　页共　页

序号	项目名称	单位	数量	综合单价组成					小计
				人工费	材料费	机械费	管理费	利润	
1	脚手架搭拆费	项	1	6.56			3.54	2.49	
				524.32×5%＝26.22					
合计									32.25

注：脚手架搭拆费中人材机按整个工程的人工费的5%计取，其中人工费占25%；管理费按人工费54%计取，利润按人工费的38%计取。

（13）主要材料价格及费用表：见表 2-62

主要材料价格表及费用 **表 2-62**

工程名称：活动中心室内采暖工程 第　页共　页

序号	材料编码	材料名称	规格、型号等特殊要求	单位	数量	单价(元)	合价(元)
1		镀锌钢管	*DN*20	m	58.64	7.56元/m	443.32
2		镀锌钢管	*DN*15	m	23.79	5.81元/m	138.20
3		阀门	Z15T-1.0*DN*20	个	3.03	15元/个	45.45
4		阀门	Z15T-1.0*DN*15	个	8.08	5元/个	40.40
5		自动排气阀	*DN*20	个	3.00	20元/个	60.00
6		手动跑风门		个	4×1.010	1	4.04
7		散热器		片	27.64	21	580.44
8		银粉漆	酚醛防锈漆各色	kg	0.504	8.6	4.33
9		沥青漆	煤焦油沥青漆 L01-17	kg	2.68	3.98	10.66
10		岩棉管壳		m³	0.041	240元/m³	9.89
11		玻璃丝布	玻璃丝布 0.5	m²	4.14	0.4元/m²	1.66

课题3 空气调节工程预算与工程量清单计价实例

3.1 工程概况

本工程为某大学教学楼三、四层的计算中心房，三层计算中心的空调系统采用风机盘管水系统加室外新风引至风机盘管回风箱的空调形式，四层计算中心采用全空气系统，空调主机为高静压风冷管道式空调机，空调风管采用聚氨酯复合保温风管。水系统管道采用热水PPR管，热熔连接，每台风机盘管的进出水管上均需安装*DN*20的全铜截止阀，进水管上还要安装一个*DN*20的全铜Y形过滤器，每台风机盘管的进出水管长度按*De*25PPR管1.5m计算，水管保温材料采用25mm厚橡塑保温管，风口采用铝合金风口，帆布软接口每台风机盘管按0.5m^2计算，高静压风冷管道式空调机按1.0m^2计算。本案例中不列入制冷机组及其他水管系统的计算。施工图见图2-7，图2-8。

3.2 工程量计算

3.2.1 聚氨酯复合保温风管制作

(1) 三层风管

400×120：$L=3\times2+3.5\times7=30.5$m

630×120：$L=3\times7=21$m

$F=2(a+b)\times L=2(0.4+0.12)\times30.5=31.72m^2$

$F=2(a+b)\times L=2(0.63+0.12)\times21=31.5m^2$

(2) 四层风管

320×200：$L=0.7+3.8+(1-0.25)$（新风管）$=5.25$m

$F=2(a+b)\times L=2(0.32+0.2)\times5.25=5.46m^2$

400×200：$L=0.7+3.8=4.5$m

$F=2(a+b)\times L=2(0.4+0.2)\times4.5=5.4m^2$

500×200：$L=(0.7+3.8)\times2=9$m

$F=2(a+b)\times L=2(0.5+0.2)\times9=12.6m^2$

630×200：$L=0.7+3.8+1.5+1.5+1+6.8+0.5+0.5+0.6=17.4$m

$F=2(a+b)\times L=2(0.63+0.2)\times17.4=28.88m^2$

800×200：$L=0.7+3.8=4.5$m

$F=2(a+b)\times L=2(0.8+0.2)\times4.5=9m^2$

1000×200：$L=0.7+1.8-0.3$（调节阀）$+1.45=3.65$m，$F=2(a+b)\times L=2(1+0.2)\times3.65=8.76m^2$

(3) 风管工程量汇总

1) 风管周长1300以下：$F=31.72+5.46+5.4=42.58m^2$

2) 风管周长2000以下：$F=31.5+12.6+28.88+9=81.98m^2$

3) 风管周长3200以下：$F=8.76m^2$

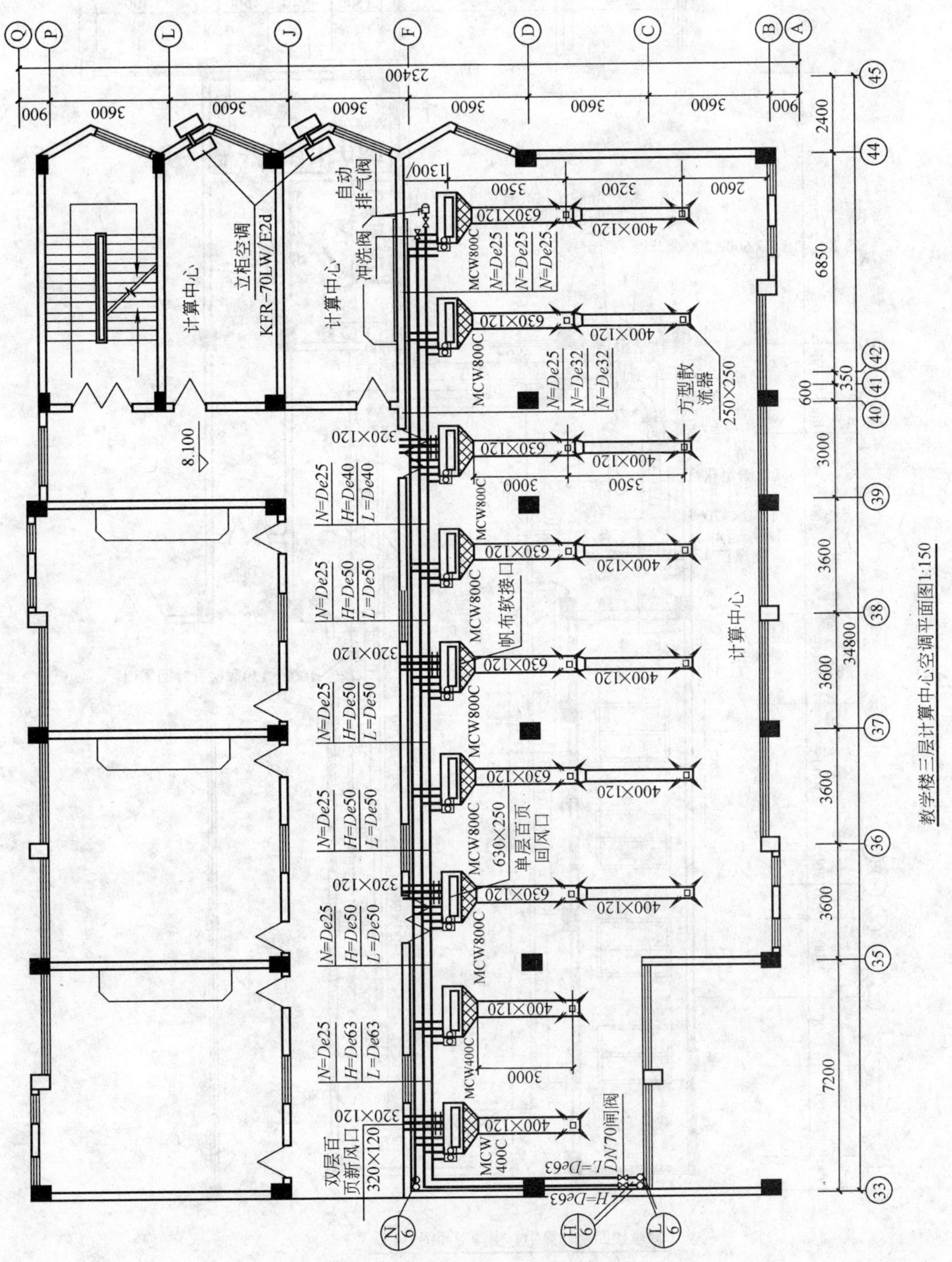

图 2-7　某教学楼三层计算中心空调平面图

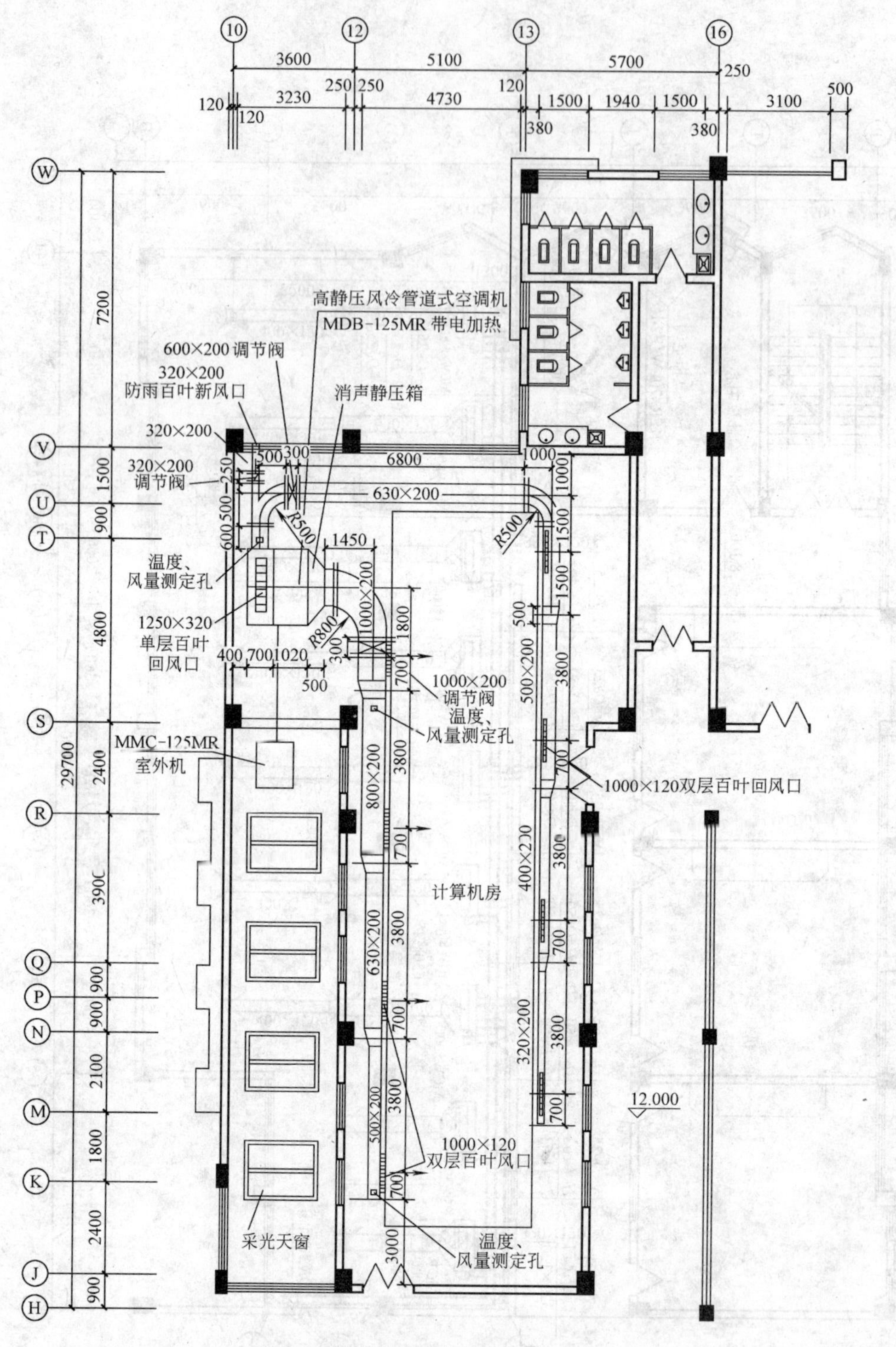

图 2-8　某教学楼四层计算中心空调平面图

说明：工程量汇总根据全国统一安装工程预算定额江西省消耗量定额或单位估价表的第九册通风空调工程的定额编号为 C9-354、C9-355 和 C9-356 进行。采用定额计价时按此子目套用定额。采用工程清单计价时依据《江西省安装工程工程量清单计价指引》的 C.9 中复合型风管制作安装执行。

计算风管长度时，一律以图注中心线长度为准，包括三通、弯头、变径管、天圆地方等管件的长度，但不包括调节阀等部件的长度。直径和周长按图注尺寸为准展开，咬口重叠部分已包括在定额内，不得另行增加。

3.2.2 吊顶式风机盘管

MCW400C 型　　2 台　　　　MCW800C 型　　7 台

说明：风机盘管的安装，分吊顶式，落地式两种安装方式，以“台”为单位计算工程量，本工程风机盘管的安装套用定额 C9－245 子目。

3.2.3 散流器

根据图示，本工程所设计的是方形散流器，型号是 250×250，共 16 个。

说明：散流器的计算，分方形散流器，圆形直片散流器，流线型散流器套用定额，本工程方型散流器的子目是 C9-112。

3.2.4 铝合金风口

三楼风机盘管单层百叶回风口	630×250	9 个
四楼管道式空调机单层百叶回风口	1250×320	1 个
四楼双层百叶送风口	1000×120	4 个
四楼双层百叶回风口	1000×120	4 个
三楼双层百叶新风口	320×120	4 个
四楼防雨百叶新风口	320×120	1 个

说明：风口的制作，按其成品重量以“kg”为计量单位，根据设计型号、规格，按定额附录“国际通风部件标准重量表”计算重量，非标准风口按图示成品计算，百叶风口的安装按图注的规格尺寸（周长或直径）以“个”为计量单位。分别执行相应定额，百叶风口安装子目适用于带调节板活动百叶风口，单层百叶风口，双层百叶风口，三层百叶风口，连动百叶风口，135 单、双层百叶风口，导流叶片百叶风口，活动金属百叶风口等。

3.2.5 手动多叶调节阀

320×120	4 个	320×200	1 个
630×200	1 个	1000×200	1 个

说明：手动多叶调节阀的工程量，是按图注规格尺寸，以个计算。并按调节阀的周长套用相应的定额子目。

3.2.6 空调设备

高静压风冷管道式空调机：MDB-125MR（带电加热）　1 台

立柜式空调机：　　KFR-70LW/E2d　　2 台

说明：空调设备按其种类、重量、安装方式的不同，以“台”为单位计算工程量。

3.2.7 帆布软接口

帆布软接口 $F=0.5\times 9$(台风机盘管)$+1.0\times 1$(高静压风冷管道式空调机)$=5.5\text{m}^2$

说明：帆布软接口应按图示尺寸按展开面积计算。

3.2.8 阀门

$DN70$ 闸阀 2个 $DN20$ 全铜截止阀 2个+2×9（台风机盘管）=20个

$DN20$ 自动排气阀 1个 $DN20$ Y形过滤器 1×9（台风机盘管）=9个

说明：阀门按图示以不同规格，型号，连接方式不同，以"个"为计量单位。

3.2.9 温度、风量测定孔

按图示本工程温度、风量测定孔为3个

3.2.10 管道

按图示，根据管道不同的规格按比例量取管道计算工程量，与给排水管道计算方法相同，在此不再重复。

PPR-$De25$ 热水管 1.5×9（台风机盘管）+29m（凝结水管）+9×0.5+2×3.6=54.20m

PPR-$De32$ 热水管 2×3.6=7.20m PPR-$De40$ 热水管 2×3.6=7.20m

PPR-$De50$ 热水管 4×2×3.6=28.8m PPR-$De63$ 热水管 4.5×2+6.3×2=21.60m

3.2.11 管道支吊架

复合型材料通风管道的制作安装中已包括法兰、加固框和吊托支架，不得另行计算。水系统管道支吊、架的距离按照《通风与空调工程施工质量验收规范》规定设置。

管道支吊架=(2+9个开间×2)付×4kg=80kg

3.2.12 管道保温

管道的展开面积=πDL（m^2）

PPR-$De25$ 热水管 $F=3.14\times0.025\times54.2=4.250m^2$

PPR-$De32$ 热水管 $F=3.14\times0.032\times7.20=0.723m^2$

PPR-$De40$ 热水管 $F=3.14\times0.040\times7.20=0.904m^2$

PPR-$De50$ 热水管 $F=3.14\times0.050\times28.8=4.522m^2$

PPR-$De63$ 热水管 $F=3.14\times0.063\times21.6=4.273m^2$

管道的展开总面积=4.250+0.723+0.904+4.522+4.273=14.672m^2

保温厚度为25mm

则保温材料体积 $\phi57$ 以下：10.399×0.025=0.26m^3，$\phi133$ 以下：4.273×0.025=0.11m^3

3.2.13 工程量汇总表，见表2-63

工程量计算汇总表 **表2-63**

序号	工程项目及说明	计算方法	单位	数量
1	复合型矩形风管周长1300以下	31.72+5.46+5.4	m^2	42.58
2	复合型矩形风管周长2000以下	31.5+12.6+28.88+9	m^2	81.98
3	复合型矩形风管周长3200以下	8.76	m^2	8.76
4	吊顶式风机盘管安装 MCW400C		台	2
5	吊顶式风机盘管安装 MCW800C		台	7
6	方形散流器安装 250×250		个	16
7	双层百叶新风口 320×120		个	4
8	双层防雨百叶新风口 320×120		个	1

续表

序号	工程项目及说明	计算方法	单位	数量
9	单层百叶回风口 630×250		个	9
10	单层百叶回风口 1250×320		个	1
11	双层百叶送、回风口 1000×120		个	8
12	对开多叶调节阀 320×120		个	4
13	对开多叶调节阀 320×200		个	1
14	对开多叶调节阀 630×200		个	1
15	对开多叶调节阀 1000×200		个	1
16	高静压风冷管道空调机安装		台	1
17	柜式空调机安装		台	2
18	帆布软接口安装		m^2	5.5
19	全铜截止阀 $DN20$		个	20
20	全铜自动排气阀 $DN20$		个	1
21	全铜 Y 形过滤器 $DN20$		个	9
22	闸阀 $DN70$		个	2
23	温度、风量测定孔		个	3
24	热水管 PPR-$De25$		m	54.2
25	热水管 PPR-$De32$		m	7.2
26	热水管 PPR-$De40$		m	7.2
27	热水管 PPR-$De50$		m	28.8
28	热水管 PPR-$De63$		m	21.6
29	管道支架制作安装		kg	80.0
30	支架手工除锈		kg	80
31	管道支架刷漆(两遍)		m^2	14.672
32	管道橡塑保温 $d57$ 以下		m^3	0.26
33	管道橡塑保温 $d133$ 以下		m^3	0.11

3.3 定额计价

3.3.1 封面,见表 2-64

定额计价封面 **表 2-64**

__________工程

预(结)算造价书

建设单位:某大学基建办

施工单位:____________________

预算或合同价(小写):96846.85

(大写):玖万陆仟捌佰肆拾陆元捌角伍分

结算价:(小写):________________

(大写):________________

建设单位:________________(签字盖章)

法定代表人:________________(签字盖章)

施工单位:________________(签字盖章)

法定代表人:________________(签字盖章)

造价工程师

或造价员:________________(签字盖执业章)

编制时间:________________

3.3.2 编制说明

主要编制依据：

(1) 设计施工图。

(2)《江西省安装工程消耗量定额及单位估价表》2004 年版。

(3)《江西省建筑（装饰）安装工程费用定额》2004 年版。

(4) 江西省建设工程造价信息 2006 年第 6 期。

(5) 南昌市建设工程造价信息 2006 年第 6 期。

(6) 空调设备价格为市场信息价。

3.3.3 工程造价取费表，见表 2-65

工程造价取费表 **表 2-65**

建设单位：某大学基建办公室 教学楼计算中心空调工程

序号	名 称	引用号	费 用 公 式	费率(%)	金额(元)
1	直接工程费	[一]			85610.26
2	其中:基价	[1]	Σ基价×相应工程量		9018.08
3	其中:人工费	[2]			3535.40
4	其中:主材(未计价材料)费	[3]			
5	技术措施费(脚手架搭拆费)	[二]	人工费×费率	3	106.06
6	其中:人工费	[4]	其中人工费占 25%	25	26.52
7	组织措施费	[三]	[6]+[7]+[8]+[9]+[10]+[11]+[12]	100	579.86
8	其中:人工费	[5]	[三]×费率	15	86.98
9	其中:临时设施费	[6]	{[2]+[4]}×费率	7.53	268.21
10	其中:检验试验费	[7]	{[2]+[4]}×费率	1.25	44.52
11	其中:夜间施工费	[8]	{[2]+[4]}×费率	1.75	62.33
12	其中:二次搬运费	[9]	{[2]+[4]}×费率	1.75	62.33
13	其中:冬雨期施工费	[10]	{[2]+[4]}×费率	1.25	44.52
14	其中:生产工具用具使用费	[11]	{[2]+[4]}×费率	1.75	62.33
15	其中:工程定位,点交,清理费	[12]	{[2]+[4]}×费率	1.00	35.62
16	企业管理费	[四]	{[2]+[4]+[5]}×费率	31.1	1134.81
17	利润	[五]	{[2]+[4]+[5]}×费率	29.1	1061.83
18	规费	[六]	[13]+[17]+[18]+[19]+[20]+[21]	100	1992.65
19	1. 社会保障费	[13]	[14]+[15]+[16]	100	1069.12
20	其中:养老保险费	[14]	{[2]+[4]+[5]}×费率	21.7	791.81
21	其中:失业保险费	[15]	{[2]+[4]+[5]}×费率	1.07	39.04
22	其中:医疗保险费	[16]	{[2]+[4]+[5]}×费率	6.53	238.27
23	2. 住房公积金	[17]	{[2]+[4]+[5]}×费率	5.40	197.04
24	3. 危险作业意外伤害保险费	[18]	{[2]+[4]+[5]}×费率	0.66	24.08
25	4. 工程排污费	[19]	{[2]+[4]+[5]}×费率	0.33	12.04
26	5. 工程定额测定费	[20]	{[一]+[二]+[三]}×费率	0.20	172.59
27	6. 上级(行业)管理费	[21]	{[一]+[二]+[三]}×费率	0.60	517.78
28	安全文明施工措施费	[七]	{[一]+[二]+[三]+[四]+[五]+[六]}×费率	0.70	651
29	税金	[八]	{[一]+[二]+[三]+[四]+[五]+[六]+[七]}×费率	3.413	3196.29
30	工程费用(含税)	[九]	[一]+[二]+[三]+[四]+[五]+[六]+[七]+[八]	100	96846.85
31	工程费用(不含安全文明施工)	[十]	[一]+[二]+[三]+[四]+[五]+[六]+[八]	100	96195.85

3.3.4 工程定额计价表,见表2-66

工程定额计价表 **表2-66**

建设单位:某大学基建办公室　　　　教学楼计算中心空调工程

序号	定额编号	工程项目名称	工程量		单位价值(元)			总价(元)		
			单位	数量	基价	人工费	未计价材料	基价	人工费	未计价材料
1	C9-345	复合型矩形风管周长1300以下	$10m^2$	4.258	123.26	28.20	950.00	524.84	120.08	4045.10
2	C9-346	复合型矩形风管周长2000以下	$10m^2$	8.198	139.81	28.20	950.00	1146.16	231.18	7788.10
3	C9-347	复合型矩形风管周长3200以下	$10m^2$	0.876	113.29	25.85	950.00	99.24	22.64	832.20
4	C9-245	吊顶式风机盘管安装MCW400C	台	2.000	102.73	29.14	820.00	205.46	58.28	1640.00
5	C9-245	吊顶式风机盘管安装MCW800C	台	7.000	102.73	29.14	1320.00	719.11	203.98	9240.00
6	C9-147	方型散流器安装250×250	个	16.000	7.89	5.88	160.00	126.24	94.08	2560.00
7	C9-133	双层百叶新风口320×120	个	4.000	7.59	4.32	60.00	30.36	17.28	240.00
8	C9-133	双层防雨百叶新风口320×120	个	1.000	7.59	4.32	80.00	7.59	4.32	80.00
9	C9-135	单层百叶回风口630×250	个	9.000	15.63	10.58	100.00	140.67	95.22	900.00
10	C9-136	单层百叶回风口1250×320	个	1.000	22.56	15.98	180.00	22.56	15.98	180.00
11	C9-136	双层百叶送、回风口1000×120	个	8.000	22.56	15.98	150.00	180.48	127.84	1200.00
12	C9-84	对开多叶调节阀320×120	个	4.000	19.45	10.58	120.00	77.80	42.32	480.00
13	C9-84	对开多叶调节阀320×200	个	1.000	19.45	10.58	150.00	19.45	10.58	150.00
14	C9-84	对开多叶调节阀630×200	个	1.000	19.45	10.58	320.00	19.45	10.58	320.00
15	C9-84	对开多叶调节阀1000×200	个	1.000	19.45	10.58	420.00	19.45	10.58	420.00
16	C9-238	高静压风冷管道空调机安装	台	1.000	324.22	319.60	32000.00	324.22	319.60	32000.00
17	C9-238	柜式空调机安装	台	2.000	324.22	319.60	4000.00	648.44	639.20	8000.00
18	C9-41	帆布软接口安装	m^2	5.500	171.87	48.41		945.29	266.26	0.00
19	C8-242	全铜截止阀 *DN*20	个	20.00	5.74	2.35	15.00	114.80	47.00	300.00
20	C8-242	全铜自动排气阀 *DN*20	个	1.000	5.74	2.35	45.00	5.74	2.35	45.00
21	C8-242	全铜Y形过滤器 *DN*20	个	9.000	5.74	2.35	30.00	51.66	21.15	270.00
22	C8-247	闸阀 *DN*70	个	2.000	30.05	8.70	165.00	60.10	17.40	330.00
23	C9-43	温度、风量测定孔	个	3.000	29.61	14.34		88.83	43.02	0.00
24	C8B-59	热水管PPR-*De*25	10m	5.420	63.02	27.03	95.00	341.57	146.50	514.90
25	C8B-60	热水管PPR-*De*32	10m	0.720	72.01	30.79	156.00	51.85	22.17	112.32
26	C8B-61	热水管PPR-*De*40	10m	0.720	84.59	30.79	265.00	60.90	22.17	190.80
27	C8B-62	热水管PPR-*De*50	10m	2.880	103.52	36.43	430.00	298.14	104.92	1238.40
28	C8B-63	热水管PPR-*De*63	10m	2.160	139.45	36.43	635.00	301.21	78.69	1371.60
29	C8-178	管道支架制作安装	100kg	0.800	638.86		380.00	511.09	0.00	304.00
30	C14-7	支架手工除轻绣	100kg	0.80	18.56	7.99		14.85	6.39	0.00
31	C14-440	管道、支架刷漆(底漆)	$10m^2$	1.4672	73.62	25.85	400.00	108.02	37.93	586.88
32	C14-444	管道、支架刷漆(面漆)	$10m^2$	1.4672	42.81	18.57	400.00	62.81	27.26	586.88
33	C14B-32	管道保温(橡塑)ϕ57以下	m^3	0.260	451.82	241.00	1800.00	117.47	62.66	468.00
34	C14B-33	管道保温(橡塑)ϕ133以下	m^3	0.110	316.48	175.07	1800.00	34.81	19.26	198.00
		小计						9018.08	3535.40	76592.18

3.4 工程量清单

3.4.1 封面，见表 2-67

工程量清单封面 **表 2-67**

___某大学计算中心空调___工程

工程量清单

招标人：________________(单位签字盖章)

法定代表人：________________(盖章)

中介机构：________________(单位签字盖章)

法定代表人：________________(盖章)

造价工程师：________________(签字盖执业章)

编制时间：________________

3.4.2 总说明，见表 2-68

总说明(本例略) **表 2-68**

工程名称：某大学计算中心空调 第 页共 页

1. 工程概况：
2. 招标范围：
3. 工程质量要求：
4. 工程量清单编制依据：

编制人（签字盖执业章）： 日期

3.4.3 分部分项工程量清单，见表 2-69

分部分项工程量清单 **表 2-69**

工程名称：某大学计算中心空调 第 页共 页

序号	项目编码	项目名称	计量单位	工程数量
1	030901004001	柜式空调机	台	2
2	030901004002	高静压风冷管道空调机，帆布软接口	台	1
3	030901005001	风机盘管 MCW400C	台	2
4	030901005002	风机盘管 MCW800C	台	7
5	030902002001	温度测定孔 T615	个	3
6	030902007001	复合型矩形风管周长小于 1300	m^2	42.58
7	030902007002	复合型矩形风管周长小于 2000	m^2	81.98
8	030902007003	复合型矩形风管周长小于 3200	m^2	8.76
9	030903001001	对开多叶调节阀 320×120	个	4
10	030903001002	对开多叶调节阀 320×200	个	1
11	030903001003	对开多叶调节阀 630×200	个	1
12	030903001004	对开多叶调节阀 1000×200	个	1
13	030903011001	双层百叶新风口 320×120	个	4
14	030903011002	双层防雨百叶新风口 320×120	个	1
15	030903011003	单层百叶回风口 630×250	个	9
16	030903011004	单层百叶回风口 1250×320	个	1
17	030903011005	双层百叶送、回风口 1000×120	个	8

续表

序号	项 目 编 码	项 目 名 称	计量单位	工程数量
18	030903011006	方形散流器安装 250×250	个	16
19	030904001001	空调系统调整	系统	1
20	030801005001	热水管 PPR-*De*25,支架制安、除锈、刷油	m	54.2
21	030801005002	热水管 PPR-*De*32,支架制安、除锈、刷油	m	7.2
22	030801005003	热水管 PPR-*De*40,支架制安、除锈、刷油	m	7.2
23	030801005004	热水管 PPR-*De*50,支架制安、除锈、刷油	m	28.2
24	030801005005	热水管 PPR-*De*63,支架制安、除锈、刷油	m	21.6
25	030803001001	全铜截止阀 *DN*20	个	20
26	030803001002	全铜自动排气阀 *DN*20	个	1
27	030803001003	全铜 Y 形过滤器 *DN*20	个	9
28	030803001004	闸阀 *DN*70	个	2
29	030807001001	空调水系统调整	系统	1

编制人(签字盖执业章):　　　　　　　　　　　　　　　　　　　　日期:

3.4.4 措施项目清单,见表 2-70

措施项目清单　　　　　　　　**表 2-70**

工程名称:某大学计算中心空调　　　　　　　　　　　　第　页共　页

序号	项 目 名 称	序号	项 目 名 称
一	技术措施费	4	二次搬运费
1	脚手架搭拆费	5	冬雨季施工费
二	组织措施费	6	生产工具用具使用费
1	临时设施费	7	工程定位,点交,清理费
2	检验试验费	8	安全文明施工措施费
3	夜间施工费		

编制人 (签字盖执业章):　　　　　　　　　　　　　　　　　　　　日期:

3.4.5 其他项目清单 (略)

3.4.6 零星工作项目表 (略)

3.5 工程量清单计价

3.5.1 封面, 见表 2-71

工程量清单报价表　　　　　　　　**表 2-71**

某大学计算中心空调工程

工程量清单报价表

招标人:____________________(单位签字盖章)

法定代表人:____________________(盖章)

造价工程师

或造价员:____________________(签字盖执业章)

编制时间:____________________

3.5.2 投标总价，见表 2-72

投标总价表 **表 2-72**

投标总价

建设单位：____________

工程名称：____________

投标总价：(小写)___91378.56 元

(大写)：____________

投标人：____________(单位签字盖章)

法定代表人：____________(签字盖章)

编制时间：____________

3.5.3 总说明，见表 2-73

总说明 **表 2-73**

工程名称：某大学计算中心空调　　　　第　页共　页

1. 工程概况：
2. 招标范围：
3. 工程质量要求：
4. 工程量清单编制依据：
5. 工程量清单计费列表：

编制人（签字盖执业章）：　　　　日期：

3.5.4 单位工程项目汇总表

(1) 单位工程工程费用计算表，见表 2-74

单位工程工程费用计算表 **表 2-74**

序号	费用项目	计算方法	费率%	金额(元)	
一	分部分项工程量清单计价合价				85456.04
	1. 其中人工费			3366.61	
二	技术措施项目清单计价合价				147.15
	2. 其中人工费			31.98	
三	组织措施项目清单计价合价				603.22
	3. 其中人工费			82.99	
四	其他项目清单计价合计				0.00
	4. 其中人工费			0.00	
五	规费				1853.68
	5. 社会保险费	(1+2+3+4)×费率	29.27		1019.06
	6. 住房公积金		5.40		188.01
	7. 危险作业意外伤害保险		0.66		22.98
	8. 工程排污费		0.33		11.49
	9. 工程定额测定费	(一+二+三+四+5+6+7+8)×费率	0.20		174.90
	10. 上级行业管理费		0.50		437.24
六	安全文明施工措施费	(一+二+三+四+五)×费率	0.7		616.42
七	税金	(一+二+三+四+五+六)×费率	3.413		3026.53
八	工程费用	一+二+三+四+五+七			91703.03
九	总计(含安全文明措施费)	一+二+三+四+五+六+七			91086.61

（2）单位工程项目汇总表，见表2-75

单位工程项目汇总表 **表 2-75**

工程名称：某大学计算中心空调 第　页共　页

序号	项目名称	金额(元)	序号	项目名称	金额(元)
1	分部分项工程量清单计价合计	85456.04	5	安全文明施工措施费	616.42
2	措施项目清单计价合计	750.37	6	税金	3026.53
3	其他项目清单计价合计	0.00	7	工程费用(不含安全文明措施费)	91086.61
4	规费	1853.68	8	合计(含安全文明措施费)	91703.03

编制人（签字盖执业章）： 日期

3.5.5 分部分项工程量清单计价表，见表2-76

分部分项工程量清单计价表 **表 2-76**

工程名称：某大学计算中心空调 第　页共　页

序号	项目编码	项目名称	计量单位	工程数量	金额(元)	
					综合单价	合价
1	030901004001	柜式空调机	台	2	4516.62	9033.24
2	030901004002	高静压风冷管道机，帆布软接口	台	1	32550.71	32550.71
3	030901005001	风机盘管 MCW400C	台	2	1034.98	2069.96
4	030901005002	风机盘管 MCW800C	台	7	1534.98	10744.86
5	030902002001	温度测定孔 T615	个	3	38.24	114.72
6	030902007001	复合型矩形风管周长小于1300	m^2	42.58	109.02	4642.07
7	030902007002	复合型矩形风管周长小于2000	m^2	81.98	110.68	9073.55
8	030902007003	复合型矩形风管周长小于3200	m^2	8.76	107.89	945.12
9	030903001001	对开多叶调节阀 320×120	个	4	160.12	640.48
10	030903001002	对开多叶调节阀 320×200	个	1	192.74	192.74
11	030903001003	对开多叶调节阀 630×200	个	1	372.56	372.56
12	030903001004	对开多叶调节阀 1000×200	个	1	481.06	481.06
13	030903011001	双层百叶新风口 320×120	个	4	70.14	280.56
14	030903011002	双层防雨百叶新风口 320×120	个	1	90.14	90.14
15	030903011003	单层百叶回风口 630×250	个	9	122.00	1098.00
16	030903011004	单层百叶回风口 1250×320	个	1	212.18	212.18
17	030903011005	双层百叶送、回风口 1000×120	个	8	182.18	1457.44
18	030903011006	方形散流器安装 250×250	个	16	171.43	2742.88
19	030904001001	空调系统调整	系统	1	264.05	264.05
20	030801005001	热水管 PPR-*De*25，	m	54.2	33.72	1827.62
21	030801005002	热水管 PPR-*De*32，	m	7.2	42.32	304.70
22	030801005003	热水管 PPR-*De*40，	m	7.2	56.13	404.14
23	030801005004	热水管 PPR-*De*50，	m	28.2	76.45	2155.89
24	030801005005	热水管 PPR-*De*63，	m	21.6	102.11	2205.58
25	030803001001	全铜截止阀 *DN*20	个	20	22.15	443.00
26	030803001002	全铜Y形过滤器 *DN*20	个	9	37.15	334.35
27	030803001003	全铜自动排气阀 *DN*20	个	1	52.13	52.13
28	030803001004	闸阀 *DN*70	个	2	200.29	400.58
29	030807001001	空调水系统调整	系统	1	201.80	201.80
	合计(其中人工费＝1345.32＋2021.29＝3366.61)					85456.04

编制人（签字盖执业章）： 日期

3.5.6　措施项目清单计价表

（1）技术措施项目清单计价表，见表 2-77

技术措施项目清单计价表　　　　**表 2-77**

工程名称：某大学计算中心空调　　　　第　页共　页

序号	技术措施项目	费用计算(元)	其中人工费	管理费	利润	技术措施费用
1	脚手架搭拆	按第八册：1345.32×0.05＝67.27(人工占 25％)	16.82	5.23	4.89	77.39
2	脚手架搭拆	按第九册 2021.29×0.03＝60.64(人工占 25％)	15.16	4.71	4.41	69.76
		小　计	31.98			147.15

编制人（签字盖执业章）：　　　　日期

（2）组织措施项目清单计价表，见表 2-78

组织措施项目表　　　　**表 2-78**

工程名称：某大学计算中心空调　　　　第　页共　页

序号	项 目 名 称	项目费用					
一	分部分项工程量清单计价	85456.04					
1	其中人工费	3366.61					
二	技术措施项目清单计价	147.65					
2	其中人工费	31.98					
3	人工费小计 1＋2	3398.59					
三	组织措施项目名称	费率	项目费用（人机料）	其中人工费	管理费 31.06％	利润 29.12％	措施费用
4	临时设施费	7.53％	255.91	38.39	11.94	11.17	279.02
5	检验试验费	1.25％	42.48	6.37	1.98	1.85	46.31
6	夜间施工费	1.75％	59.48	8.92	2.77	2.59	64.84
7	二次搬运费	1.75％	59.48	8.92	2.77	2.59	64.84
8	冬雨期施工费	1.25％	42.48	6.37	1.98	1.85	46.31
9	生产工具用具使用费	1.75％	59.48	8.92	2.77	2.59	64.84
10	工程定位、点交、清理费	1.00％	33.99	5.10	1.59	1.48	37.06
	小计			82.99			603.22

说明：按现行江西省建筑安装工程各类定额及有关文件进行计算；项目费用包括人工费、材料费、机械费，其中人工占 15％；各类组织措施项目费用＝项目费用＋管理费＋利润，其中管理费按人工费的 31.06％计取，利润按人工费的 29.12％计取；

项目费用以人工费 3406.17 为计算基数，费率按江西省建筑安装工程费用定额取值。

3.5.7　其他项目清单（略）

3.5.8　零星工作项目表（略）

3.5.9　分部分项工程量清单综合单价分析表

见表 2-79。

计算说明：以 PPR 管 *De*25 为例：

（1）根据《江西省建筑安装工程工程量清单计价指引》，查表 C.8.1，得本项目的项目编码 030801005×××和清单工程工作内容，结合设计要求，水系统管道支吊、架的距离按照《通风与空调工程施工质量验收规范》规定设置。所以，本项目工作内容包括：

PPR 管安装、管道支架制作与安装（型钢制作支、吊架，并衬塑料垫）、支架除锈与防腐、管道保冷、管道试压。

（2）各工作内容的人工费、材料费、机械费的计算按《指引》中消耗量定额子目套用定额计取，其中，材料费包括定额计价材料和非计价材料两部分。

（3）管理费和利润分别按江西省建筑安装工程费用定额计取，分别为 31.06％和 29.12％，计算基础为人工费。

分部分项工程量清单综合单价分析表 **表 2-79**

工程名称：某大学计算中心空调 第 页共 页

序号	项目编码	项目名称	定额编号	工作内容	单位	数量	综合单价组成					综合单价
							人工费	材料费	机械费	管理费	利润	
1	030901004001	柜式空调机			台	1	319.6	4004.62	0.00	99.40	93.0	4516.62
			C9-238	安装	台	1	319.6	4.62	0.00			
				本体	台	1		4000.0				
2	030901004002	高静压风冷管道机			台	1	90.71	32120.48	7.60	28.22	26.40	32550.71
			C9-235	安装	台	1	42.3	4.62	0.00			
				本体	台	1		32000.00				
			C9-41	帆布软接口	m^2	1	48.41	115.86	7.6			
3	030901005001	风机盘管 MCW400C			台	1	53.35	942.21	13.11	13.59	12.72	1034.98
			C9-245	安装	台	1	29.14	64.28	9.31			
				本体	台	1		820.00				
			C9-41	帆布软接口	m^2	0.5	24.21	57.93	3.8			
4	030901005002	风机盘管 MCW400C			台	1	53.35	1442.21	13.11	13.59	12.72	1534.98
			C9-245	安装	台	1	29.14	64.28	9.31			
				本体	台	1		1320.00				
			C9-41	帆布软接口	m^2	0.5	24.21	57.93	3.8			
5	030902002001	温度测定孔	C9-43		个	1	14.34	9.67	5.60	4.46	4.17	38.24
6	030902007001	复合型风管周长小于1300			m^2	1	2.82	100.21	4.29	0.88	0.82	109.02
			C9-354		$10m^2$	1	28.20	52.12	42.94			
					m^2	1		95.00				
7	030902007002	复合型风管周长小于 2000			m^2	1	2.82	101.63	4.53	0.88	0.82	110.68
			C9-355		$10m^2$	1	28.20	66.28	45.33			
					m^2	1		95.00				
8	030902007003	复合型风管周长小于3200			m^2	1	2.59	99.43	4.40	0.81	0.75	107.89
			C9-356		$10m^2$	1	25.85	43.43	44.01			
					m^2	1		95.00				

续表

序号	项目编码	项目名称	定额编号	工作内容	单位	数量	综合单价组成					综合单价
							人工费	材料费	机械费	管理费	利润	
9	030903001001	对开多叶调节阀320×120		7kg	个	1	11.88	130.20	1.67	3.29	3.08	160.12
			C9-84	安装	个	1	10.58	8.87	0.00			
				本体	个	1		120.00				
			C14-7	除锈	100kg	0.07	0.56	0.18	0.56			
			C-117+118	刷漆	100kg	0.07	0.74	0.15	1.11			
				红丹				10.00				
10	030903001002	对开多叶调节阀320×200		9.3kg	个	1	12.3	160.64	2.21	3.83	3.78	192.74
			C9-84	安装	个	1	10.58	8.87	0.00			
				本体	个	1		150.00				
			C14-7	除锈	100kg	0.093	0.74	0.24	0.74			
			C-117+118	刷漆	100kg	0.093	0.98	0.20	1.47			
				红丹				13.28				
11	030903001003	对开多叶调节阀630×200		13kg	个	1	13.18	331.53	3.34	4.10	3.84	372.56
			C9-84	安装	个	1	10.58	8.87	0.00			
				本体	个	1		320.00				
			C14-7	除锈	100kg	0.13	1.12	0.36	1.12			
			C-117+118	刷漆	100kg	0.13	1.48	0.30	2.22			
				红丹				18.57				
12	030903001004	对开多叶调节阀1000×200		21kg	个	1	14.48	432.86	5.01	4.50	4.21	481.06
			C9-84	安装	个	1	10.58	8.87	0.00			
				本体	个	1		420.00				
			C14-7	除锈	100kg	0.21	1.68	0.54	1.68			
			C-117+118	刷漆	100kg	0.21	2.22	0.45	3.33			
				红丹				30.00				
13	030903011001	双层百叶新风口		320×120	个	1	4.23	62.24	1.12	1.32	1.23	70.14
			C9-133	安装	个	1	4.23	2.24	1.12			
				风口	个	1		60.00				
14	030903011002	双层百叶新风口(防雨)		320×120	个	1	4.23	82.24	1.12	1.32	1.23	90.14
			C9-133	安装	个	1	4.23	2.24	1.12			
				风口	个	1		80.00				
15	030903011003	单层百叶回风口		630×250	个	1	10.58	103.93	1.12	3.29	3.09	122.00
			C9-135	安装	个	1	10.58	3.93	1.12			
				风口	个	1		100.00				

续表

序号	项目编码	项目名称	定额编号	工作内容	单位	数量	综合单价组成					综合单价
							人工费	材料费	机械费	管理费	利润	
16	030903011004	单层百叶回风口		1250×320	个	1	15.98	185.46	1.12	4.97	4.65	212.18
			C9-136	安装	个	1	15.98	5.46	1.12			
				风口	个	1		180.00				
17	030903011005	双层百叶送、回风口		1000×120	个	1	15.98	155.46	1.12	4.97	4.65	182.18
			C9-136	安装	个	1	15.98	5.46	1.12			
				风口	个	1		150.00				
18	030903011006	散流器		250×250	个	1	5.88	162.01	0.00	1.83	1.71	171.43
			C9-147	安装	个	1	5.88	2.01	0.00			
				风口	个	1		160.00				
19	030904001001	系统调整	人工费×13%(其中人工费占25%)		系统	1	2031.15×0.13					264.05
20	030801005001	PPR热水管，*De*25		DE25	m	1	6.07	21.32	2.67	1.89	1.77	33.72
			C8B-59	DE25	10m	1	27.03	35.26	0.73			
				PPR-*De*25	m	1		9.50				
			C8-178	管道支架	100kg	0.007	1.67	0.93	1.87			
				支架	kg	0.7		1.87				
			C14-7	除锈	100kg	0.007	0.056	0.018	0.056			
			C-117+118	刷漆	100kg	0.007	0.074	0.015	0.111			
				红丹				1.40				
			C14B-32	橡塑保温	m^3	0.002	0.48	0.42	0.00			
				橡塑保温	m^3	0.002		3.6				
			C8-101	试压	100m	1	108.81	62.01	15.70			
21	030801005002	PPR热水管，*De*32		*De*32	m	1	6.57	29.53	2.27	2.04	1.91	42.32
			C8B-60	De32	10 m	1	30.79	40.49	0.73			
				PPR-*De*32	m	1		15.60				
			C8-178	管道支架	100kg	0.007	1.67	0.93	1.87			
				支架	kg	0.7		1.87				
			C14-7	除锈	100kg	0.007	0.056	0.018	0.056			
			C-117+118	刷漆	100kg	0.007	0.074	0.015	0.111			
				红丹				1.40				
			C14B-32	橡塑保温	m^3	0.0025	0.60	0.53	0.00			
				橡塑保温	m^3	0.0025		4.5				
			C8-101	试压	100m	1	108.81	62.01	15.70			

续表

序号	项目编码	项目名称	定额编号	工作内容	单位	数量	综合单价组成					综合单价
							人工费	材料费	机械费	管理费	利润	
22	030801005003	PPR 热水管 *De*40		*De*40	m	1	6.73	42.92	2.32	2.09	1.97	56.13
			C8B-61	*De*40	10m	1	30.79	52.53	1.27			
				PPR-*De*40	m	1		26.50				
			C8-178	管道支架	100kg	0.007	1.67	0.93	1.87			
				支架	kg	0.7		1.87				
			C14-7	除锈	100kg	0.007	0.056	0.018	0.056			
			C-117+118	刷漆	100kg	0.007	0.074	0.015	0.111			
				红丹				1.40				
			C14B-32	橡塑保温	m^3	0.00314	0.757	0.662	0.00			
				橡塑保温	m^3	0.00314		5.652				
			C8-101	试压	100m	1	108.81	62.01	15.70			
23	030801005004	PPR 热水管 *De*50		*De*50	m	1	7.48	62.14	2.32	2.33	2.18	76.45
			C8B-63	*De*50	10m	1	36.43	101.02	2.00			
				PPR-*De*50	m	1		43.00				
			C8-178	管道支架	100kg	0.007	1.67	0.93	1.87			
				支架	kg	0.7		1.87				
			C14-7	除锈	100kg	0.007	0.056	0.018	0.056			
			C-117+118	刷漆	100kg	0.007	0.074	0.015	0.111			
				红丹				1.45				
			C14B-32	橡塑保温	m^3	0.00393	0.95	0.83	0.00			
				橡塑保温	m^3	0.00393		7.074				
			C8-101	试压	100m	1	108.81	62.01	15.70			
24	030801005005	PPR 热水管 *De*63		*De*63	m	1	7.40	87.87	2.39	2.30	2.15	102.11
			C8B-64	*De*63	10 m	1	36.43	101.02	2.00			
				PPR-*De*63	m	1		63.50				
			C8-178	管道支架	100kg	0.007	1.67	0.93	1.87			
				支架	kg	0.7		1.87				
			C14-7	除锈	100kg	0.007	0.056	0.018	0.056			
			C-117+118	刷漆	100kg	0.007	0.074	0.015	0.111			
				红丹				1.45				
			C14B-33	橡塑保温	m^3	0.00495	0.87	0.70	0.00			
				橡塑保温	m^3	0.00495		8.91				
			C8-101	试压	100m	1	108.81	62.01	15.70			

续表

序号	项目编码	项目名称	定额编号	工作内容	单位	数量	综合单价组成					综合单价
							人工费	材料费	机械费	管理费	利润	
25	030803001001	全铜截止阀			个		2.35	18.39	0.00	0.71	0.68	22.15
			C8-242	*DN*20	个	1	2.35	3.39	0.00			
					个			15.00				
26	030803001002	全铜Y形过滤器			个		2.35	33.39	0.00	0.71	0.68	37.15
			C8-242	*DN*20	个	1	2.35	3.39	0.00			
					个			30.00				
27	030803001003	全铜自动排气阀			个		2.35	48.39	0.00	0.71	0.68	52.13
			C8-242	*DN*20	个	1	2.35	3.39	0.00			
					个			45.0				
28	030803001004	闸阀*DN*70			个		8.70	186.35	0.00	2.71	2.53	200.29
			C8-247	*DN*70	个	1	8.70	21.35	0.00			
					个			165.00				
29	0308070010001	系统调整	人工费×15% (其中人工费占25%)				1345.32×0.15					201.80

编制人（签字盖执业章）：　　　　　　　　　　　　　　　　日期

课题4　建筑电气工程预算与工程量清单计价实例

4.1　工程概况

本工程为某市集团公司办公楼一、二层楼的电气施工图，每层楼的层高均为3.6m，本工程的电源采用电缆埋地至一楼总配电箱APo，电压等级为380/220V三相五线制，电器安全接地采用TN-S系统，PE线接到所有用电设备外壳。

本工程室内配电箱嵌墙暗装，中心距地1.4m，翘板暗开关距地1.2m，办公室插座距地0.4m，暗装，空调插座距地1.8m，暗装，荧光灯均吸顶安装，电风扇的吊装高度为3.0m。

本案例中未列入防雷及接地的计算。施工图见图2-9，图2-10，图2-11，图2-12。

4.2　工程量计算

电气安装工程量的计算，要分别按照各工程项目的计算规则，分别列表计算，一般来讲：

电气设备和照明器具的工程量计算相对简单，可根据施工图上的图例和数量直接点数累加。

电气安装工程量的计算，难点在于导线敷设和配管的工程量，对管线一定要看懂系统图和原理图，根据由进至出，从干线到支线，从低到高，先外后内的顺序，按不同的敷设方式和线管规格逐级计算其长度。

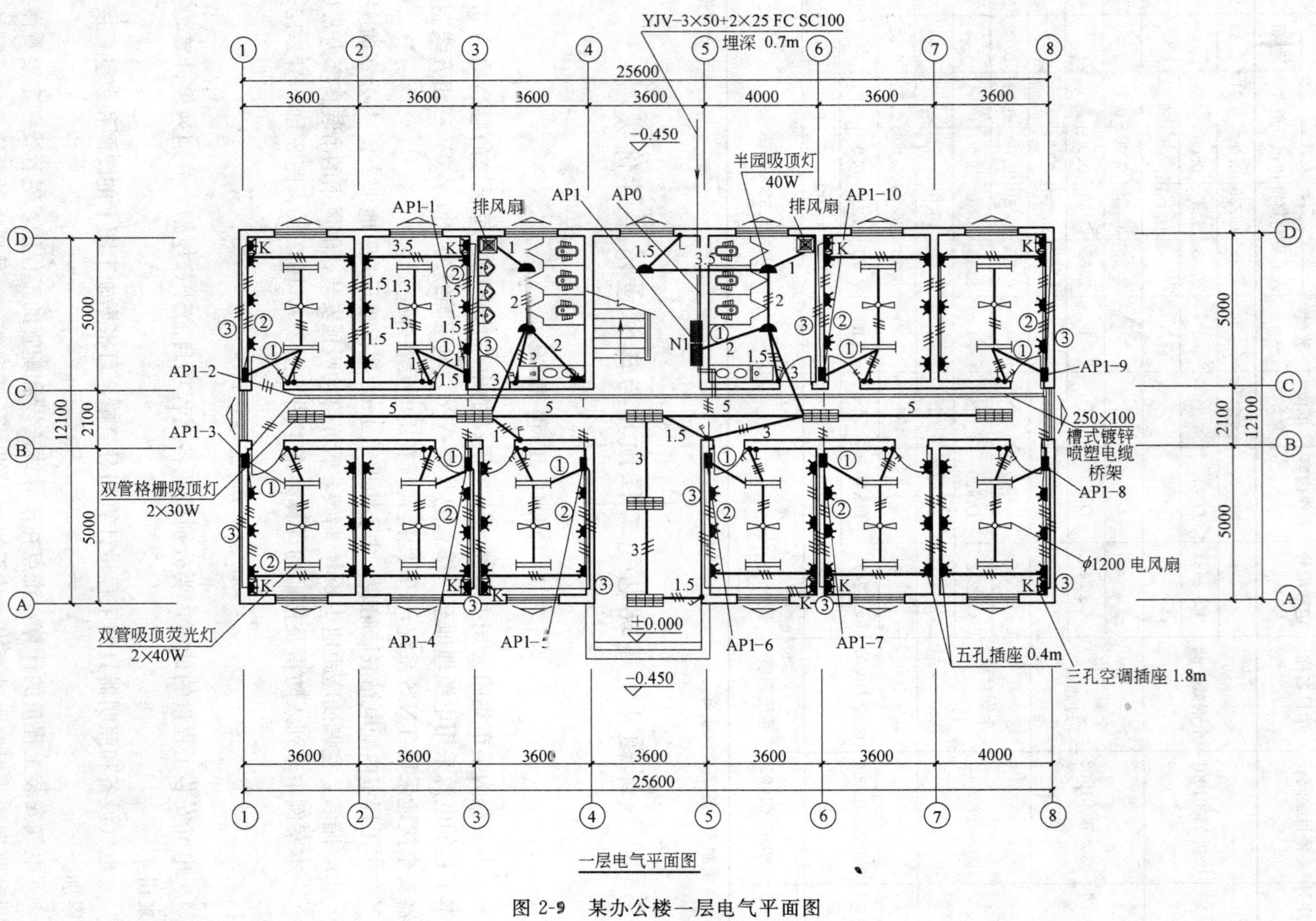

图 2-9 某办公楼一层电气平面图

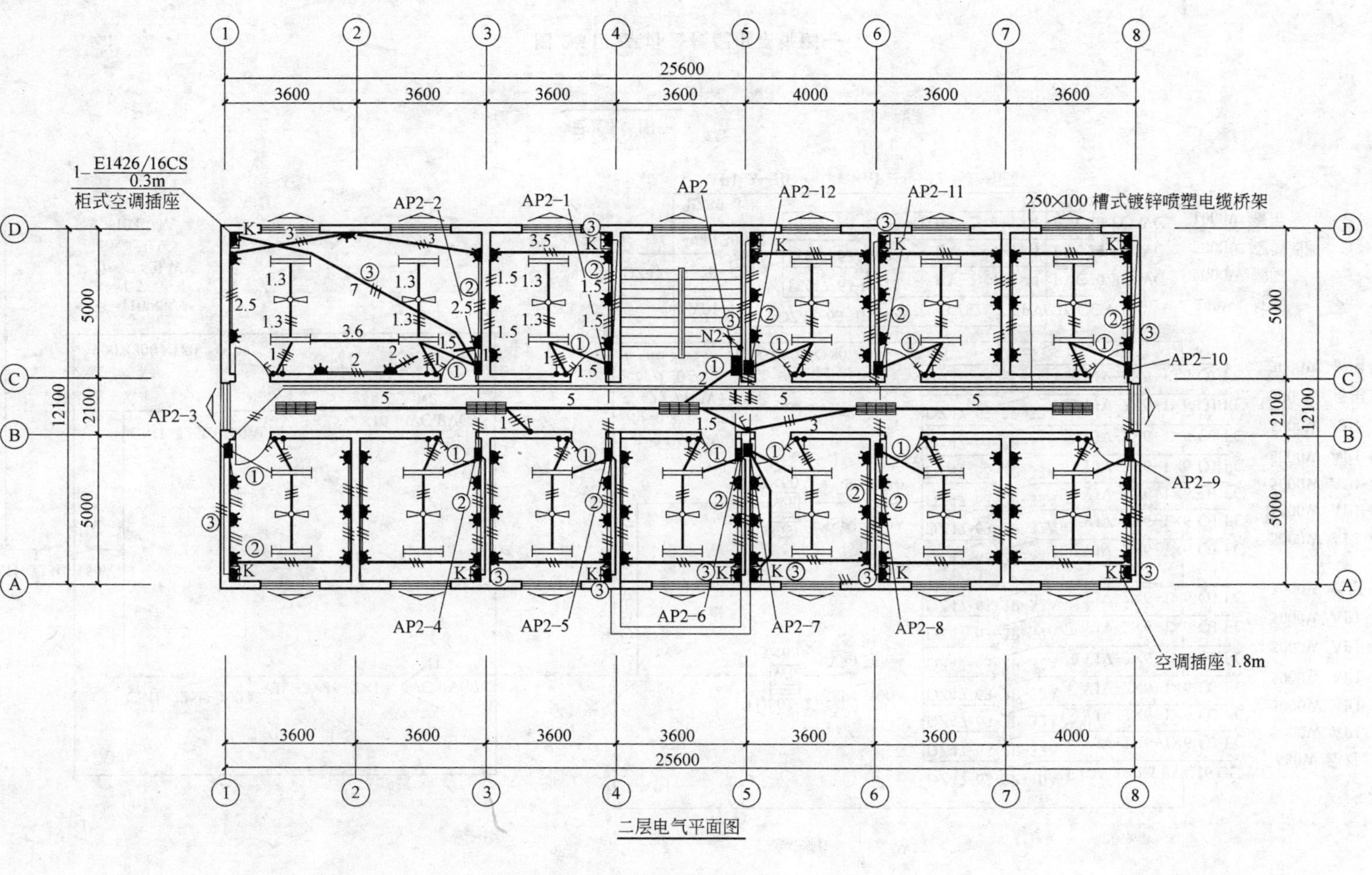

图 2-10 某办公楼二层电气平面图

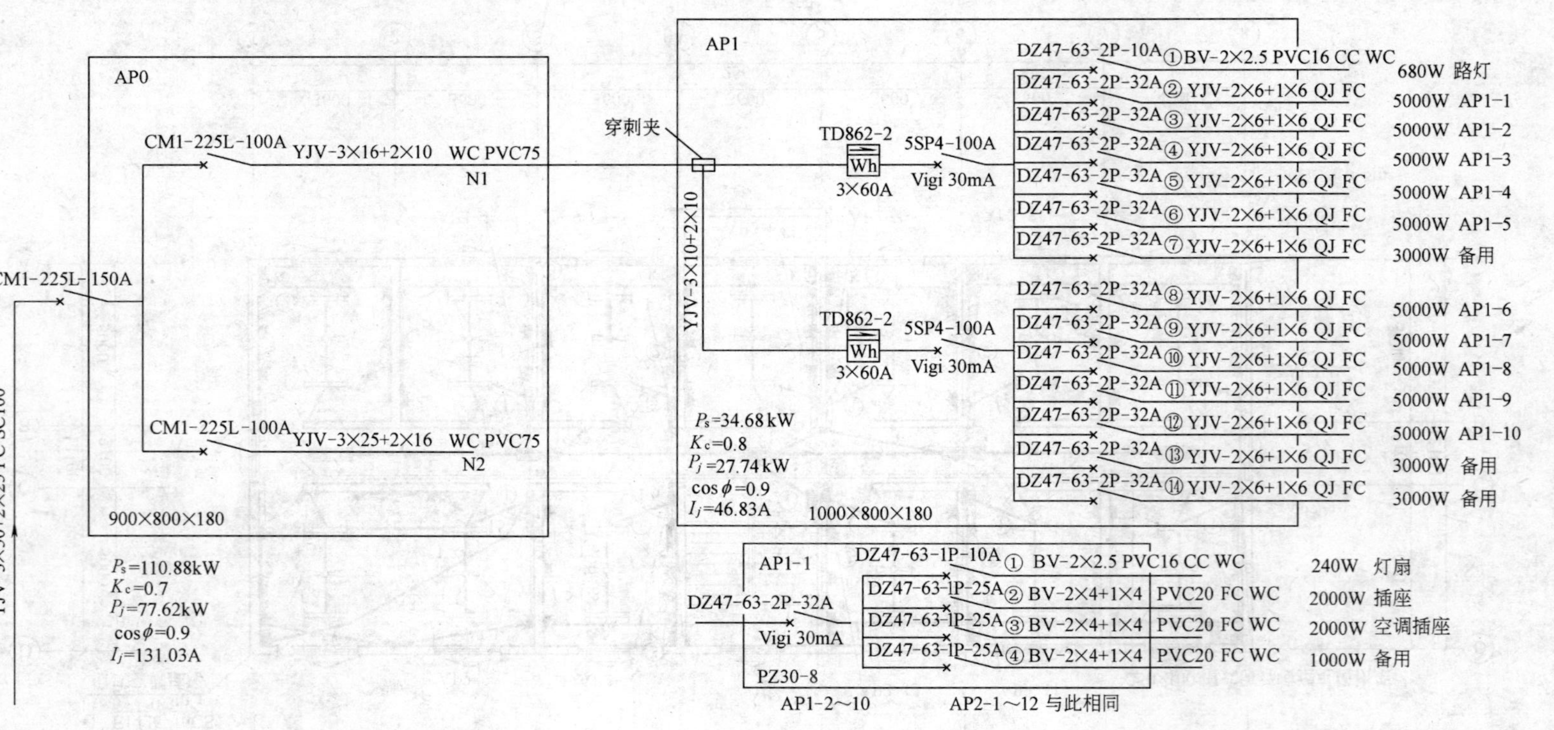

图 2-11 某办公楼配电系统图一

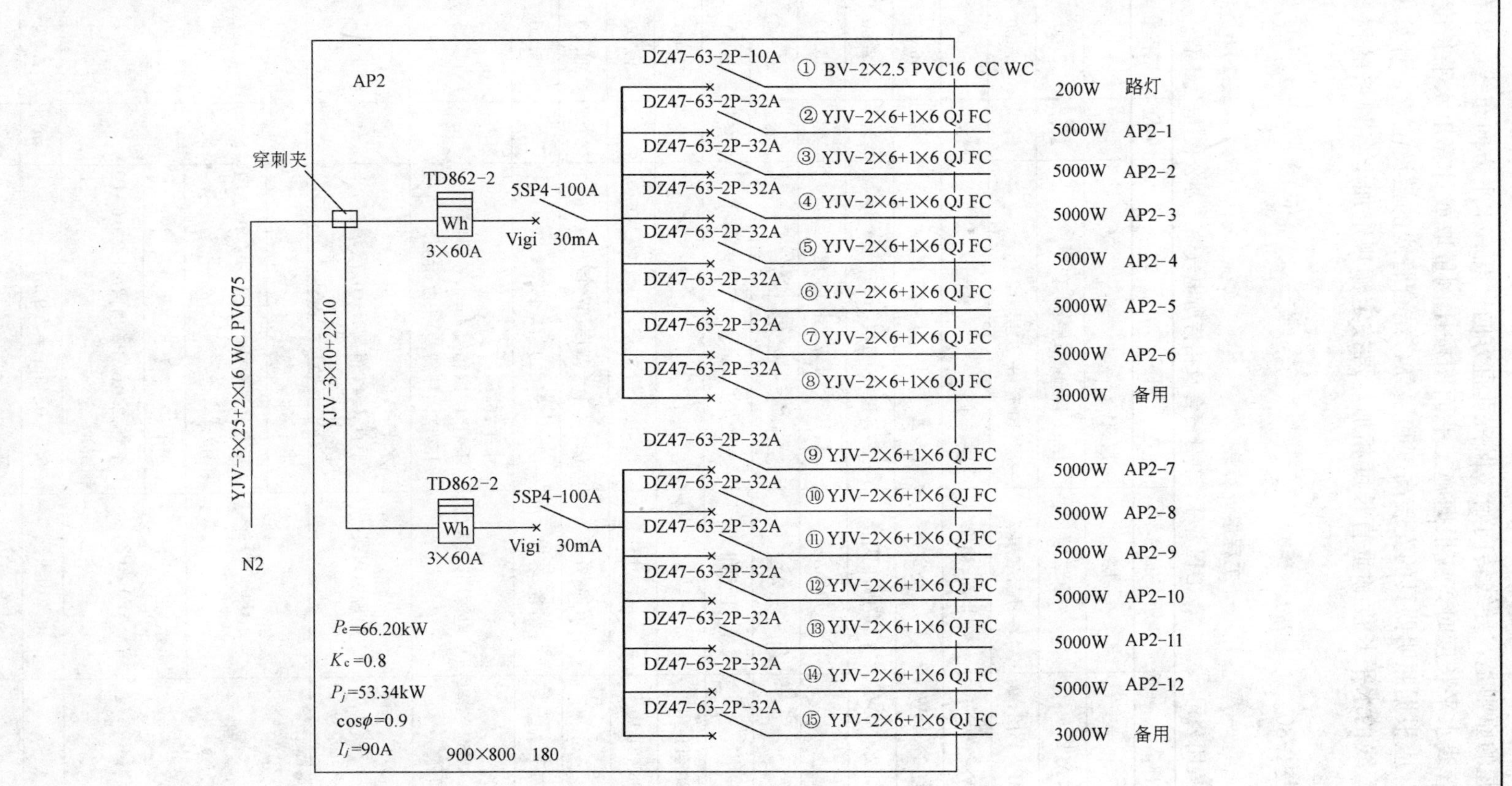

配电系统图二

1. 本工程电源采用电缆埋地至总配电箱，电压等级为380/220V三相五线制。本工程室内电线均穿阻燃PVC电管暗设。本工程电器安全接地采用TN-S系统，PE线接到所有用电设备外壳。

2. 本工程室内配电箱嵌墙暗装，中心距地1.4m，翘板开关距地1.2m暗装，插座距地0.40m暗装，柜式空调插座距地0.30m暗装，分体空调插座距地1.8m暗装。

电 施	2.4.1-4

图 2-12 某办公楼配电系统图二

管线计算时要掌握的原则是：导线转向始终保持垂直方向，既有水平方向布线，又有垂直方向布线，计算管线水平长度时，应根据施工平面图按比例量取或计算出水平长度，计算管线垂直长度时，应根据照明器具的安装高度和层高，结合管线的敷设位置，计算出管线的垂直长度，把管线的水平长度和垂直长度相加，再按定额规定加上各规格的损耗量，既为管线的工程量。

工程量的计算见表 2-80。

工程量计算表 **表 2-80**

建设单位：南昌市某集团公司　　工程名称：单身宿舍及招待所电气　　办公楼-电气工程

序号	项目名称	所在位置	计算式	单位	工程量
1	办公楼总配电箱 AP0	一层	一层:1套	套	1.00
2	楼层总配电箱 AP1,AP2	一层,二层	一层:1套 ＋ 二层:1套	套	2.00
3	配电箱 AP1-1-10,AP2-1-12	一层,二层	一层:10套 ＋ 二层:12套	套	22.00
4	半圆吸顶灯 1×40W	卫生间,楼梯	一层:5套	套	5.00
5	双管吸顶节能荧光灯 2×40W	办公室	一层:20套 ＋ 二层:26套	套	46.00
6	双管格栅吸顶荧光灯 2×30W	走廊,门厅	一层:7套 ＋ 二层:5套	套	12.00
7	吊扇 ϕ1200	办公室	一层:10套 ＋ 二层:13套	套	23.00
8	吊扇调速器	办公室	一层:10套 ＋ 二层:13套	套	23.00
9	排风扇	卫生间	一层:2套	套	2.00
10	单极翘板暗开关 K86K11-10	一层	一层:1个	个	1.00
11	双极翘板暗开关 K86K21-10	一、二层	一层:15个＋二层:15个	个	30.00
12	暗装单相五孔插座	宿舍,客房	一层:37个＋二层:37个	个	74.00
13	暗装单相三孔空调插座	宿舍,客房	一层:8个＋二层:8个	个	16.00
14	电缆 YJV-3×50＋2×25	电源引入线	水平:6.5 垂直 1.4(箱高)＋0.7(埋深)＋0.45(室内外高差)＋2(附加)	m	11.05
15	SC100 电线管	电源引入线	水平:6.5 垂直 1.4(箱高)＋0.7(埋深)＋0.45(室内外高差)	m	9.05
16	电缆 YJV-3×16＋2×10	AP0-AP1	水平:1.0	m	9.00
			垂直:2.0(AP0 预留)＋2.0(AP1 预留)		
		AP0-AP2	水平:0		
			垂直:2.0(AP0 预留)＋2.0(AP2 预留)		
17	电缆沟土方量	电源引入线	$6.5\times0.45m^3=2.93m^3$	m^3	2.93
18	PVC-75 电线管	AP0～AP1	水平:0.5	m	4.10
		AP0～AP2	垂直:3.6(层高)		

续表

序号	项目名称	所在位置	计算式	单位	工程量
19	PVC-16 电线管	AP1①回路	水平:2+2+1+3.5+1.5+1.5+3+5×4+3+1.5+1+3+3+1.5=47.5 垂直:配电箱高(3.6−1.4)+开关高(3.6−1.2)×6=18.80m	m	316.20
		AP2①回路	水平:2+5×4+1+1.5+3=27.5m 垂直:配电箱高(3.6−1.4)+开关高(3.6−1.2)×2=7m		
		AP1-1①回路	水平:1.5+1+1.3+1.3=5.1m 垂直:开关,调速器(3.6−1.2)=2.4m		
		AP1-2 到 10 ①回与上相同	水平:5.1m×9 个=45.9m 垂直:4.8m×9 个=43.2m		
		二层计算参上	(5.1+4.8)m×12 个(AP2-1 到 AP2-12)=118.8m		
20	PVC-20 电线管	AP1-1②回路	水平:1+1.5+1.5+3.5+1.5+1.5=10.5m 垂直:(1.4−0.4)箱出线+0.4×2 到地面=1.8m	m	382.20
		AP1-1③回路	水平:4m 垂直:(1.8−1.4)=0.6m		
		AP1-2 到 10 ①回与上相同	水平:(10.5+4)×9=130.5m 垂直:(1.8+0.6)×9=21.6m		
		AP2-2②回路	水平:1+2.5+3+3+2.5+2+2=16m 垂直:(1.4−0.4)箱出线+0.4×4 到地面=2.6m		
		AP2-2③回路	水平:7m 垂直:1.4 配电箱高+0.3 插座高=1.7m		
		AP2-1 到 12 与 AP1-1 相同	水平:(10.5+4)×11=159.5m 垂直:(1.8+0.6)×11=26.4m		
21	250×100 电缆桥架	一、二层	水平:一层 23.5m+二层 22m	m	49.10
			垂直:3.6(层高 AP0-AP2)		
22	导线 BV-2.5	AP1①回路	水平:(2+1+3.5+1.5+3+5×4+1.5+1+3)×2=73m	m	766.40
			水平:(2+1.5+3+1+1.5)×3=27m 垂直:配电箱高(3.6−1.4)×2+开关高(3.6−1.2)×1 个×2=9.2m		
			垂直:开关高(3.6−1.2)×5 个×3+1.5(配电箱接线)=37.50m		

续表

序号	项 目 名 称	所在位置	计 算 式	单位	工程量
22	导线 BV-2.5		水平：(2+5×4+1.5)×2=47m	m	766.40
		AP2①回路	水平：(3+1)×3=12m 垂直：配电箱高(3.6−1.4)×2+开关高(3.6−1.2)×2个×3=18.8m		
		AP1-1①回路	水平：(1.5+1.3)×2+1.3×3+1×4=13.5m 垂直：开关，调速器(3.6−1.2)×4=9.6m		
		AP1-2到10①回与上相同	水平：13.5×9=121.5m 垂直：9.6×9=86.4m		
		AP2-2①回路	水平：(1+3.6+1.3+1.3)×2+(1.3+1.3)×3+(1+1)×4=33.2m 垂直：箱出线(3.6−1.4)×2+开关(3.6−1.2)×2×4=23.6m		
		AP2-1到12与AP1-1相同	水平：13.5×11=148.5m 垂直：9.6×11=105.6m		
23	导线 BV-4	AP1-1②回路	水平：(1+1.5+1.5+3.5+1.5+1.5)×3=31.5m 垂直：[(1.4−0.4)+0.4×2]×3=5.4m	m	1116.6
		AP1-1③回路	水平：4×3=12m 垂直：(1.8−1.4)=0.4m		
		AP1 3到10与上相同	水平：(31.5+12)×9=391.50m 垂直：(5.4+0.4)×9=52.2m		
		AP2-2②回路	水平：(2+2+2.5+3+3+2.5)×3=45m 垂直：[(1.4−0.4)+0.4×6]×3=10.2m		
		AP2-2③回路	水平：7×3=21m 垂直：(1.4+0.3)×3=5.1m		
		AP2-1到12与AP1-1相同	水平：(31.5+12)×11=478.5m 垂直：(5.4+0.4)×11=63.8m		
24	电缆 YJV-2×6+1×6	AP1-AP1-1	水平：1+7+1=9m 垂直：(3.6−1.4)×2+2(附加)=6.4m	m	311.1
		AP1-AP1-2	水平：1+12+1.5=14.5m 垂直：箱高(3.6−1.4)×2+2(附加)=6.4m		
		AP1-AP1-3	水平：1+12+2.5=15.5m 垂直：箱高(3.6−1.4)×2+2(附加)=6.4m		

续表

序号	项目名称	所在位置	计算式	单位	工程量
24	电缆 YJV-2×6+1×6	AP1-AP1-4	水平:1+7+2=10m 垂直:箱高(3.6-1.4)×2+2(附加)=6.4m	m	311.1
		AP1-AP1-5	水平:1+3.8+2=6.8m 垂直:箱高(3.6-1.4)×2+2(附加)=6.4m		
		AP1-AP1-6	水平:1+2=3m 垂直:箱高(3.6-1.4)×2+2(附加)=6.4m		
		AP1-AP1-7	水平:1+3.6+2=6.6m 垂直:箱高(3.6-1.4)×2+2(附加)=6.4m		
		AP1-AP1-8	水平:1+9.5+2=12.5m 垂直:箱高(3.6-1.4)×2+2(附加)=6.4m		
		AP1-AP1-9	水平:1+9.5+2=12.5m 垂直:箱高(3.6-1.4)×2+2(附加)=6.4m		
		AP1-AP1-10	水平:1+3.6+0.7=5.3m 垂直:箱高(3.6-1.4)×2+2(附加)=6.4m		
		AP2-AP2-1	水平:1+3.6+0.7=5.3m 垂直:箱高(3.6-1.4)×2+2(附加)=6.4m		
		AP2-AP2-2	水平:1+7.2+0.7=8.9m 垂直:箱高(3.6-1.4)×2+2(附加)=6.4m		
		AP2-AP2-3	水平:1+11+2.5=14.5m 垂直:箱高(3.6-1.4)×2+2(附加)=6.4m		
		AP2-AP2-4	水平:1+7.2+2=10.7m 垂直:箱高(3.6-1.4)×2+2(附加)=6.4m		
		AP2-AP2-5	水平:1+3.6+2=6.6m 垂直:箱高(3.6-1.4)×2+2(附加)=6.4m		
		AP2-AP2-6	水平:1+2=3m 垂直:箱高(3.6-1.4)×2+2(附加)=6.4m		

续表

序号	项目名称	所在位置	计 算 式	单位	工程量
24	电缆 YJV-2×6+1×6	AP2-AP2-7	水平：1+0.3+2=3.3m 垂直：箱高(3.6−1.4)×2+2(附加)=6.4m	m	311.1
		AP2-AP2-8	水平：1+4+2=7m 垂直：箱高(3.6−1.4)×2+2(附加)=6.4m		
		AP2-AP2-9	水平：1+10+2=13m 垂直：箱高(3.6−1.4)×2+2(附加)=6.4m		
		AP2-AP2-10	水平：1+10+2=13m 垂直：箱高(3.6−1.4)×2+2(附加)=6.4m		
		AP2-AP2-11	水平：1+4+0.7=5.7m 垂直：箱高(3.6−1.4)×2+2(附加)=6.4m		
		AP2-AP2-12	水平：0.5m 垂直 2m(附加)		

4.3 定额计价

4.3.1 封面（略）

4.3.2 编制说明

(1) 工程概况：建筑面积 2476.61m²，三类工程。

(2) 清单编制依据：江西省 2004 年工程清单计价办法、现行安装工程定额、清单指引、施工图文件等。

(3) 本工程按江西省 2004 年清单计价费用定额计费。

(4) 主材按南昌市建设工程造价信息 2006 年第 5 期。

(5) 设备、部分材料（南昌市建设工程造价信息中未列入的材料）按市场价确定。

(6) 本安装工程只做到管线，灯具、洁具、灭火器均不报价。

(7) 本安装工程的预留金为 10142.55 元。

4.3.3 工程造价取费表，见表 2-81

取费表 **表 2-81**

建设单位：某集团公司　　　　办公楼电气工程

序号	名 称	引用号	费用公式	费率(%)	金额(元)
1	直接工程费	[一]		100	56624.20
2	其中：基价	[1]	Σ基价×相应工程量	100	6840.63
3	其中：人工费	[2]		100	4482.17
4	其中：主材(未计价材料)费	[3]		100	45301.14

续表

序号	名　　称	引用号	费用公式	费率(%)	金额(元)
5	技术措施费	[二]	∑基价×相应工程量	100	0.00
6	其中:人工费	[4]	0.00	15	0.00
7	组织措施费	[三]	[6]+[7]+[8]+[9]+[10]+[11]+[12]	100	853.52
8	其中:人工费	[5]	[三]×费率	15	128.03
9	其中:临时设施费	[6]	{[2]+[4]}×费率	7.53	337.51
10	其中:检验试验费	[7]	{[2]+[4]}×费率	1.25	56.03
11	其中:夜间施工费	[8]	{[2]+[4]}×费率	1.75	78.44
12	其中:二次搬运费	[9]	{[2]+[4]}×费率	1.75	78.44
13	其中:冬雨期施工费	[10]	{[2]+[4]}×费率	1.25	56.03
14	其中:生产工具用具使用费	[11]	{[2]+[4]}×费率	1.75	78.44
15	其中:工程定位、点交、清理费	[12]	{[2]+[4]}×费率	1.00	44.82
16	企业管理费	[四]	{[2]+[4]+[5]}×费率	31.1	1433.77
17	利润	[五]	{[2]+[4]+[5]}×费率	29.1	1341.57
18	规费	[六]	[13]+[17]+[18]+[19]+[20]+[21]	100	1645.38
19	1. 社会保障费	[13]	[13]+[14]+[15]	100	1350.79
20	其中:养老保险费	[14]	{[2]+[4]+[5]}×费率	21.7	1000.41
21	其中:失业保险费	[15]	{[2]+[4]+[5]}×费率	1.07	49.33
22	其中:医疗保险费	[16]	{[2]+[4]+[5]}×费率	6.53	301.05
23	2. 住房公积金	[17]	{[2]+[4]+[5]}×费率	5.40	248.95
24	3. 危险作业意外伤害保险费	[18]	{[2]+[4]+[5]}×费率	0.66	30.43
25	4. 工程排污费	[19]	{[2]+[4]+[5]}×费率	0.33	15.21
26	5. 工程定额测定费	[20]	{[一]+[二]+[三]}×费率	0.20	114.96
27	6. 上级(行业)管理费	[21]	{[一]+[二]+[三]}×费率	0.60	344.88
28	安全文明施工措施费	[七]	{[一]+[二]+[三]+[四]+[五]+[六]}×费率	0.70	433.29
29	税金	[八]	{[一]+[二]+[三]+[四]+[五]+[六]+[七]}×费率	3.413	2127.38
30	工程费用(含税)	[九]	[一]+[二]+[三]+[四]+[五]+[六]+[七]+[八]	100	64459.11
31	工程费用(不含安全文明施工)	[十]	[一]+[二]+[三]+[四]+[五]+[六]+[八]	100	64025.82

4.3.4　工程定额计价表，见表 2-82

工程定额计价表 **表 2-82**

工程名称：办公楼电气　　　　第　页共　页

序号	定额编号	工程或费用名称	工程量		单价(元)			合价(元)		
			单位	数量	基价	人工	材料	基价	人工	材料
1	C2-266	总配电箱 AP0	个	1.00	97.50	65.80	1350.00	97.50	65.80	1350.00
2	C2-266	配电箱 AP1,AP2	个	2.00	97.50	65.80	2600.00	195.00	131.60	5200.00
3	C2-264	配电箱 AP1-10,AP2-12	个	22.00	65.09	42.30	350.00	1431.98	930.60	7700.00
4	C2-1384	半圆吸顶灯 1×40W	10 套	0.50	120.25	50.76	600.00	60.13	25.38	300.00
5	C2-1595	双管吸顶荧光灯 2×40W	10 套	4.60	109.68	64.16	960.00	504.53	295.14	4416.00
6	C2-1595	格栅吸顶荧光灯 2×30W	10 套	1.20	109.68	64.16	2250.00	131.62	76.99	2700.00
7	C2-1702	吊风扇 D1200	台	23.00	14.65	10.11	150.00	336.95	232.53	3450.00
8	C2-1705	吊风扇调速器	10 套	2.30	77.79	70.50	160.00	178.92	162.15	368.00
9	C2-1704	排气扇	台	2.00	16.38	14.34	105.00	32.76	28.68	210.00
10	C2-1637	单极暗开关 86K11-10	10 个	0.10	22.40	19.98	55.00	2.24	2.00	5.50
11	C2-1638	双极暗开关 86K21-10	10 个	3.00	24.37	20.92	85.00	73.11	62.76	255.00
12	C2-1670	单相五孔插座	10 个	7.40	31.38	25.85	120.00	232.21	191.29	888.00
13	C2-1668	单相空调插座	10 个	1.60	24.87	21.39	150.00	39.79	34.23	240.00
14	C2-619	电缆 YJV-3×35+2×25	100m	0.11	494.64	297.75	18000.00	54.41	32.75	1980.00
15	C2-539	电缆保护管 SC100	10m	0.91	248.13	132.07	650.00	225.80	120.18	591.50
16	C2-618	电缆 YJV-3×16+2×10	100m	0.09	308.84	165.21	6800.00	27.80	14.84	61.20
17	C2-521	电缆沟土方量	m^3	2.93	12.22	12.22	0.00	35.80	35.80	0.00
18	C2-1103	PVC75 电管	100m	0.04	328.87	271.19	280.00	13.15	10.85	11.20
19	C2-1097	PVC15 电管	100m	3.35	142.57	105.52	150.00	477.61	353.49	502.50
20	C2-1098	PVC20 电管	100m	4.06	149.42	112.1	180.00	606.65	455.13	730.80
21	C2-543	槽式电缆桥架 250×100	10m	4.91	113.24	74.73	780.00	556.01	366.92	3829.80
22	C2-1198	管内穿线 BV-2.5	100m	8.05	26.75	16.45	185.00	215.34	132.42	1489.29
23	C2-1199	管内穿线 BV-4	100m	11.73	29.91	17.63	245.00	350.84	206.84	2873.85
24	C2-618	电缆 YJV-2×6+1×6	100m	3.11	308.84	165.21	1800.00	960.49	513.80	5598.00
		小计						6840.63	4482.17	45301.4

4.4 工程量清单

4.4.1 封面（略）

4.4.2 总说明（略）

4.4.3 分部分项工程量清单（表 2-83）

分部分项工程量清单 **表 2-83**

工程名称：办公楼电气 第　页共　页

序号	项目编码	项 目 名 称	计量单位	工程数量
1	030204018001	配电箱 AP0	台	1
2	030204018002	配电箱 AP1、AP2	台	2
3	030204018003	配电箱 AP1-10、AP2-12	台	22
4	030204031001	吊风扇 D1200	台	23
5	030204031002	排气扇	台	2
6	030204031003	单极翘板开关 86K11-10	套	1
7	030204031004	双极翘板开关 8621-10	套	30
8	030204031005	单相五孔插座	套	74
9	030204031006	单相三孔空调插座	套	16
10	030208001001	进户电缆 YJV3×35+2×25	m	11.00
11	030208001002	户内电缆 YJV3×16+2×10	m	9.00
12	030208001003	户内电缆 YJV2×6+1×6	m	311.00
13	030208004001	电缆桥架 250×100	m	49.10
14	030212001001	电管 PVC75	m	4
15	030212001002	电管 PVC15	m	335.00
16	030212001003	电管 PVC20	m	406.00
17	030212003001	管内穿线 BV-2.5	m	805.00
18	030212003002	管内穿线 BV-4	m	1173.00
19	030213001001	半圆吸顶灯 1×40W	套	5
20	030213001002	双管吸顶荧光灯 2×40W	套	46.0
21	030213001003	格栅吸顶荧光灯 2×30W	套	12.00

编制人（签字盖执业章）： 日期：

4.4.4 措施项目清单（略）

4.4.5 其他项目清单（略）

4.4.6 零星工作项目表（略）

4.5 工程量清单计价

4.5.1 封面（略）

4.5.2 投标总价（略）

4.5.3 总说明（略）

4.5.4 单位工程项目汇总表

(1) 单位工程工程费用计算表，见表 2-84

单位工程工程费用计算表 **表 2-84**

序号	费用项目	计算方法	费率%	金额(元)	
一	分部分项工程量清单计价合价				55126.63
	1. 其中人工费			4532.32	
二	技术措施项目清单计价合价				208.58
	2. 其中人工费			45.32	
三	组织措施项目清单计价合价				855.54
	3. 其中人工费			111.80	
四	其他项目清单计价合计				0.00
	4. 其中人工费	4689.44		0.00	
五	规费	56190.75			2077.31
	5. 社会保险费	(1+2+3+4)×费率	29.27		1372.60
	6. 住房公积金		5.40		253.23
	7. 危险作业意外伤害保险		0.66		30.95
	8. 工程排污费		0.33		15.48
	9. 工程定额测定费	(一+二+三+四+5+6+7+8)×费率	0.20		115.73
	10. 上级行业管理费		0.50		289.32
六	安全文明施工措施费	(一+二+三+四+五)×费率	0.7		407.88
七	税金	(一+二+三+四+五+六)×费率	3.413		2002.61
八	工程费用	一+二+三+四+五+七			60270.67
	总　计				60678.55

（2）单位工程项目汇总表，见表 2-85

单位工程项目汇总表 **表 2-85**

工程名称：某集团公司电气工程　　第　页共　页

序号	项　目　名　称	金额(元)
1	分部分项工程量清单计价合计	55126.63
2	措施项目清单计价合计	1064.12
3	其他项目清单计价合计	0.00
4	规费	2077.31
5	安全文明施工措施费	407.88
6	税金	2002.61
7	工程费用(不含安全文明措施费)	60270.67
	合　计	60678.55

编制人（签字盖执业章）：　　日期

4.5.5 分部分项工程量清单计价表，见表2-86。

分部分项工程量清单计价表 **表2-86**

序号	项目编码	项目名称	单位	数量	单价(元)		合价(元)	
					综合单价	人工费	合价	人工费
1	030204018001	配电箱 AP0	台	1	1487.10	65.80	1487.10	65.80
2	030204018002	配电箱 AP1、AP2	台	2	2737.10	65.80	5474.20	131.60
3	030204018003	配电箱 AP1-10、AP2-12	台	22	440.55	42.30	9692.10	930.60
4	030204031001	吊风扇 D1200	台	23	198.76	17.16	4571.48	394.68
5	030204031002	排气扇	台	2	130.00	14.34	260.00	28.68
6	030204031003	单极翘板开关 86K11-10	套	1	8.94	2.00	8.94	2.00
7	030204031004	双极翘板开关 8621-10	套	30	12.21	2.09	366.30	62.70
8	030204031005	单相五孔插座	套	74	16.69	2.59	1235.06	191.66
9	030204031006	单相三孔空调插座	套	16	18.77	2.14	300.32	34.24
10	030208001001	进户电缆 YJV3×35+2×25	m	11.00	284.15	19.27	3125.65	211.97
11	030208001002	户内电缆 YJV3×16+2×10	m	9.00	72.07	1.65	648.81	14.85
12	030208001003	户内电缆 YJV2×6+1×6	m	311.00	22.07	1.65	6863.77	513.15
13	030208004001	电缆桥架 250×100	m	49.10	93.81	7.47	4606.26	366.78
14	030212001001	电管 PVC75	m	4	46.35	7.01	185.40	28.04
15	030212001002	电管 PVC15	m	335.00	3.57	1.06	1195.95	355.10
16	030212001003	电管 PVC20	m	406.00	3.97	1.12	1611.82	454.72
17	030212003001	管内穿线 BV-2.5	m	805.00	2.22	0.17	1787.10	136.85
18	030212003002	管内穿线 BV-4	m	1173.0	2.86	0.18	3354.78	211.14
19	030213001001	半圆吸顶灯 1×40W	套	5	75.09	5.08	375.45	25.40
20	030213001002	双管吸顶荧光灯 2×40W	套	46.0	110.83	6.42	5098.18	295.32
21	030213001003	格栅吸顶荧光灯 2×30W	套	12.00	239.83	6.42	2877.96	77.04

编制人（签字盖执业章）： 日期

4.5.6 措施项目清单计价表

（1）技术措施项目清单计价表，见表2-87

技术措施项目清单计价表 **表2-87**

工程名称：某集团公司电气工程 第 页共 页

序号	技术措施项目	费用计算(元)	其中人工费	管理费	利润	技术措施费用
1	脚手架搭拆	第二册定额：人工×4%=181.29	45.32	14.10	13.19	208.58
		小计	45.32			208.58

编制人（签字盖执业章）： 日期

（2）组织措施项目清单计价表，见表 2-88

组织措施项目清单计价表 **表 2-88**

工程名称：某集团公司电气工程　　　　第　页共　页

序号	项目名称	项目费用					
一	分部分项工程量清单计价	55126.63					
1	其中人工费	4532.32					
二	技术措施项目清单计价	208.58					
2	其中人工费	45.32					
3	人工费小计 1+2	4577.64					
三	组织措施项目名称	费率	项目费用（人机料）	其中人工费	管理费 31.06%	利润 29.12%	措施费用
4	临时设施费	7.53%	344.70	51.70	16.08	15.04	375.82
5	检验试验费	1.25%	57.22	8.58	2.67	2.50	62.39
6	夜间施工费	1.75%	80.11	12.02	3.74	3.50	99.38
7	二次搬运费	1.75%	80.11	12.02	3.74	3.50	99.38
8	冬雨期施工费	1.25%	57.22	8.58	2.67	2.50	62.39
9	生产工具用具使用费	1.75%	80.11	12.02	3.74	3.50	99.38
10	工程定位、点交、清理费	1.00%	45.78	6.88	2.14	2.00	56.80
	小计			111.80			855.54

4.5.7　其他项目清单计价表（略）

4.5.8　零星工作项目清单计价表（略）

4.5.9　分部分项工程量清单综合单价分析表见表 2-89

（1）根据《江西省建筑安装工程工程量清单计价指引》中的表 C.2、江西省现行定额、有关文件、工程量清单等资料，列本项目的工程量清单综合单价。

清单工程工作内容应结合设计和有关施工规范要求确定。

（2）各工作内容的人工费、材料费、机械费的计算按《指引》中消耗量定额子目套用定额计取，其中材料费包括定额计价材料和未计价材料两部分。

（3）管理费和利润分别按江西省建筑安装工程费用定额计取，分别为 31.06%和 29.12%，计算基础为人工费。

分部分项工程量清单综合单价分析表　　　　表 2-89

工程名称：某集团公司电气工程　　　　第　页共　页

序号	项目编码	项目名称	定额编号	工作内容	单位	数量	综合单价组成					综合单价
							人工费	材料费	机械费	管理费	利润	
1	030204018001	配电箱 AP0			台	1	65.80	1373.51	8.19	20.44	19.16	1487.10
			C2-266		台	1	65.80	23.51	8.19			
					台	1		1350.00				
2	030204018002	配电箱 AP1 AP2			台	1	65.80	2623.51	8.19	20.44	19.16	2737.10
			C2-266		台	1	65.80	23.51	8.19			
					台	1		2600.00				
3	030204018003	配电箱 AP1-10 AP2-12			台	1	42.30	372.79	0.00	13.14	12.32	440.55
			C2-264		台	1	42.30	22.79				
					台	1		350.00				
4	030204031001	吊风扇			台	1	17.16	167.27	0.00	5.33	5.04	198.76
			C2-1702	吊风扇	台	1	10.11	4.54	0.00			
					台	1		150.00				
			C-1705	调速器	10 套	1	70.50	7.09	0.00			
					套	1		16.00				
5	030204031002	排气扇			台	1	14.34	107.04	0.00	4.45	4.18	130.00
			C2-1704		台	1	14.34	2.04	0.00			
					台	1		105.00				
6	030204031003	单极翘板开关 86K11-10			个	1	2.00	5.74	0.00	0.62	0.58	8.94
			C2-1637		10 个	1	19.98	2.42	0.00			
					个	1		5.50				
7	030204031004	单极翘板开关 86K21-10			个	1	2.09	8.85	0.00	0.66	0.61	12.21
			C2-1638		10 个	1	20.92	3.45	0.00			
					个	1		8.50				
8	030204031005	单相五孔插座			个	1	2.59	12.55	0.00	0.80	0.75	16.69
			C2-1670		10 个	1	25.85	5.53	0.00			
					个	1		12.00				
9	030204031006	单相三孔空调插座			个	1	2.14	15.35	0.00	0.66	0.62	18.77
			C2-1668		10 个	1	21.39	3.48	0.00			
					个	1		15.00				
10	0302080010	进户电缆 YJV3×35＋2×25		电缆	m	1	19.27	250.79	2.49	5.99	5.61	284.15
			C2-619	电缆	100m	1	297.75	151.92	44.97			
				电缆	m	1		180.00				

续表

序号	项目编码	项目名称	定额编号	工作内容	单位	数量	综合单价组成					综合单价
							人工费	材料费	机械费	管理费	利润	
10	0302080010	进户电缆YJV3×35+2×25	C2-627	电缆头制安	个	1	2.11	7.73	0.00			
			C2-521	电缆沟	m^3	0.27	3.25	0.00	0.00			
			C2-539	保护管SC100	10m	0.83	109.26	75.94	20.39			
					m	0.83		53.95				
11	030208001001	户内电缆YJV3×16+2×10			m	1	1.65	69.37	0.06	0.51	0.48	72.07
			C2-618		100m	1	165.21	137.21	6.42			
					m	1		68.00				
12	030208001002	户内电缆YJV2×6+1×6			m	1	1.65	19.37	0.06	0.51	0.48	22.07
			C2-618		100m	1	165.21	137.21	6.42			
					m	1		18.00				
13	030208004003	电缆桥架250×100			m	1	7.47	81.02	0.83	2.32	2.17	93.81
			C2-543		10m	1	74.73	30.23	8.28			
					m	1		78.00				
14	030212001001	电管PVC75			m	1	7.01	34.36	0.76	2.18	2.04	46.35
			C2-1103		100m	1	700.77	635.88	76.19			
					m	1		28.00				
15	030212001015	电管PVC15			m	1	1.06	1.54	0.33	0.33	0.31	3.57
			C2-1097		100m	1	105.52	3.82	33.23			
					m	1		1.50				
16	030212001002	电管PVC20			m	1	1.12	1.84	0.33	0.35	0.33	3.97
			C2-1098		100m	1	112.10	2.09	33.23			
					m	1		1.80				
17	030212003001	管内穿线BV-2.5			m	1	0.165	1.95	0.00	0.05	0.05	2.22
			C2-1198		100m	1	16.45	10.30	0.00			
					m	1		1.85				
18	030212003002	管内穿线BV-4.0			m	1	0.18	2.57	0.00	0.06	0.05	2.86
			C2-1198		100m	1	17.63	12.28	0.00			
					m	1		2.45				
19	030213001001	半圆吸顶灯			套	1	5.08	66.95	0.00	1.58	1.48	75.09
			C2-1384		10套	1	50.76	69.49	0.00			
					套	1			60.00			
20	030213001002	双管吸顶荧光灯2×40W			套	1	6.42	100.55	0.00	1.99	1.87	110.83
			C2-1595		10套	1	64.16	45.52	0.00			
					套	1			96.00			
21	030213001003	格栅荧光灯2×30W			套	1	6.42	229.55	0.00	1.99	1.87	239.83
			C2-1702		10套	1	64.16	45.52	0.00			
					套	1		225.00				

课题5 施工预算与结算审查

5.1 施工预算

施工预算是施工单位在开工之前，以施工图预算为基础，依据施工图设计、劳动定额、材料消耗定额、机械台班定额、施工组织设计或施工方案、施工现场情况等编制的技术经济文件，它确定了各分项工程所需的人工、材料、机械台班的消耗量和直接费用，从而控制施工单位的工程成本并指导施工生产，又是与施工图预算和实际工程成本进行分析对比的基础资料。

5.1.1 施工预算的编制依据

(1) 施工图设计资料、图纸会审资料、有关标准图集等技术资料；

(2) 施工组织设计或施工方案；

(3) 施工现场情况；

(4) 企业或当地施工定额、相关补充定额，全国统一劳动定额和预算定额；

(5) 人工、材料、机械台班预算价格；

(6) 经审批后的施工图预算书。

5.1.2 施工预算的编制步骤

(1) 收集并熟悉有关施工图纸等技术文件资料，勘察施工现场；

(2) 划分并排列分项工程项目；

(3) 计算工程量；

(4) 套用施工定额（或企业定额）、劳动定额和预算定额；

(5) 工料机分析：分项工程消耗量＝分项工程量×定额工料机消耗指标；

(6) 工料机消耗量汇总：可按分部工程或单位工程进行汇总，应注意材料包括损耗量；

(7) 计算工程直接费；

(8) 编写编制说明；

(9) 装订成册。

5.1.3 施工预算的主要内容

(1) 施工预算编制说明

1) 编制依据；

2) 工程范围及工期；

3) 施工中采用的新技术、新工艺、新材料、新设备及材料代用等；

4) 施工技术组织措施；

5) 存在或需要解决的问题及其处理方法；

6) 其他应说明的问题。

(2) 工程量计算

工程量计算是施工预算的基础。大多数劳动定额的项目与预算定额相同，因此，与施工图预算相同的项目，也可直接采用施工图预算的工程量。但应注意劳动定额与预算定额区别：

1）分项工程项目名称相同，计量单位不一定不同，则工程量应重算，如风管的制作安装，劳动定额是以米为计量单位；

2）分项工程划分基本相同，但劳动定额要细一些，并包括少量的工序项目，则项目划分应按劳动定额进行，并另行计算工程量，如排水铸铁管安装，预算定额划分一项，而劳动定额分为四项，其中打堵洞眼属工序项目。

（3）劳动力用量分析

劳动力用量表是编制劳动力计划和调配劳动力的依据。劳动力用量分析执行全国统一劳动定额，共二十九册，与本专业有关的共九册，分述如下：

1）暖卫、煤气、工艺管道、容积式热水器和贮水罐等执行第十九册《管道安装工程》定额；

2）第二十册《电气设备安装工程》定额；

3）锅炉、金属容器、换热器、泵与风机、制冷设备和压缩机等执行第二十一册《设备安装工程》定额；

4）第二十二册《通风工程》定额；

5）热工仪表、建筑电气试验调整和金属无损探伤等，执行第二十三册《自动化仪表安装和调校、电气设备试验调整、金属无损探伤》定额；

6）第二十四册《起重运输》定额；

7）第二十五册《筑炉工程》定额；

8）第二十六册《刷油、防腐、保温工程》定额；

9）第二十八册《非标准金属容器及构件制作工程》定额。

各工种人工工日＝工程量×时间定额。

（4）材料和机械台班用量表

材料和机械台班用量表是编制材料与施工机械计划、费用的依据，机械台班数应按施工方案的实际进场机械的种类、型号、台数、工期等计算。

目前，我国没有全国统一的施工定额，材料和施工机械部分的分析可借套预算定额。

1）主要材料的分析应从施工图和标准图集直接计算。如管道、管件、支架、阀门、法兰、栓类、器具等，不能按预算定额抄材料规格和数量；

2）凡购置的成品、部件、金属容器和结构等，不计算其材料，只计算预算价格；

3）辅助材料分析可借套预算定额消耗量标准，按实际需用量分析计算，不得照抄定额，对于零星材料，预算定额是以金额“元”给出的，分析时应列出具体的材料名称和消耗量。

施工机械消耗量分析借套预算定额。其计算公式如下：

各分项工程施工机械台班消耗量＝定额施工机械消耗量×工程量

（5）加工件、配件用量表

对于应在施工现场进行加工、组装等的配件、管件和设备，应有用量表。在材料分析时单独列出。

（6）人工、材料、机械台班汇总表

人工按工种不同分类列表，材料按不同品种、规格、型号分类列表，机械台班按不同种类列表。

(7)“两算”对比

“两算”对比是将施工图预算和施工预算进行比较，是施工企业加强内部管理的一种有效措施，能有效控制施工预算不超过施工图预算，合理控制施工成本。“两算”对比能核对两算的编制准确性，核对两算的实物量和造价，找出问题，互检互控，达到控制成本和经济核算的目的。

“两算”对比方法有两种：实物对比法和金额对比法。

1）实物对比法是将施工预算中的人工、材料 、机械台班消耗量与施工图预算中的人工、材料和机械台班消耗量进行对比，分析两算的实物量差额及存在的主要问题；

2）金额对比法是将施工预算中的人工、材料、机械台班分别乘以日工资标准、材料单价和机械台班预算单价，计算出人工费、材料费和机械台班费后，与施工图预算中的人工费、材料费和机械台班费进行比较，分析两算的费用差额，找出两算存在的问题。

两种方法均是以对比表的形式进行对比，前者简单扼要，但费用额度不明确；后者较合理，利于费用控制，虽然施工预算计价工作量大，但仍被施工企业经常采用。

5.2 施工图预（结）算审查

施工单位编制出施工图预（结）算书后，首先要进行自审，再由建设单位组织审查或委托有资质的造价咨询公司审查。目前，我国有定额计价和清单计价两种预（结）算方式，清单计价是我国发展的方向。在工程招标过程中，清单计价是公开并统一量，竞争价；在结算过程中，是以合同价中的“量、价”为基础，对工程施工过程量的增减进行核对后，相应的减增合同中的单价，对施工过程中新的量，而合同中有约定又未列的量价另行按一定的原则核对。但目前，预算定额还是清单计价的重要基础。

5.2.1 施工图预（结）算审查的依据

(1) 国家和地区有关的经济文件；

(2) 现行全国统一安装工程预算定额、地方单位估价表或消耗量定额、地方费用定额；

(3) 工程量计算规则；

(4) 建筑安装工程材料预算价格信息表；

(5) 签订的施工合同或协议、工程量清单及其投标单价；

(6) 施工图纸及有关设计资料；

(7) 施工过程中的有关设计变更、图纸会审和技术核定单等有效进入结算的文件资料。

5.2.2 施工图预（结）算审查的内容

(1) 编制依据的审查

1）编制依据的合法性和时效性；

2）编制依据的适用范围。

(2) 工程量的审查

1）工程量计算是否符合计算规则和定额规定，是否符合合同或协议的约定，有无高估冒算现象；

2）工程项目的分项是否准确、齐全，有无重算、漏算。

（3）套用定额的审查

1）套用定额是否正确，是否符合清单规范要求，有无错套、高套现象；

2）定额换算是否符合规定，费用换算有无遗漏、是否合理；

3）补充定额子目是否符合规定，工料分析是否合理。

（4）主材预算价格与清单综合单价审查

1）材料预算单价是否准确，材料价差调整是否符合规定；

2）清单综合单价的增减是否符合合同规定。

（5）施工签证、设计变更审查。

1）设计变更引起的工程量增减是否正确，费用调整是否符合要求；

2）技术核定引起的工程量增减是否正确，费用调整是否符合要求。

（6）费用审查

工程费用计取是否符合费用定额、政府有关造价文件规定和施工合同、协议等要求。

5.2.3 审查步骤和方法

（1）审查步骤

1）收集并阅读资料：施工图纸、设计图纸会审资料、设计变更、技术核定单、施工合同或协议书及其清单计价附件、施工方案、施工日记、隐蔽资料等有关签证文件资料，预算定额、清单计价规范、费用定额、材料预算单价信息表和政府有关预算计价文件资料等；

2）确定审查方式和方法：依据工程建设规模、概（预）算价值、审查期限要求等，确定审查的方式和方法；

3）根据施工图、合同等资料，按有关规定进行计算和审查；

4）整理审查结果，经有关单位协商研究后，签字盖章定案；

5）将审查定案后的资料形成正式文件，送有关单位存档。

（2）审查方法

定额计价的结算主要有：

1）全面审查法：是对施工图预（结）算书进行全面、细致的逐项审查，其工作相当于将预算书重做一遍。当两个预算书逐项核对，双方意见一致后，方可定案。

2）重点审查法：是指对预算书中工程量大、价值高、影响面广的分部分项工程进行细致的审查，包括工程量计算、定额套用、材料预算单价、费用的计算与确定等方面进行全方位的审查，其他部分只进行粗略的审查。审查中发现的问题，经协商一致后解决，方可定案。

3）对比审查法：是将工程项目送审预算书进行合理的分解和计算，得出单位工程、分部分项工程、分项工程等的单方造价或实物消耗量，与所收集和掌握的同类已完项目或相近项目进行比较、分析，如发现较大相差部分，应进行重点审查，对审查中的问题，经共同协商取得一致意见后，才能定案。

对于清单计价的结算，主要有：

1）中间结算（进度款的支付）审查：按施工图纸核对并计量已完工程量，核实因合同变更等引起的符合规定的价款增减量，核对工程预付款、已付工程款总额和合同款差额，保证工程保修金的预留。

2）工程竣工结算审查：

竣工结算款＝合同款＋施工过程中合同款的增减额－预付和中间结算款－工程保修金；

核对内容包括：合同条款中的合同条件、结算方法、主材价格、费用标准和优惠条款等；检查隐蔽工程验收记录、工程量应与竣工图一致；核对设计变更、技术核定单等有效工程量变更资料，按图纸核算工程量变化；严格执行合同条件、清单综合单价计价原则；按合同要求和有关规定计取费用，防止多计或少计算等误差。

单元3　施工组织与管理

知 识 点： 组织施工的方式和概念，流水施工的特点、参数确定与计算、种类和横道图，网络图的概念、绘制，双代号网络图的参数计算，网络图应用，单位施工组织设计概念、内容、编制，施工方案、资源计划、进度计划，施工管理知识，施工作业计划和任务单，技术、质量及安全生产管理。

教学要求： 理解组织施工的概念，掌握流水施工的特点、种类、流水参数的计算、横道图的绘制；理解网络图的概念、双代号网络图的绘制、时间参数计算，了解网络图的应用；理解施工组织设计的概念、单位施工组织设计的编制依据、内容，掌握施工方案、资源需用量计划、进度计划的编制要求；理解施工管理、施工准备的基本知识，理解施工作业进度计划、施工任务单、技术管理、质量管理、安全生产等基本内涵。

课题1　流 水 施 工

1.1　基 本 概 念

安装工程施工的流水作业，是将分部分项工程或工序分解成若干个施工过程，并将施工项目在平面上划分成若干个施工段，在竖向上划分成若干个施工层，按施工过程分别建立相应专业施工班组，各专业班组按照一定的施工顺序，依次从一个施工段转到另一个施工段进行安装，直到最后一个施工段的施工，在规定的时间内完成施工任务。

流水施工的特点是：使安装过程在时间上、空间上，有节奏地、连续地、均衡地进行下去，直到完成全部安装任务。

组织施工的三种方式：

例如，组织安装一栋三层楼的空调工程中的风机盘管安装，可将安装对象分解为 m 个施工段，每个施工段又可分 n 个施工过程。本例中每层设一个施工段，$m=3$；将风机盘管安装划分为“二次搬运”、“安装就位”、“管线连接”、“单机调试”4 个过程，$n=4$。组织安装时可采用顺序施工、平行施工和流水施工等不同的组织方式，如图 3-1 所示。

1.1.1　顺序施工

顺序施工也称依次施工，是将施工项目的整个施工过程分解成若干个施工过程，按一定的施工顺序，依次完成各个施工过程。如本例中完成第一层风机盘管安装后，再安装第二层并依次完成其他各层风机盘管。由图 3-1 可以看出安装 m 层风机盘管所需的总时间 T 为安装一层风机盘管所需时间 t 的 m 倍。

即 $$T=mt \tag{3-1}$$

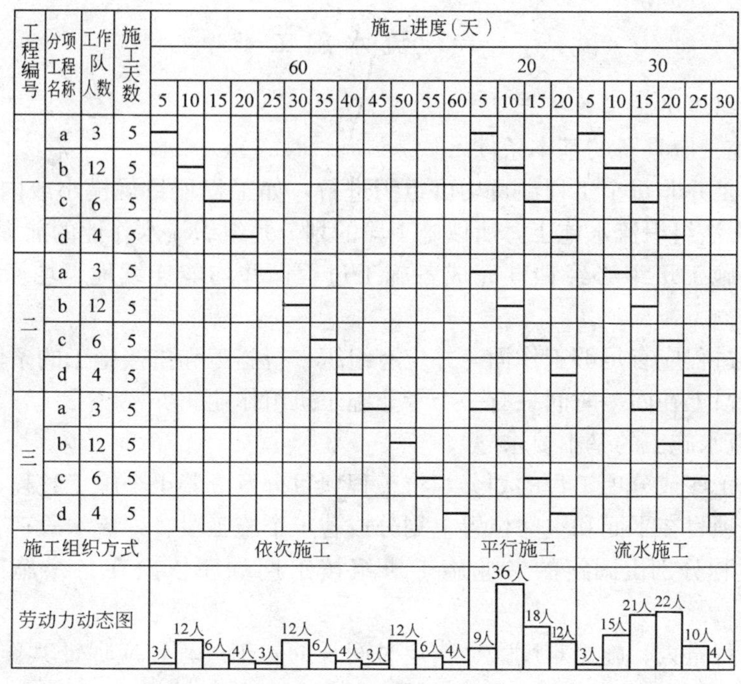

图 3-1　顺序施工

图中 a 表示二次搬运，b 表示安装就位，c 表示管线连接，d 表示单机调试

1.1.2　平行施工

平行施工是组织几个相同的工作队，在同一时间、不同的工作面上进行施工。本例中平行施工是将 m 层风机盘管同时安装，其总时间 T 等于安装一层风机盘管所需时间 t。如图 3-1 所示。

即

$$T=t \tag{3-2}$$

但劳动力是顺序施工的 3 倍。

1.1.3　流水施工

流水施工是将工程项目划分成若干个工作性质相同的分部、分项工程或工序，同时在平面上将工程项目划分成若干个劳动量大致相等的施工段，在竖向上划分成若干个施工层，按施工过程分别建立相应的专业工作队，各专业工作队按一定的施工顺序投入施工，在各专业工作队人数、机具、材料等不变的情况下，依次完成各个施工段的任务，直到最后投入施工的专业工作队完成最后一个施工段的任务。如图 3-1 所示。

$$T=(m+n-1)\times K \tag{3-3}$$

由于流水施工各项工程前后搭接，与顺序施工和平行施工相比，有以下优点：

（1）可以消除劳动力窝工或过分集中，使劳动力均衡，连续地使用，有利于提高劳动生产率；

（2）可以避免施工作业面闲置；

（3）可以保证施工机械，工器具得到充分，合理地利用，有利于提高施工机械利用率；

（4）可以缩短工期，提高效率，资源消耗均衡，有利于提高综合经济效益。

1.2 流水施工

1.2.1 组织流水施工的特点

(1) 流水施工应具备的基本条件

1) 流水施工并非每个工程项目均可组织进行，如工程项目规模小或内容繁杂，无法划分施工段则无法组织流水施工，所以施工段的划分是组织流水作业的前提条件；

2) 各专业施工班组必经独立完成各施工过程，并均能连续地、均衡地、有节奏地施工；

3) 各施工过程应有足够工作面，并应有组织平行施工和搭接施工的条件；

4) 各施工段上在同一时间只有一个专业施工班组作业。

(2) 组织流水施工的基本要求

1) 按施工工序或分项工程的划分，将工程项目分解成若干个施工过程；

2) 将工程项目在平面和空间位置上划分成若干个施工段，即流水段；

3) 每个过程分别由固定的专业施工班组按工期顺序依次在各个施工段进行施工作业；

4) 对于工程量大、施工难度大、作业时间长的施工过程，应保证其作业连续性和资源均衡性要求；

5) 除必要的技术和组织间歇外，应尽可能地在同一时间、不同空间上组织平行搭接施工。

(3) 组织流水施工的基本步骤

1) 选择流水施工的作业对象；

2) 划分施工段数 m 和施工过程数 n；

3) 组建各专业施工班组并分配作业任务；

4) 确定各施工过程和施工段的作业顺序；

5) 计算流水参数；

6) 绘制施工进度表。

1.2.2 流水施工的参数

流水施工参数的确定是组织好该流水施工的基础。如风机盘管安装，按四个施工过程分别组织专业工作队，并按此顺序依次在各施工段施工，如图 3-1 所示。

图 3-1 也是流水施工横道图（施工进度计划表），a、b、c、d 为施工过程，m 为施工段数，t_i 为施工流水节拍，k 为流水步距等，均为流水施工参数，按其性质可分为空间参数，工艺参数和时间参数。

(1) 工艺参数

1) 工艺参数即施工过程数（n）。一般过程数应接近或等于施工段数 m。如中央空调系统施工过程数的确定，应按系统的复杂程度、施工方法等因素而定，大致包括四个施工过程：一是运输类施工过程，如管道、阀门、末端装置、空调机组、水泵等的场内搬运工作；二是制作类施工过程；如风管、水箱、空气处理箱等制作工作；三是装置类施工过程如风管、水管、末端装置、空调机组、制冷机组、水泵、空气处理箱等工作；四是试验、调试等施工过程。

施工过程数应划分适当，过多则计算复杂，使计划主次不分，过少则过于简单，失去指导施工的作用。

当$n=m$时，专业班组连续施工，施工段上始终有专业班组工作。即施工段不闲置，较为理想。

当$n<m$时，专业班组可以连续施工，但施工段存在闲置，对施工进度影响不大。

当$n>m$时，施工段不闲置，但专业班组不能连续，出现窝工现象，不宜采用流水施工。

2）流水强度（V）也称生产能力。表示每一个施工过程在单位时间内所能完成的工程量。

机械施工流水强度按下式计算：

$$V=\sum_{1}^{x} R_i S_i \tag{3-4}$$

式中 R_i——某类施工机械台数；

S_i——该类施工机械台班生产率；

X——同一施工过程的施工机械种类数。

手工操作过程的流水强度计算

$$V=R_i S_i \tag{3-5}$$

式中 R_i——每个专业班组工人人数（应小于工作面上允许容纳的最多人数）；

S_i——每个工人每班产量定额。

（2）空间参数

1）施工工作面又称工作前线，是指工人进行施工作业操作的地点范围和作业空间。即施工作业对象能容纳合理的作业工人或施工机械设备等数量的空间大小。其大小按施工过程的性质、施工方法和使用的工具、设备不同进行计算。如安装水管按长度计算、安装空调机组按台数计算等；

2）施工段数是组织流水施工的基础。在安装工程中，常将施工对象划分成若干个工作量大致相等（相差在10%～15%以内）的若干个施工段，使不同工种能同时在不同工作面上展开作业，从而避免各专业工作队因工作面不够而产生互等、停歇等窝工现象。

例如，在中央空调、给排水卫生器具、采暖工程散热器等施工安装中，通常可按单层或几层作为一个施工段；

3）施工层是流水施工时，为满足专业工种对操作高度和施工工艺要求，将施工项目在竖向上划分为若干个操作层，这些操作层就是施工层。水、电、通风空调一般按楼层进行施工层的划分。

（3）时间参数

1）流水节拍是某一个施工过程在某一施工段上持续施工作业的时间。用“t”表示，它与投入施工过程的劳动力、机械设备和材料等资源有关。

定额计算法：

$$t=Q_i/(R_i S_i)=P_i/R_i \tag{3-6}$$

式中 Q_i——某工序在某个施工段上的工程量；

R_i——专业施工班组（或施工机械台数）人数；

S_i——每工日产量（或每台机械产量）；

P_i——某工序在某个施工段上的劳动量或机械台班数。

工期计算法：

$$t = T/m \tag{3-7}$$

2）流水步距是两个相邻施工过程，两专业施工班组开始投入作业的时间间隔。流水步距的大小，对工期影响很大。在施工段不变情况下，流水步距越大，则工期越长，反之，工期则短。

流水步距采用累加数列法进行确定，其计算方法和步骤举例如下：

【例 1】 某工程项目由四个施工过程组成，由 A、B、C、D 四个施工专业工作队完成，各专业工作队在各施工段上的流水节拍见表 3-1，计算各相邻专业工作队的流水步距。

表 3-1

工作队 \ m	一	二	三	四
A	3	3	2	3
B	4	3	2	3
C	2	1	2	3
D	1	2	1	3

解：（1）求各专业工作队的累加数列：

A：3，6，8，11

B：4，7，9，12

C：2，3，5，8

D：1，3，4，7

（2）错位相减

A 与 B：

$$\begin{array}{rrrrrr} & 3, & 6, & 8, & 11 & \\ - & & 4, & 7, & 9, & 12 \\ \hline & 3, & 2, & 1, & 2, & -12 \end{array}$$

B 与 C：

$$\begin{array}{rrrrrr} & 4, & 7, & 9, & 12 & \\ - & & 2, & 3, & 5, & 8 \\ \hline & 4, & 5, & 6, & 7, & -8 \end{array}$$

C 与 D：

$$\begin{array}{rrrrrr} & 2, & 3, & 5, & 8 & \\ - & & -1, & 3, & 4, & 7 \\ \hline & 2, & 2, & 2, & 4, & -7 \end{array}$$

（3）求流水步距：流水步距等于错位相减后的最大值。即：

$$K_{\mathrm{A,B}} = \max(3,2,1,2,-12) = 3$$

$$K_{\mathrm{B,C}} = \max(4,5,6,7,-8) = 7$$

$$K_{\mathrm{C,D}} = \max(2,2,2,4,-7) = 4$$

(4) 绘制流水横道图（图 3-2）

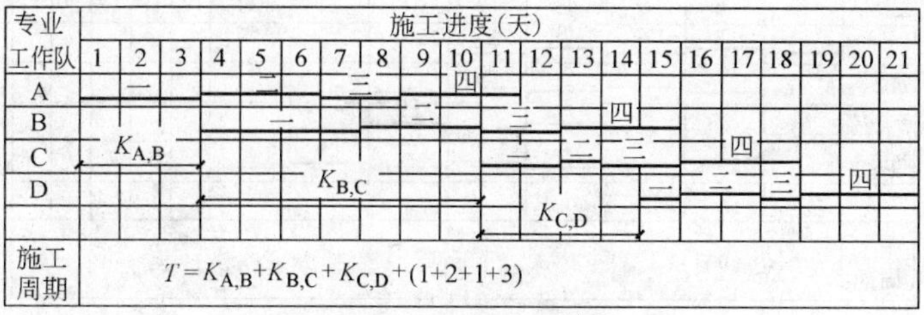

专业工作队	1	2	3	4	5	6	7	8	9	10	11	12	13	14	15	16	17	18	19	20	21
A		一			二		三			四											
B						一			二		三			四							
C		$K_{A,B}$									一		二	三			四				
D							$K_{B,C}$								一	二		三		四	
													$K_{C,D}$								
施工周期	$T=K_{A,B}+K_{B,C}+K_{C,D}+(1+2+1+3)$																				

图 3-2 流水施工横道图

3）流水施工工期，计算流水施工工期通用公式：

$$T=\sum K_i+t_n+\sum G+\sum Z \quad (3\text{-}8)$$

式中 $\sum K_i$——流水步距总和；

t_n——最后一个施工过程在各施工段上的持续时间之和；

$\sum G$——工艺间隔时间总和；

$\sum Z$——组织间隔总和。

1.2.3 流水施工方式

流水施工的组织方法有许多，下面介绍以下几种：

(1) 等节拍流水（固定节拍流水）

等节拍流水是参加流水的各专业施工班组在各施工段上的流水节拍均相等的流水施工。即几个施工过程，则有：

$$t_1=t_2=\cdots\cdots=t_n \quad (3\text{-}9)$$

$$K_{1,2}=K_{2,3}=\cdots\cdots=K_{n-1,n} \quad (3\text{-}10)$$

工期计算如下：

$$T=(m+n-1)\times t+\sum Z+\sum G+\sum C \quad (3\text{-}11)$$

式中 $\sum C$——平行搭接时间。

【例 2】 某分部工程有 500m 长的埋地管道安装，划分成五个施工段，施工过程分成管沟开挖、浇混凝土管基、安装管道和回填土，经计算流水节拍均为 3 天，无技术、组织间歇，试确定流水步距。计算工期。并绘制流水施工进度表。

解：由已知条件 $t=3$ 天可知，本分部工程宜组织等节拍施工流水。

1）确定流水步距

由等节拍流水可知 $t=k=3$ 天

2）工期计算

由于 $m=5$，$n=4$，$t=k=3$ 天，$G=Z=0$ 代入式（3-8）

$$T=(m+n-1)t=(5+4-1)\times 3=24$$

3）绘制流水施工图（图 3-3）

(2) 成倍节拍流水

成倍节拍流水施工是以工程量小的施工过程作为最小流水节拍，而工程量大的施工过程流水节拍是最小节拍的倍数。

(3) 流水线法

在暖卫工程施工中，常会遇到沿长度方面延伸的管道工程，称为线性工程。这类工程结构

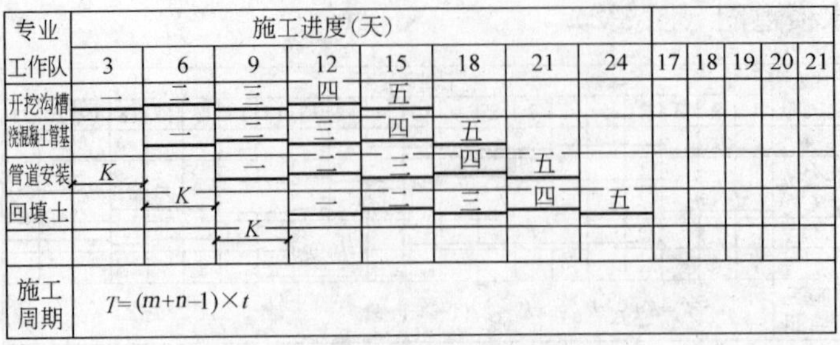

专业工作队	施工进度(天)												
	3	6	9	12	15	18	21	24	17	18	19	20	21
开挖沟槽	一	二	三	四	五								
浇混凝土管基		一	二	三	四	五							
管道安装	K		一	二	三	四	五						
回填土		K		一	二	三	四	五					
			K										
施工周期	$T=(m+n-1)\times t$												

图 3-3　等节拍流水施工横道图

较一致，工程量分布均匀。施工段是一个工作班在线性工程上完成某施工过程的进展长度。

【例 3】 上例中，若管道安装施工班组的每天施工能力为 50m，每 100m 设一个专业施工班组，其他三个施工过程也按管道施工进度配备专业班组。计算总工期，绘制施工进度表。

解：(1) 计算总工期

$$T=(n-1)t+L/V=(4-1)\times 1+500/50=13\text{天}$$

(2) 绘制流水线法施工进度表（图 3-4）

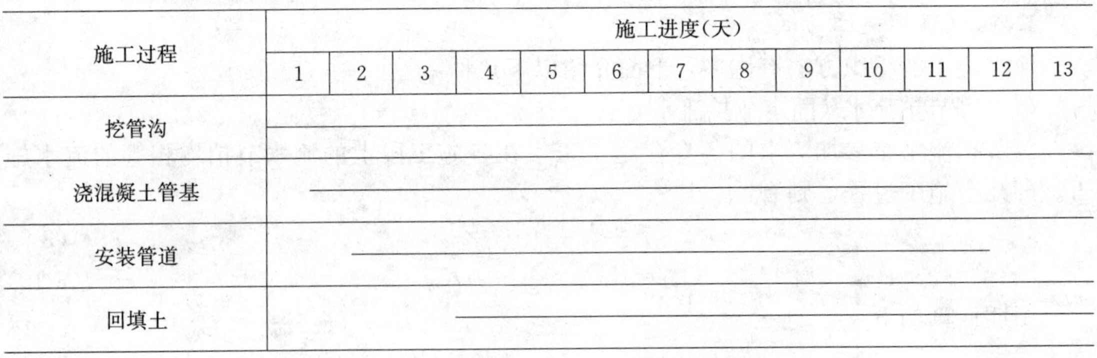

施工过程	施工进度(天)												
	1	2	3	4	5	6	7	8	9	10	11	12	13
挖管沟													
浇混凝土管基													
安装管道													
回填土													

图 3-4　流水线法施工进度表

课题 2　网络计划简介

2.1 基本概念

网络计划技术也称统筹法，是一种为生产建设服务的运筹学方法。它是以网络图形式来表达计划安排，选择最优方案，组织、协调和控制生产的进度和费用，使其达到预定的目标。它应用广泛，特别适应于一次性生产或工程项目。在工程施工中，应用网络技术，是提高企业管理水平的有效途径。

2.1.1　网络图的基本符号

网络图由箭线和节点组成。一个工程项目施工有许多工作项目，在双代号网络图中，一项工作用一根箭线和两个节点来表示。我们将前面流水节拍例题中横道图改成双代号网络图，如图 3-5 所示：在第一个施工段上的工作开挖管槽表示为：节点①-②，箭线上表示工作名称为开挖基槽，箭线下表示工作的持续时间为 $D=3$ 天，节点①是箭线的箭尾节点，表示开挖基槽工作的开始，节点②是箭线的箭头节点，表示开挖基槽工作的结束。

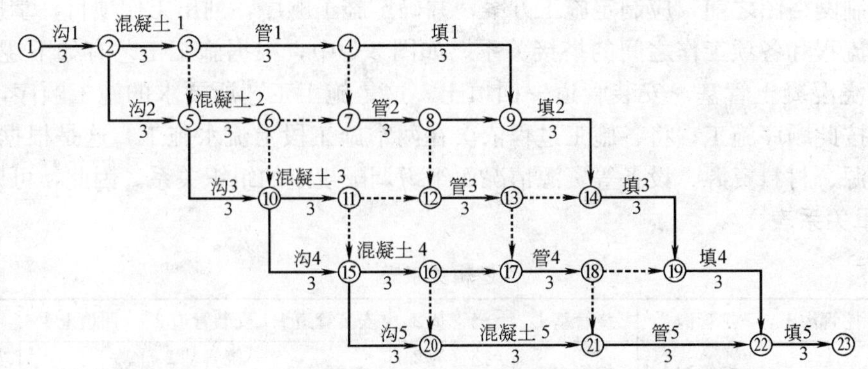

图 3-5 双代号网络图

几个相衔接工作中，其前后工作关系如图 3-5 所示。对某项工作而言，紧挨在它前面的工作称为紧前工作，紧挨在它后面的工作称为紧后工作。图中工作 7-8 的紧前工作为 5-6 和 3-4，工作 7-8 的紧后工作为 12-13 和 9-14。在前后相连的两项工作中，前面工作的结束节点也是其紧后工作的开始点。如图中节点 4 是工作 3-4 的结束节点，也是工作 4-9 的开始节点。

2.1.2 虚工作

在双代号网络图中，有一种带箭头的虚线，表示一项虚工作，称为虚箭线。它表示该工作是虚拟的，实际并不存在，因此，它没有名称，没有持续时间，也不消耗资源。但它表达了各个工作之间的逻辑关系。虚箭线在网络图中表示某项工作必须要在另一项工作结束之后才能开始。如图 3-5 中，虚工作 4-7 和 6-7 表示工作 7-8 应在工作 3-4 和工作 5-6 均已完成后才能开始进行，它们之间的逻辑关系是：工作 5-6 与工作 7-8 属于工艺关系，即先浇混凝土管道基础，再进行管道安装；工作 3-4 与工作 7-8 是组织关系，管道安装专业工作队应先在第一施工段上完成工作后，再在第二施工段上进行施工。

2.1.3 关键线路

（1）线路：从网络图起点节点开始，沿箭线方向经过许多箭线与节点，到达终点节点所经过的路线称为线路。一般网络图有多条线路，可依次用该线路上的节点编号或工作名称来表示。如图 3-5 中，1-2-3-4-9-14-19-22-23，1-2-5-10-15-20-21-22-23，1-2-3-4-7-8-12-13-17-18-21-22-23 等均为线路，也可用名称表示，如：挖管沟 1→挖管沟 2→浇管基 2→安装管道 2→回填土 2→回填土 3→回填土 4→回填土 5。

（2）线路段：网络图中的一部分线路称为线路段，图 3-5 中：挖管沟 1→浇混凝土管基 1→浇混凝土管基 2 和安装管道 1→回填土 1→回填土 2 等。

（3）关键线路：网络图中线路上所有工作的持续时间总和最长的线路称为关键线路，关键线路的持续时间总和就是总工期。关键线路上的工作称为关键工作，在实施过程中，关键工作的持续时间改变，均会对总工期产生影响。

2.2 双代号网络图的绘制

双代号网络图的绘制原则

（1）按工作本身的逻辑关系绘制

在绘制网络图之前，应制定施工方案，并确定施工顺序，列出工作项目，掌握整个工作的工艺流程和各项工作之间的搭接关系。如图 3-5 中，根据施工工艺有如下逻辑关系，挖管沟→浇混凝土管基→安装管道→回填土。这是施工工艺所要求的施工顺序，不可打乱，必须按此顺序施工；将各施工过程依次在两个施工段上流水施工，这是根据工程量、劳动力资源、材料资源、设备等资源情况而组织调配规定的组织关系。因此，可以列出表 3-2 的逻辑关系表。

逻辑关系表 **表 3-2**

工作	挖管沟 1	挖管沟 2	浇管基 1	浇管基 2	安装管道 1	安装管道 2	回填土 1	回填土 2
紧前工作	无	挖管沟 1	挖管沟 1	挖管沟 2 浇管基 1	浇管基 1	浇管基 2 安装管道 1	安装管道 1	安装管道 2 回填土 1

可按此逻辑关系表绘制网络图，并按紧后工作列出逻辑关系后绘制成双代号网络图。

(2) 网络图中不允许出现循环回路

网络图中严禁从一个节点出发，沿某一线路回到原出发点的循环回路。

(3) 网络图中不允许出现编号相同的节点和箭线

网络图中只有一个起点节点和终点节点，且各节点编号不允许相同，一项工作只能有唯一的编号。

(4) 网络图中严禁出现双向箭头和无箭头箭线

双向箭线，无箭头连线，箭尾或箭头无节点的箭线均是不允许的。在箭线上引出或引入箭线也是不允许的，但当起点节点或终点有多余箭线时，为简便绘制图形，可用母线法绘制。

(5) 用过桥法或指向法绘制交叉箭线。

2.3 双代号网络参数计算

2.3.1 时间参数的计算方法

(1) 工作持续时间

对于一般网络计划中的工作，持续时间的确定方法有下列三种确定方法：

1) 参照以前实践经验估算；

2) 通过实验测算；

3) 按照定额查算。

(2) 工期

一般有三种：

1) 计算工期 T_c：按网络图时间参数计算。

2) 要求工期 T_r：任务委托人要求的工期。

3) 计划工期 T_p：在 T_c 和 T_r 基础上，综合考虑各方面因素而确定的工期。

当规定了要求工期时，$T_p \leqslant T_r$；

当未规定要求工期时，$T_p \leqslant T_c$。

2.3.2 网络图中六个时间参数

网络图中六个时间参数是：最早开始时间 $ES_{i\text{-}j}$、最早完成时间 $EF_{i\text{-}j}$、最迟完成时

间 $LF_{i\text{-}j}$、最迟开始时间 $LS_{i\text{-}j}$、总时差 $TF_{i\text{-}j}$、自由时差 $FF_{i\text{-}j}$。

（1）最早开始时间和最早完成时间

最早开始时间是在其所有紧前工作全部完成后，本工作最早可能开始的时刻。

计算要求如下：

1）应从起点节点开始，沿箭线方向依次逐项计算；

2）以起点节点 i 为箭尾的工作 $i\text{-}j$，若未规定其最早开始时间，则 $ES_{i\text{-}j}=0$；

3）其他工作 $i\text{-}j$ 的最早开始 $ES_{i\text{-}j}$ 应为各紧前工作最早开始时间与该工作持续时间之和中的最大值，即：

$$ES_{i\text{-}j}=\max(ES_{\mathrm{h}\text{-}j}+D_{\mathrm{h}\text{-}j}) \tag{3-12}$$

式中 $ES_{i\text{-}j}$——$i\text{-}j$ 工作的紧前工作 $h\text{-}i$ 的最早开始时间；

$D_{\mathrm{h}\text{-}j}$——$h\text{-}i$ 工作的持续时间。

最早完成时间则等于本工作的最早开始时间与其持续时间之后，则式（3-12）可表达为：

$$ES_{i\text{-}j}=\max EF_{\mathrm{h}\text{-}j} \tag{3-13}$$

（2）最迟完成时间和最迟开始时间

最迟完成时间是在不影响整个任务按期完成的情况下，本工作最迟应该完成的时刻。

计算要点如下：

1）计算网络计划的工期：

$$T_{\mathrm{c}}=\max EF_{i\text{-}n} \tag{3-14}$$

式中 $EF_{i\text{-}n}$——以终点节点 n 为箭头节点工作 $i\text{-}n$ 的最早完成时间。

2）工作 $i\text{-}j$ 的最迟完成时间应从网络图的终点节点开始，逆着箭头方向依次逐项计算。

3）以终点节点（n）为箭头节点的工作的最迟完成时间 $LF_{i\text{-}n}$ 等于计划工期，即

$$LF_{i\text{-}n}\leqslant T_C\leqslant T_{\mathrm{p}}\leqslant T_{\mathrm{r}} \tag{3-15}$$

4）其他工作 $i\text{-}j$ 的最迟完成时间 $LF_{i\text{-}j}$ 按下式计算：

$$LF_{i\text{-}j}=\min(LF_{j\text{-}k}-D_{j\text{-}k}) \tag{3-16}$$

式中 $LF_{i\text{-}j}$——工作 $i\text{-}j$ 的紧后工作 $j\text{-}k$ 的最迟完成时间；

$D_{j\text{-}k}$——工作 $j\text{-}k$ 的持续时间。

工作的最迟开始时间是在不影响任务按时完成和有关时间限定的条件下，工作最迟必须开始的时刻。

$$LS_{i\text{-}j}=LF_{i\text{-}j}-D_{i\text{-}j} \tag{3-17}$$

（3）总时差和自由时差

总时差是在不影响工期和有关时限的前提下，一项工作可以利用的机动时间。

其计算要点如下：

1）计算公式：

$$TF_{i\text{-}j}=LS_{i\text{-}j}-ES_{i\text{-}j} \tag{3-18}$$

或

$$TF_{i\text{-}j}=LF_{i\text{-}j}-EF_{i\text{-}j} \tag{3-19}$$

2）$TF_{i\text{-}j}=0$ 的工作为关键工作，其他时差也等于零。

自由时差 $FF_{i\text{-}j}$ 是在不影响其紧后工作最早开始时间的前提下，工作所具有的机动时

间。其计算特点如下：

A. $FF_{i\text{-}j} \leqslant TF_{i\text{-}j}$；

B. 以关键线路的结点为结束点的工作，其自由时差等于总时差；

计算公式：

C. $$FF_{i\text{-}j} = \min ES_{j\text{-}k} - (ES_{i\text{-}j} + D_{i\text{-}j}) \tag{3-20}$$

或 $$FF_{i\text{-}j} = \min ES_{j\text{-}k} - EF_{i\text{-}j} \tag{3-21}$$

式中 $ES_{j\text{-}k}$——工作 $i\text{-}j$ 的紧后工作 $j\text{-}k$ 的最早开始时间。

2.3.3 双代号网络计划时间参数计算示例

【例 1】 如图 3-6，计算各工作的时间参数。

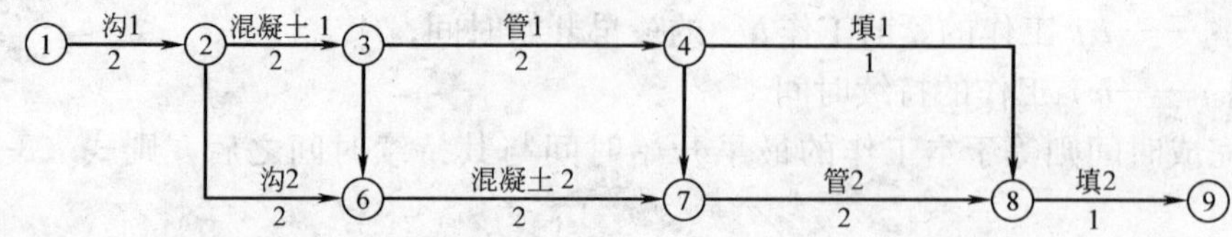

图 3-6 双代号网络图

解：(1) 计算最早开始时间

起始工作①—②的最早开始时间：

$$ES_{1\text{-}2} = 0$$

其他工作 $i\text{-}j$ 的最早开始时间按式（3-12）：

$$ES_{2\text{-}3} = ES_{1\text{-}2} + D_{1\text{-}2} = 0 + 2 = 2$$

同理：$ES_{3\text{-}4} = 4$ $ES_{4\text{-}8} = 6$ $ES_{2\text{-}6} = 2$

$$ES_{6\text{-}7} = \max((ES_{2\text{-}6} + D_{2\text{-}6}), (ES_{2\text{-}3} + D_{2\text{-}3})) = 2 + 2 = 4$$

同理：$ES_{7\text{-}8} = 6$ $ES_{8\text{-}9} = 8$

(2) 计算最早完成时间

$$EF_{1\text{-}2} = ES_{1\text{-}2} + D_{1\text{-}2} = 0 + 2 = 2$$

同理 $EF_{2\text{-}3} = 4$ $EF_{3\text{-}4} = 6$ $EF_{4\text{-}8} = 7$ $EF_{2\text{-}6} = 4$

$EF_{6\text{-}7} = 6$ $EF_{8\text{-}9} = 9$ $EF_{7\text{-}8} = 8$

(3) 计算总工期

$$T_c = \max EF_{8\text{-}9} = 9$$

$$T_C = T_p = T_r = 9$$

(4) 计算工作最迟完成时间

从终点节点最后工作开始计算

$$T_p = EF_{8\text{-}9} = 9$$

其他工作 $i\text{-}j$ 的最迟完成时间按式（3-16）：

$$LF_{7\text{-}8} = \min(LF_{8\text{-}9} - D_{8\text{-}9}) = 9 - 1 = 8$$

同理 $LF_{2\text{-}3} = 4$ $LF_{3\text{-}4} = 6$ $LF_{4\text{-}8} = 8$ $LF_{1\text{-}2} = 2$ $LF_{2\text{-}6} = 4$ $LF_{6\text{-}7} = 6$

(5) 计算工作最迟开始时间按式（3-17）

$$LS_{i\text{-}j} = LF_{i\text{-}j} - D_{i\text{-}j}$$

$LS_{1\text{-}2} = 0$ $LS_{2\text{-}3} = 2$ $LS_{3\text{-}4} = 4$ $LS_{4\text{-}8} = 7$ $LS_{2\text{-}6} = 2$ $LS_{6\text{-}7} = 4$

$$LS_{7\text{-}8}=6 \qquad LS_{8\text{-}9}=8$$

（6）计算总时差按式（3-18）或（3-19）

$$TF_{1\text{-}2}=LS_{1\text{-}2}-ES_{1\text{-}2}=0-0=0$$

同理 $TF_{2\text{-}3}=0$ $TF_{3\text{-}4}=0$ $TF_{4\text{-}8}=1$ $TF_{2\text{-}6}=0$ $TF_{6\text{-}7}=0$

$TF_{7\text{-}8}=0$ $TF_{8\text{-}9}=0$

（7）计算自由时差按式（3-21）

$$FF_{1\text{-}2}=\min(ES_{2\text{-}3}, ES_{2\text{-}6})-EF_{1\text{-}2}=2-2=0$$

同理 $FF_{2\text{-}3}=0$ $FF_{3\text{-}4}=0$ $FF_{4\text{-}8}=ES_{8\text{-}9}-EF_{4\text{-}8}=8-7=1$

$FF_{2\text{-}6}=0$ $FF_{6\text{-}7}=0$ $FF_{7\text{-}8}=0$ $FF_{8\text{-}9}=0$

2.3.4 网络计划应用

应用网络计划技术将计划变成一个有机整体，突出工作的关键，充分优化资源的调配，并在实施过程中不断完善，有效控制，降低成本，是一种先进的动态的计划控制技术。

（1）应用网络计划控制工程实际进度

【例 2】 已知早时标网络计划如图 3-7 所示，在第 6 天检查时，发现工作 A 已完成，工作 B 已进行 1 天，工作 C 已进行 2 天，工作 D 尚未开始。

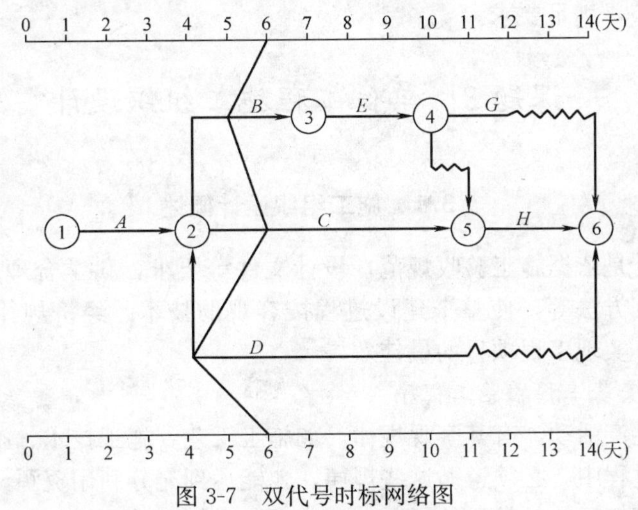

图 3-7 双代号时标网络图

从图中所标识的第六天检查结果（前锋线）可知：

1）工作 B 比原计划拖后 1 天，因工作 B 有 1 天总时差，所以不影响总工期；

2）工作 C 的进度与原计划一致；

3）工作 D 比原计划拖后 2 天，但工作 D 有 3 天的总时差，所以不会影响总工期；

4）工作 G 受工作 B 进度影响，总时差由 2 天减少为还有 1 天。

（2）应用网络计划调整施工进度

在对实施的进度计划分析的基础上，确定调整原计划方法，一般有以下几种：

1）改变某些工作间的逻辑关系

如果进度计划在实践产生偏差并影响总工期，且有关工作之间的逻辑关系允许改变，则可通过改变关键线路和超过计划工期的非关键线路上的有关工作之间的逻辑关系，达到缩短工期目的。如可将依次进行的有关工作改变为平行的或互相搭接的工作，也可分成几个施工段进行流水施工。

2）缩短某些工作持续时间

不改变工作间逻辑关系，仅缩短某些工作的持续时间，加快施工进度，达到计划工期要求。压缩持续时间的工作应是因延误而影响总工期的关键工作或某些非关键线路上的工作。其调整方法有如下：

A. 某工作进度滞后时间 Δt 在总时差内和自由时差以内，即 $FF \leqslant \Delta t \leqslant TF$，则不影响总工期，只对后续工作产生影响，应确定后续工作允许拖延的时间限制，并以此寻求合理的调整方案。

B. 某工作进度滞后时间 Δt 在该工作总时差以外，即 $\Delta t \geqslant TF$，则对总工期和后续工作均产生影响，则按下列三种情况进行调整：

（A）项目总工期不允许延期，则应进行工期优化，缩短关键线路上后续工作的持续时间；

（B）项目总工期允许拖延，则以实际新总工期取代原总工期，并重新计算网络计划中有关参数；

（C）项目总工期允许拖延的时间有限，若实际延误的时间超过此限制，则需对网络计划进行优化调整，满足要求。

课题 3　单位工程施工组织设计

3.1　施工组织设计概述

施工组织设计是依据施工验收规范，设计文件等要求，科学合理的安排人力、物力、资源、财力、施工方法等，使整个建设过程按客观的技术、经济规律运行，以优质、高速、低耗为目标，实现工程项目的最佳效果。

3.1.1　建筑安装工程的施工程序

建筑产品的生产活动，有其客观规律。如施工工艺、施工技术、施工顺序等方面的规律。在组织施工过程中，必须遵循这些规律，才能达到充分利用资源，保证工程质量，缩短施工周期，提高企业效益的目的。

施工工艺与施工技术规律，是分部分项工程固有的客观规律。如焊接钢管丝扣连接的安装，其工艺顺序是钢管调直、除锈、下料、套丝（丝扣）、连接。这些工序不能省略，也不能颠倒。它是施工工艺要求，也是施工技术的规律要求。

施工顺序是施工过程中的固有的规律，前面工作不完成，后面的工作就不能开始，而交错搭接是遵循此规律基础上，科学合理的组织施工，以达到缩短工期的目的。

有序施工是按其可遵循的共同规律组织施工。如：

（1）施工准备与正式施工：安排施工程序时，首先应安排和做好施工准备工作，再组织正式施工。准备工作未完成，施工过程会混乱，甚至造成资源浪费；

（2）全场性工程与单位工程：先进行全场性工程施工，后按顺序逐个落实单位工程施工。如场地平整、道路管线架设等，应在单体工程项目之前完成。这些永久性工程为工地的水、电、运输提供服务，既有利于文明施工，又可获得经济效益；

(3) 场内与场外施工：管线架设、道路修筑：先场外后场内，场外施工应由远而近，先主干后支路，排水工程应先下游后上游；

(4) 地下与地上施工：先地下后地上，先深后浅为原则。地下工程应加强安全技术措施，保证安全施工；

(5) 主体结构、装饰工程与管线工程：一般情况下，管线工程应与主体结构装饰工程密切配合施工，穿插进行施工；如浇混凝土之前，绑扎钢筋同时进行管道等预埋，吊顶时进行风口安装等；

(6) 空间顺序与工种顺序：空间顺序以工种顺序为基础，工种顺序应为空间顺序提供有利施工条件，工种顺序在时间上应尽可能的考虑搭接，在满足工艺和技术要求前提下，尽可能利用工作面，使相邻两工艺过程在时间上合理地、最大限度地搭接起来。

3.1.2 施工组织设计的作用及任务

(1) 制定施工方案，计算工程量，确定施工顺序、施工方法、劳动组织和技术组织措施，合理部署工、机、料供应方案；

(2) 确定开工前必须完成的各项准备工作；

(3) 确定施工方案，选择施工机械设备；

(4) 合理安排施工程序，确定施工进度计划，保证按预期工期内完成施工任务；

(5) 制定技术上先进、组织上合理的各项技术组织措施，确保工程质量和生产安全；

(6) 绘制施工现场平面布置图，合理安排临时设施。现场设备及机具、材料、仓库、作业棚、办公室、食堂、临时水电通信设施等；

(7) 编制建设工程安全生产事故应急救援预案；

(8) 分析预测施工中可能发生的各种风险因素，并做好应急方案和准备工作。

3.1.3 施工组织设计分类

施工组织设计是分阶段进行编制，依据各阶段的工程规模、工程特点、技术复杂程度等因素，编制不同深度的施工组织设计。可按设计阶段、编制时间、编制对象范围、使用时间长短和编制内容不同分类。按编制对象范围分类如下：

(1) 施工组织总设计：施工组织总设计是以一个建筑群或一个建设项目为编制对象，用以指导整个建筑群或建设项目施工全过程的各项施工活动的综合性技术经济文件。一般在初步设计或扩大初步设计批准后，由总承包单位的总工程师主持编制；

(2) 单位工程施工组织设计：单位工程施工组织设计是以一个单位工程为编制对象，用以指导其施工全过程的各项施工活动的综合性技术经济文件。单位工程施工组织设计一般在施工图设计完成后，由项目经理主持下进行编制，并由施工企业技术负责人审定后执行；

(3) 分部分项工程施工组织设计：分部分项工程施工组织设计是以分部（分项）工程为对象，用以具体实施其全过程的各项施工活动的技术、经济和组织综合性文件。一般在单位工程施工组织设计完成后进行，并由单位工程技术负责人主持编制。

3.1.4 几种典型的施工组织设计内容

(1) 标前施工组织设计的作用是为投标书和签约谈判提供依据。内容包括：

1）施工方案；

2）施工进度计划；

3）主要技术组织措施；

4）施工平面布置图；

5）其他有关投标和签约谈判需要的设计。

（2）施工组织总设计内容包括：

1）建设工程概况；

2）施工部署和主要项目的施工技术方案；

3）施工总进度计划；

4）全场性施工准备工作计划；

5）劳动力和物资需用量计划；

6）施工总平面图；

7）各项技术经济指标；

8）建设单位、总包单位、分包单位的配合协作关系及各方职责；

9）安全生产事故应急救援预案。

（3）单位工程施工组织设计内容：

1）工程概况和施工特点分析；

2）施工技术方案选择；

3）单位工程施工准备计划；

4）单位工程施工进度计划；

5）各项资源需用量计划；

6）单位工程施工平面图；

7）主要技术经济指标；

8）工程质量、安全、防火及环保等技术组织措施。

（4）分部分项工程施工组织设计的内容：

1）工程概况和施工特点分析；

2）施工方法及施工机械选择；

3）施工准备工作计划；

4）施工进度计划；

5）劳动力、材料设备、工机具等需用量计划；

6）作业区施工平面布置图；

7）质量、安全、节约及环保等技术组织措施。

3.1.5 组织施工原则

组织项目施工是为更好的落实、控制和协调其施工组织设计的实施过程。所以组织项目施工是一项非常重要的工作。项目施工程序环节多，生产周期长，施工过程各工种和专业交叉与协作多。也没有固定的生产模式。因此，必须充分发挥施工组织设计的作用。在组织施工过程中，应遵循下列原则：

（1）认真贯彻国家的基本建设方针政策和法规，严格执行基本建设程序和施工程序；

(2) 按施工合同要求，搞好项目排队，保证重点，照顾一般，统筹安排，分期分批地合理安排施工项目及进度，使其早日投产或交付使用；

(3) 严格执行有关施工质量验收规范标准和操作规程，保证工程质量措施和安全生产措施；

(4) 遵循施工工艺及其技术规律，合理安排施工程序和施工顺序；

(5) 提高建筑安装工业化程度，充分利用机械设备施工，降低劳动强度，提高劳动生产率；

(6) 科学安排冬雨期施工项目，搞好安装与土建工程配合，保证全年生产的均衡性和连续性；

(7) 采用流水施工方法、网络计划技术，组织有节奏、均衡、连续施工；

(8) 尽量采用国内外先进的施工技术、工艺和科学管理方法，是保证工程质量、缩短工期、降低工程成本的重要途径；

(9) 尽量减少暂设工程，充分利用永久性工程或原有建设及管线设施，合理储备物资，减少物资运输量，科学规划施工平面图。

3.2 单位工程施工组织设计的编制依据与程序

3.2.1 单位工程施工组织设计的编制依据

(1) 主管部门批文及业主要求。如上级主管部门或发包单位批准投标文件、工期和施工许可等方面的要求，施工合同的有关规定等；

(2) 技术规范和设计文件。工程的全部设计图纸、相关施工质量规范、操作规程、图纸会审、有关标准图集，以及保证工程质量、环境保护、安全和消防等方面的要求和规定；设计对新设备、新工艺、新技术、新材料的要求；

(3) 定额文件。与工程有关的预算定额、劳动定额、工期定额、材料预算价格信息和预算文件等资料；

(4) 企业对本工程生产计划的安排和规定。如进度、其他项目穿插施工要求等；

(5) 施工组织总设计对本工程的有关规定和安排；

(6) 资源配备情况。如劳动力、施工机械和机具、材料和加工品的供应能力和来源情况；

(7) 施工现场条件和勘察资料。如地形、地貌、地上地下障碍物、土质和水文地质、交通运输及场地面积、气象资料、业主能提供的现场临时设施和水电供应情况等；

(8) 类似工程的经验资料。

3.2.2 单位工程施工组织设计的编制程序

单位工程施工组织设计的编制程序，如图 3-8 所示。

3.3 施 工 方 案

施工方案是根据工程特点，对工程主要施工工序在施工方法、时间配合、作业空间等方面进行合理安排，保证施工作业的正常进行，主要包括施工顺序、施工组织、施工方法和施工机械的确定。

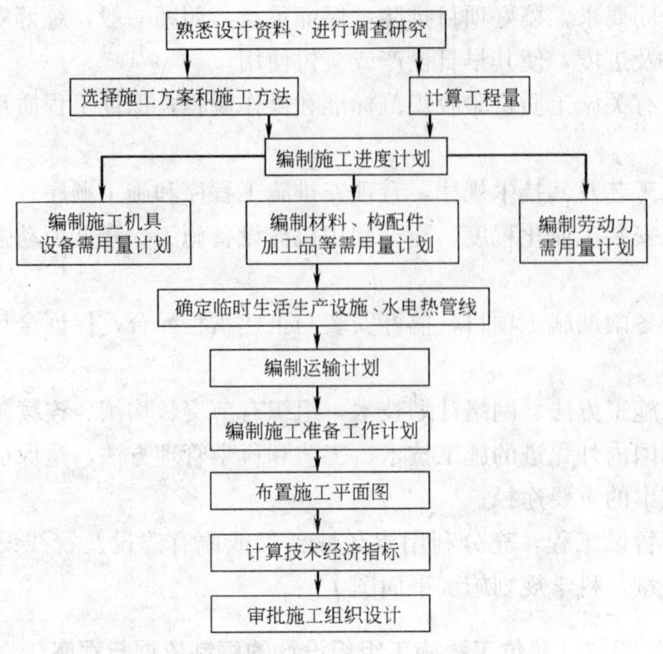

图 3-8 单位工程施工组织设计编制程序

3.3.1 确定施工顺序

确定施工顺序，应遵守施工工艺要求，充分考虑施工方法、施工机械、施工组织、施工质量、施工安全等方面要求。

(1) 建筑设备安装工程施工工艺流程

1) 建筑电气工程施工工艺流程，如图 3-9 所示；

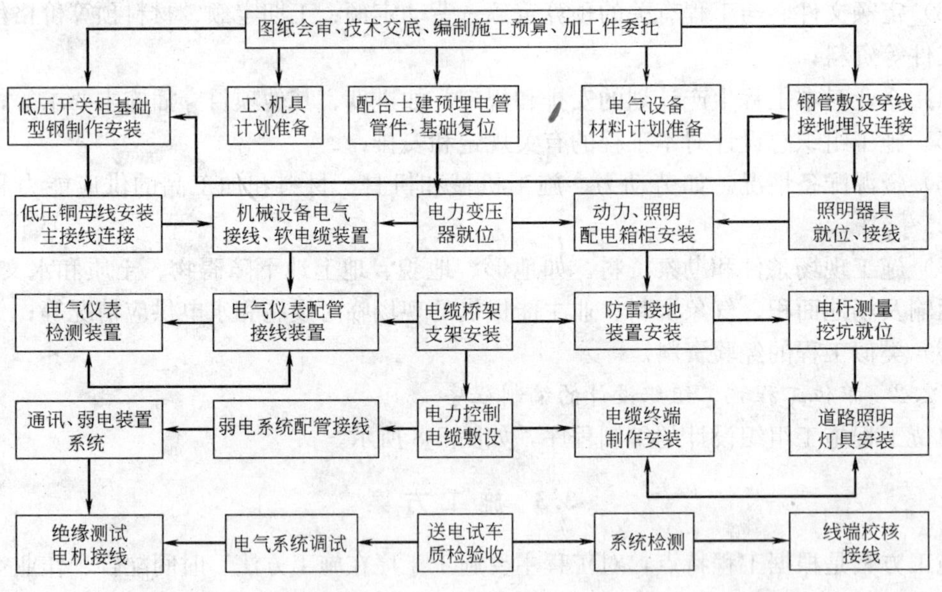

图 3-9 建筑电气工程施工工艺流程

2）建筑给水排水及采暖工程施工工艺流程，如图 3-10 所示；

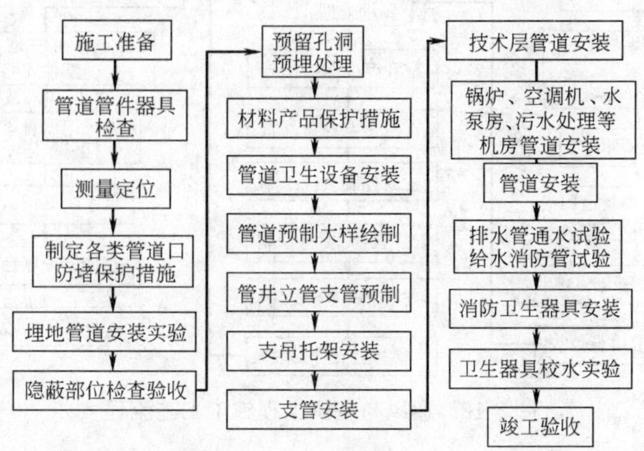

图 3-10　建筑给水排水及采暖工程施工工艺流程

3）设备安装施工工艺流程，如图 3-11 所示；

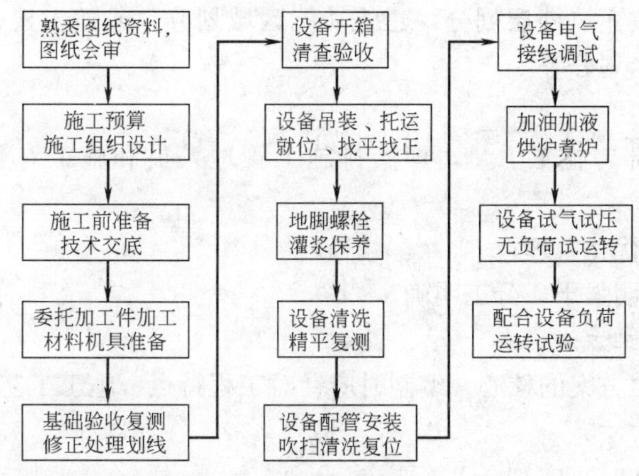

图 3-11　设备安装施工工艺流程

4）通风与空调工程施工工艺流程，如图 3-12 所示。

（2）单位工程施工顺序

单位工程施工顺序应遵循下列原则：

1）先投产的，工程量大的，施工难度大且周期长的应先安排施工；

2）先土建后安装；先地下后地上；先高空后地面；先室外后室内；先设备后管道；先干管后支管；先大管后小管；

3）合理安排工序穿插，在确保安全前提下组织主体施工作业。

3.3.2　合理划分施工过程、施工段，确定施工组织

建筑设备工程可按施工工艺和施工组织要求将工程分解为多个分部工程或施工区段，各分部工程或区段又可分解为分项施工过程或工序，并按施工顺序排列。

（1）划分施工过程应注意的问题

1）粗细程度影响施工过程或工序多少；

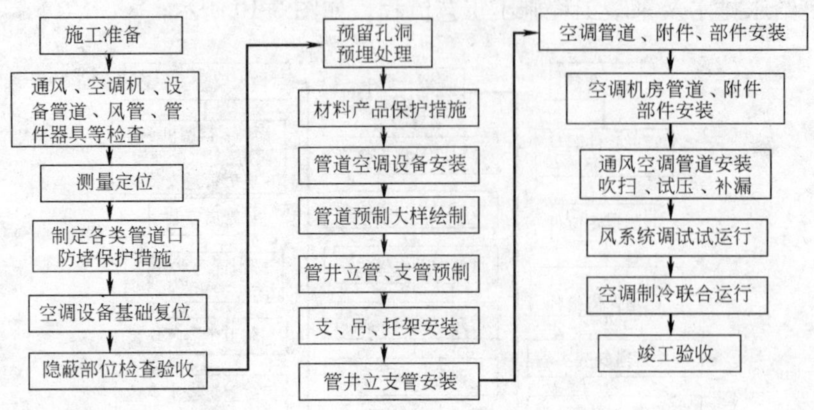

图 3-12　通风与空调工程施工工艺流程

2）应结合具体施工方法、工程内容、工程规模和劳动力组织等进行划分；

3）同一时间由同一专业施工队进行的施工过程可以合为同一过程。

（2）施工段划分

施工段划分可按建筑楼层划分，建筑功能区域划分，或随土建、装饰的施工段位划分，或按管线延长米划分等。

（3）施工组织

施工组织就是部署施工力量，即安排施工管理人员和施工专业队伍人员工作。应做到：

1）合理组织、优化管理；

2）专业队伍精明强干，分工明确。

3.3.3　确定施工方法

施工方法是施工方案的核心。编制时应针对工程特点、施工工艺，找出主要工序和关键过程，确定施工方法。

在确定施工方法时，应符合以下要求：

（1）认真比选施工方案，作出技术经济分析，达到技术和工艺上先进可行，经济上合理，切合实际，满足工期要求；

（2）以主要施工项目和工艺难度为核心，突出工期、成本、质量和安全等重点因素，有针对性地采取切实可行的施工方法；

（3）尽可能采用工业化、预制化施工方法。提高机械化施工程度，对施工专用机械设备的设计（如吊装等）应计算周密，确保安全施工；

（4）对新工艺、新技术、新材料的应用，提出可行性学习、培训、实施、检验计划；

（5）符合国家现行施工验收规范和质量检验标准要求。

3.3.4　选择施工机械

选择施工机械时，应依据工程规模、施工需要、工期要求、施工现场条件、施工机械单机能力，结合企业实际，利用现有条件，挖掘机械设备潜力而定。

选择施工机械应注意以下问题：

（1）保证主要项目的施工机械需要。如吊装设备、焊接设备、检验设备等；

(2) 施工机械的型号、性能应符合施工需要，并考虑安全系数；

(3) 保证机械设备完好率，必要时可租赁。

3.3.5 施工方案的技术经济分析

施工方案的技术经济分析是择优确定施工方案的标准之一。一般有定性分析和定量分析两种方法。

(1) 定性分析

定性分析是根据施工经验，对多个施工方案从技术的可行性、安全的可靠性、施工的复杂程度、施工机械和劳动力的适用性、施工质量的保证措施等方面进行分析比较，从中选取优秀方案。这种方法简单、实用，要求分析者经验丰富，但不精确。

(2) 定量分析

定量分析是通过多种主要技术经济指标的比较和计算，进行综合分析后从中选择优秀方案。常用指标包括：工期、劳动力、工程成本、主要材料消耗、机械化程度等指标。

1) 工程成本就是完成本工程项目的实际费用；

2) 劳动量消耗就是完成本工程的全部劳动工日总数；

3) 工期是指从开工到竣工交付使用的持续时间；

4) 机械化程度可按公式计算：机械化程度＝机械完成实物量/工程总实物量×100%。

3.4 主要施工技术措施

3.4.1 工程质量保证措施

针对工程特点，提出相应技术标准、管理措施，保证质量目标的实现。具体应满足下列要求。

(1) 确定质量目标，必要时进行质量目标分解。即单位工程计划达到的质量等级或施工承包合同的质量要求；

(2) 建立健全质量保证体系和与质量手册相配套的职能责任制度，明确各级管理人员的质量职责，推行标准化质量管理，将任务和责任层层分解、层层落实，用制度和职责落实质量保证体系的要求，将各级人员的经济考核与质量挂钩；

(3) 贯彻执行国家施工质量验收规范和强制性标准；

(4) 加强对各类参建人员“质量第一”的思想教育，提高全员质量意识，树立“百年大计，质量第一”的思想，并在整个施工过程中将质量放在首位，精益求精，以优良的工程质量交付业主，树立良好的社会效益和经济效益；

(5) 推行全面质量管理，从落实工程任务开始至工程竣工验收交付业主后，全过程对质量进行控制和管理，把好质量关；

(6) 坚持图纸会审制度，严把技术核定关；

(7) 建立物质材料管理制度。材料物资的计划、采购、使用、保管、检验和试验等，应以保证质量为原则，满足国家标准和设计要求；

(8) 确定施工质量控制重点，把好关键工序、关键设备质量关，并有严格的控制手段；

(9) 实施“施工—质量管理双线双轨制”，完善专业班组自查自纠、上下工序交接检查、施工管理人员分级检查、专职质量检查员检查，发现质量问题及时整改。并明确质量监督与否决权；

(10) 建立定期或不定期质量会议制度，及时检查、总结、布置质量计划的落实情况，对需解决的质量问题确定整改措施；

(11) 加强技术培训，提高操作技术水平；特殊工种必须持证上岗；

(12) 计量管理应符合有关部门的规定；对工程中使用的计量检测仪器设备应按期进行检验标定，合格后方可使用；

(13) 建立质量信息反馈系统；对专职质检部门、业主或监理单位、质量监督部门的反馈信息，应及时分析整理，定期整改，对已交付工程建立质量回访制度；

(14) 制定成品保护措施；重点是下道工序对上道工序的保护，对整个工程负责；

(15) 做好与土建及其他专业的配合，消除施工隐患，协调专业矛盾；

(16) 制定分包工程质量管理办法。

3.4.2 安全、文明施工措施

保证安全生产、文明施工，应从组织、设施、方案、行动四方面落实施工安全技术管理。必须符合以下条件：

(1) 贯彻执行国家和地方有关安全生产法律、法规、标准和建筑安装工人安全操作规程；

(2) 建立安全生产保证体系、组织机构和规章责任制度，成立群众性安全组织，明确各级人员安全生产管理职责，做到安全生产、文明施工，人人有责；

(3) 加强安全教育，搞好岗位安全培训，做到安全思想与安全技术并重；

(4) 做好各级安全生产检查，及时发现并堵塞安全隐患，防患于未然；

(5) 建立安全、文明生产管理奖罚制度；

(6) 定期召开安全生产会议，研究宣传经验教训，部署安全生产工作，贯彻预防为主的工作方针；并按工程生产安全应急预案配备应急救援人员、器材和设备，定期组织演练；

(7) 编制施工安全技术交底，使操作者遵守安全操作规程，遵守安全生产纪律，保证安全生产；

(8) 防止高空坠落事故的措施：高空作业应有安全网、安全带；电梯口、楼梯口、洞口等处应设围栏或盖板；脚手架、吊篮设施、操作平台应符合规定，作业人员应体检合格；

(9) 杜绝物体打击事故措施：进入施工现场必须戴好安全帽，正确使用个人劳动保护用品；高空作业不准往下或往上乱抛物料，材料堆放应牢固可靠，文明施工；

(10) 加强施工现场用电管理。防止电击事故，非专门电工不可操作电气设备；电气线路设备符合安全规定；电动机械设备安全接地和防雷装置有效可靠；

(11) 起重设备的安全措施：千斤顶、手拉导链应常检修，符合安全规定方可使用；大型吊装应编制吊装方案，经批准后方可施工；非操作人员不准进入吊装区域；

(12) 在容器、坑槽内施工措施：通风良好，防止有害、有毒、易燃易爆气体或液体造成危害；生产和照明用电安全可靠；坑槽内施工应防止坠物和塌方事故发生；

(13) 建立防火责任制，成立消防组织机构，按规定配置消防设施。

3.4.3 降低成本措施

以最小投入，在预定目标内完成工程施工，节约投资，增加企业积累。一般应考虑以下几个方面：

(1) 优化管理机构、优质、高效地从事工程建设施工管理；

(2) 明确降低成本指标。目标明确、措施得力、奖罚分明；

(3) 确保工程质量，减少达不到施工质量标准而产生的返工损失；

(4) 加快施工进度，以最短工期完成施工任务，降低工程管理等费用；

(5) 保证安全生产、文明施工，避免安全事故；

(6) 节约人工、材料和机械费用。用量计算应准确，调配合理。杜绝窝工现象，提高劳动生产率，下料准确、注意节约、防止浪费；

(7) 施工平面图设计应便于施工，合理布局，减少二次搬运和运距。

3.4.4 环境保护措施

环境保护措施是施工组织设计中不可缺少的部分，对于建筑设备安装工程，一般应考虑以下几个方面：

(1) 污水、废水不能随意排放，应有组织地就近排入排水井中；

(2) 尽可能避免产生废气，如工地食堂采用燃气和电气厨具，冬天采用电采暖等；

(3) 施工垃圾、废料等废物应集中堆放，定期清理；

(4) 使用电锤、砂轮切割机等噪声大的机具施工时，应避免施工噪声影响人们休息、学习和办公；

(5) 电焊作业时应设防护保护设施，避免电焊产生的弧光对其他人员造成伤害。

3.5 施工进度计划

3.5.1 编制程序

如图 3-13 所示。

收集编制资料
↓
计算工程量
↓
套用施工定额
↓
计算劳动用工量和机械台班用量
↓
划分施工项目，确定持续时间
↓
确定项目逻辑关系及搭接关系
↓
绘制进度计划图
↓
优化调整进度计划
↓
绘制正式进度计划

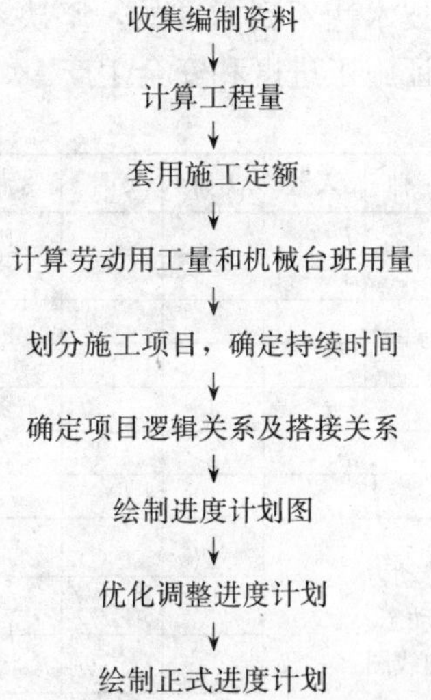

图 3-13 施工进度计划编制程序

3.5.2 计算施工持续时间

持续时间应按所划分的工程项目分别计算。计算方法可根据施工经验进行估算，或按定额计算。定额计算法公式为：

$$T=Q/(RS)=P/R \tag{3-22}$$

式中 T——持续时间，单位为天、周、月；

Q——工程量，用实物量单位（m、m^3、m^2、t、台/工日等）；

R——配备的劳动力人数或机械台数；

S——产量定额，单位工日或台班完成的工程量；

P——完成工程量的劳动用工量（工日）或机械台班量（台班）。

3.5.3 编制施工进度计划图

(1) 初编施工进度计划图

进度计划图可用网络图或横道图。可按下列步骤进行：

1) 划分施工程序，列表排列各项工序；

2) 确定施工顺序，逐项填入施工计划图表中；

3) 计算持续时间和工期；

4) 尽量组织平面、立体交叉施工，缩短工期，但应保证质量和安全；

5) 进度计划工期应满足要求。

(2) 检查调整施工进度计划

对初编施工进度计划进行检查、调整并绘制资源动态曲线，进行资源均衡判别和优化。主要内容如下：

1) 检查施工顺序是否合理；

2) 检查施工各持续时间、起止时间是否满足工期要求，是否满足技术间歇、组织间歇、工序搭接等要求；

3) 检查平行、立体交叉作业项目是否符合施工工艺、质量与安全要求；

4) 检查劳动力、材料和机械供应与使用计划是否均衡；

5) 根据检查结果，调整优化进度计划图并绘制正式单位工程施工进度计划图，经审核后付诸实施。

3.6 资源需用量计划

资源需用量计划和准备就是按照施工组织设计的要求，做好各类施工人员、材料、配件、器具、施工机械和机具进场等各项准备工作。

3.6.1 劳动力需用量调配计划

劳动力需用量计划如表3-3所示。结合施工进度安排各专业施工队伍进场。施工前应对各专业施工队伍进行安全生产、文明施工和劳动纪律等方面的教育，施工队伍的相对稳定，有利于保证工程质量和提高劳动生产率。对初次使用的专业施工队伍，要进行技术考核，对技术达不到标准的，坚决不能使用，只有这样，才能遵守操作规程，保证工程质量、保证施工进度和安全生产。

劳动力需用量计划 表3-3

序号	工种	人数	1月	2月	3月	4月	5月	6月	7月	8月	9月	10月	11月	12月
1														
2														
3														
4														
5														
6														
7														
劳动力动态曲线图														

3.6.2 物质需用量计划

(1) 主要材料需求量计划表：见表3-4

主要材料需求量计划表 **表3-4**

序号	分项工程	材料名称	规格	需用量		需用时间	备注
				单位	重量		

(2) 构件、配件需用量计划表：见表3-5

构件、配件需用量计划表 **表3-5**

序号	部件名称	规格	图号	需用量		使用部位	加工单位	需用时间	备注
				单位	数量				

(3) 主要设备需用量计划表：见表3-6

主要设备需用量计划表 **表3-6**

序号	设备名称	型号	技术说明	数量	需用量			
					一季度	二季度	三季度	四季度

(4) 施工机械、工具需用量计划表：见表3-7

施工机械、工具需用量计划表 **表3-7**

序号	机械名称	规格类型	需用量		来源	使用起讫时间	备注
			单位	数量			

课题4 施工管理

建筑安装工程施工是一项复杂的、生产周期长、资源投入量大的活动，其管理包括：质量、安全、计划和成本等指标管理，又包括：劳动力、材料、施工机械、施工技术与工艺等专业技术管理。从施工企业的管理层次上又可分为公司、分公司和项目经理三级管理，项目经理管理也就是施工现场管理。

建筑安装工程的施工过程可以分为三个具体阶段：施工准备、正式施工和竣工验收。施工现场项目部各阶段的施工管理内容见表 3-8。

施工项目部各阶段的施工管理内容 **表 3-8**

序　号	施 工 过 程	施工项目经理部
1	施工准备阶段	编制分部分项工程施工组织设计（或施工方案）；签发施工任务书；做好施工人员、材料、施工机械进场等各项准备工作
2	正式施工阶段	做好施工现场管理；落实施工计划的实施；编制工程形象进度计划、安排劳动力和物资调配；对工程质量、安全等进行过程控制
3	竣工验收阶段	准备工程竣工资料；参加竣工验收

4.1 施 工 准 备

施工准备工作是单位工程开工的条件，其任务是为建设工程的施工进行技术和物资准备，统筹安排施工力量和施工现场。施工准备工作内容如图 3-14 所示。

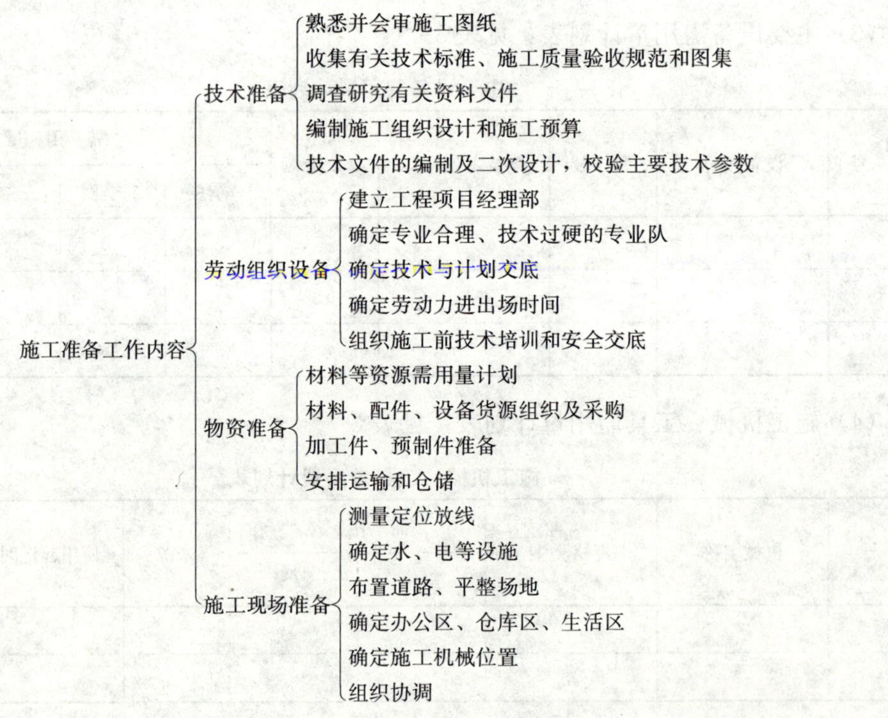

图 3-14　施工准备工作主要内容

资源需用量准备就是按照施工组织设计的要求，做好各类施工人员、材料、配件、器具、施工机械和机具进场等各项准备工作。

结合施工进度安排各专业施工队伍进场。施工前，应对各专业施工队伍进行安全生产、文明施工和劳动纪律等方面的教育，施工队伍的相对稳定，有利于保证工程质量和提高劳动生产率。对初次合作的专业施工队伍要进行技术考核，对技术达不到标准的，坚决不能使用，只有这样，才能遵守操作规程，保证工程质量、保证施工进度和安全生产。

人、料、机的进出场和使用前应注意的几个问题：

(1) 特殊工种持证上岗：如电焊工、电工、起重工等；

(2) 材料、成品、半成品和设备进场应检查、验收和实验；

(3) 主要器具和设备必须有完整的安装使用说明书；

(4) 大型施工机械设备进出场应报批，并按规定位置安放。

4.2 开工报审表和开工报告

4.2.1 单位工程开工应具备的条件

(1) 设计图纸已经会审，施工图纸内容具有指导工程施工的深度；

(2) 施工组织设计或施工方案已按规定批准；

(3) 施工现场能满足施工基本要求；

(4) 材料、成品、半成品等满足连续施工的要求；

(5) 施工机械、机具等生产设施具备使用条件；

(6) 劳动力调配齐全；

(7) 施工现场临时设施满足施工和生活要求。

4.2.2 开工报审表需附以下资料

(1) 主要施工机械、机具等进场情况资料；

(2) 进场材料报验单、现场取样试验报告单；

(3) 施工组织设计等资料。

4.2.3 开工报告及其报审表

(1) 在完成施工准备工作后，应按施工现场监理机构的要求程序和内容，提交工程开工报审表，并附开工报告和相关证明文件资料；

(2) 开工报审表和开工报告见表 3-9、表 3-10。

开工报审表 **表 3-9**

工程名称： 编号

致： (监理单位) 我方承担的____________工程，已完成了以下各项工作，具备了开工条件，特此申请开工，请核查并签发开工指令。 附：1. 开工报告 2. 证明文件资料 承包单位(章)： 项目经理： 日 期：
审查意见： 项目监理机构： 总监理工程师： 日期：

单位工程开工报告 **表 3-10**

申报单位： 年 月 日

工程名称		工程地点	
工程规模		工程造价	
建设单位		承包方式	
施工单位		结构类型	
工　　期		工地技术负责人	
申请开工日期		计划竣工时间	

序号	施工准备资料	完成情况
1	施工图纸会审	
2	施工组织设计	
3	施工进度计划	
4	主要材料进场	
5	成品、半成品、构(部)件供应	
6	劳动力安排	
7	主要施工机械进场院	

建设单位	施工单位	监理单位
(签章) 年 月 日	(签章) 年 月 日	(签章) 年 月 日

4.3 施工作业计划和施工任务单

4.3.1 施工作业计划的作用

施工作业计划是年度（或季度）施工计划的具体化，是根据工程合同、单位工程年度计划、施工方案和已完工程情况所编制的月、旬、周施工作业计划，施工任务明确，作业内容具体，责任到各专业施工队。其主要作用是：

(1) 分解施工任务，层层落实，各个专业施工队任务分配具体，项目部各业务部门（即各类管理人员）的日常工作目标明确，保证施工任务和各项技术经济指标；

(2) 是劳动力调配、材料设备和机（器）具准备和供给的依据；

(3) 是项目经理部各类管理人员进行组织、检查和调度等工作的依据；

(4) 是项目经理部进行各专业施工队和单位工程的成本核算、评定奖金等经济活动分析的依据。

4.3.2 施工作业计划的内容

旬或月作业计划是施工现场计划管理的中心，现场的所有活动，应保证月施工作业计划的完成。其主要内容包括：

(1) 单位工程项目形象进度要求，开工、交工进度计划；

(2) 实物工程量，如表 3-11 为实物量旬作业计划；

实物工作量旬作业计划表 **表 3-11**

单位工程名称： 年 月 日

分部分项工程名称	计量单位	工程量			时间定额	合计工日	旬前两天		本旬日进度			旬后两天	
		月计划量	上旬完成量	本旬计划量									

（3）各项技术经济指标汇总表（略）；

（4）劳动力需用量平衡计划；如表 3-12；

劳动力需用量平衡计划表 **表 3-12**

单位工程： 年 月 日

专业工种	计划工日数	计划施工天数	出勤率	计划工人数	现有工人数	余缺人数(+－)	备注

（5）安装材料、管部件加工、设备需用量计划；

（6）技术组织措施计划；

（7）月提高劳动生产率，降低成本措施计划；如表 3-13。

月提高劳动生产率降低成本措施计划表 **表 3-13**

单位工程： 年 月 日

措施项目名称	措施涉及的工程名称和工程量	措施执行负责人	措施经济效果								
			降低材料费				降低基本工资		降低管理费	降低其他直接费	降低成本
			管材	阀门	设备	合计	减少工日	定额			

4.3.3 施工任务书内容

施工任务书是向和各专业工作队下达生产任务的有效措施，是企业实行定额管理，贯彻按劳分配，进行专业工作队经济核算，开展工作队评比的主要依据。通过下达施工任务书，将生产计划、技术、质量、安全、降低成本等各项技术经济分解为小组指标，并落实到专业工作队和个人，使各项指标与专业工作队和个人的日常工作和经济利益结合在一起。

施工任务书的内容要求简明扼要，通俗易懂，形式有多种，一般包括：任务单、记工单和领料单。

（1）施工任务单

见表 3-14。

施工任务单　　　　表 3-14

专业施工队：　　　　年　月　日

分项工程项目	单位	计划工日数			实际完成			备注
		工程量	时间定额	工日	工程量	耗工日	完成比	
各项指标完成情况	质量评定：		安全评定：			限额用料：		
	实际用工：		完成定额（%）：			出勤率：		

签发：　　核算：　　队长（组长）：　　审核：

（2）小组记工单

小组记工单（或考勤表）是分配计件工资或奖金工资的依据，见表 3-15。

小组记工单　　　　表 3-15

专业施工队（班组）：　　　　年　月　日

工程部位	作业人员	工种	等级	实际作业用工日										工日合计
				1	2	3						30	31	
	工日合计													
	小组记录													

组（队）长：　　　　考勤员：

（3）限料领料单

限料领料单是施工队（组）完成任务所需材料的限额领料和退料的凭证，见表 3-16。

限料领料单　　　　表 3-16

年　月

材料名称	规格	单位	限额用量	领料记录				退料数量	执行情况		
				日/月	数量	日/月	数量		实际耗量	节约浪费	其中返工损失

（1）检测或实验：有些材料或部件应进行现场取样送有资质的机构进行检测或实验合格后，才能用于工程实体中，如导线、PP-R管、保温材料、新材料等，应按设计、施工规范、国家或地方有关法规进行检测试验；对于有怀疑的材料和无出厂合格证或试验记录的材料和部件等，应按规定进行检测，鉴定合格后才能用于工程实体；

（2）现场实验：如阀门安装前的强度和严密性实验等；

（3）外观和出厂证明检查：如管材、成品或半成品、构件等，外观检查应合格，各项出厂质量合格证明材料齐全，符合技术要求和标准，并作为工程施工过程控制资料存档；

（4）新材料、新产品应有技术鉴定书，并制定质量标准和操作规程后，才能用于工程实体；

（5）对于新工艺，应对安装操作人员进行培训后上岗。

4.4.7 技术档案与原始资料

施工现场存档资料分为施工企业自存档案和移交业主的工程档案材料两大类。移交业主的工程档案资料应当符合“城市建设档案管理规定”和《建设工程文件归档整理规范》GB/T 50328—2001的要求。

施工企业自存工程档案：

（1）施工组织设计资料；

（2）施工经验总结材料；

（3）新工艺、技术革新试验、改进措施记录资料；

（4）质量和安全事故分析处理记录材料；

（5）施工日记；

（6）预检记录；

（7）其他技术和管理材料。

向业主移交的工程档案资料：

（1）竣工工程项目表和竣工图；

（2）图纸会审记录、设计变更、技术核定、技术交底、施工组织设计和工程洽商等文件资料；

（3）材料、成品、半成品、设备等的记录和质量证明材料；设备装箱单、商检证明和说明书、开箱报告；

（4）设备安装、试运行记录；设备明细表；

（5）关键工序或重点部位检验记录；如隐蔽工程验收记录；

（6）工程质量验收和质量事故处理记录；

（7）系统调试和试验记录；如水压试验、接地电阻测试等记录；

（8）其他有关技术材料和决定。

4.5 质量管理

4.5.1 我国GB/T 19000族标准

GB/T 19000族标准由四个基本标准组成：

(1) GB/T 19000—2000 质量管理体系　基础和术语；
(2) GB/T 19000—2000 质量管理体系　要求；
(3) GB/T 19000—2000 质量管理体系　业绩改进指南；
(4) GB/T 19000—2000 质量和环境管理体系　审核指南。

4.5.2　建筑设备安装工程施工质量验收的主要标准和规范

(1)《建筑工程施工质量验收统一标准》GB 50300—2001；
(2)《建筑给水排水及采暖工程施工质量验收规范》GB 50242—2002；
(3)《通风与空调工程施工质量验收规范》GB 50243—2002；
(4)《建筑电气工程施工质量验收规范》GB 50303—2002；
(5)《电梯工程施工质量验收规范》GB 50310—2002；
(6)《压缩机、风机、泵安装工程施工及验收规范》GB 50275—1998；
(7)《自动喷水灭火系统施工及验收规范》GB 50261—1996；
(8)《气体灭火系统施工及验收规范》GB 50263—1997；
(9)《泡沫灭火系统施工及验收规范》GB 50281—1998；
(10)《制冷设备、空气分离设备安装工程施工及验收规范》GB 50274—1998；
(11)《现场设备、工业管道焊接工程施工及验收规范》GB 50236—1998；
(12)《氨制冷系统安装工程施工及验收规范》SBJ 12—2000/J 38—2000；
(13)《机械设备安装工程施工及验收通用规范》GB 50231—1998；
(14)《工业锅炉安装工程施工及验收规范》GB 50273—1998；
(15)《连续输送设备安装工程施工及验收规范》GB 50270—1998；
(16)《破碎、粉末设备安装工程施工及验收规范》GB 50276—1998；
(17)《起重设备安装工程施工及验收规范》GB 50278—1998；
(18)《工业金属管道工程施工及验收规范》GB 50235—1997；
(19)《工业金属管道工程质量检验评定标准》GB 50184—1993；
(20)《工业安装工程质量检验评定统一标准》GB 50252—1994；
(21)《工业设备及管道绝热工程施工及验收规范》GBJ 126—89；
(22)《工业设备及管道绝热工程质量检验评定标准》GB 50185—93；
(23)《洁净室施工及验收规范》JGJ—90；
(24)《110～500kV 架空电力线路施工及验收规范》GBJ 233—90；
(25)《建设工程施工现场供电安全规范》GB 50194—93；
(26)《电气装置安装工程盘、柜及二次回路接线施工及验收规范》GB 50171—92；
(27)《电气装置安装工程电气设备交接试验标准》GB 50150—91；
(28)《电力变压器、互感器施工及验收规范》GBJ 148—90；
(29)《电气装置安装工程高压电器施工及验收规范》GBJ 147—90；
(30)《电气装置安装工程母线装置施工及验收规范》GBJ 149—90；
(31)《电气装置安装工程 35kV 及以下架空电力线路施工及验收规范》GB 50173—92；
(32)《电气装置安装工程电缆线路施工及验收规范》GB 50168—92；
(33)《1kV 及以下配线工程施工及验收规范》GB 50258—96；

(34)《电气装置安装工程旋转电机施工及验收规范》GB 50170—92；

(35)《电气装置安装工程接地装置施工及验收规范》GB 50169—92；

(36)《火灾自动报警系统施工及验收规范》GB 50166—92。

4.5.3 施工项目质量控制的原则

(1) 百年大计，质量第一；用户至上，预防为主；

(2) 建立健全质量管理机构，实行企业全员、全过程、全方位的质量管理；

(3) 以数据计量、信息情报为依据，实行标准化的定量管理。做到有据可查，有法可循。

4.5.4 影响工程质量的因素

影响工程质量的主要因素是“人、机、料、法、环”五个方面：

(1)“人”是指人们在施工活动中的思想、情绪、技能等直接影响工程质量；

(2)“机”是指完成施工任务所必备的施工机械和机具，其型号、性能、状态等是影响施工工艺的环节；

(3)“料”是指构成工程项目的实体材料，材料的规格、型号、性能等质量特征是保证工程质量的关键；

(4)“法”是指具体的施工方案或方法等的编制与执行过程的要求和控制，施工方案或方法应做到符合实际、技术上可行、满足施工工艺要求、有利于保证质量目标的实现；

(5)“环”是指环境对工程质量的影响。如施工现场的水文、地质、地貌、气象、交通等环境条件对施工质量的影响。

4.5.5 施工过程的质量控制

(1) 过程控制的组织机构和责任人，如图 3-15 所示；

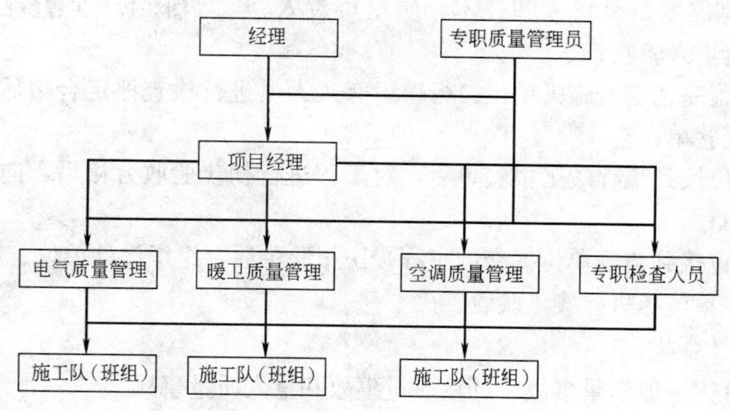

图 3-15 安装工程质量管理组织机构

(2) 过程控制的主要内容如图 3-16 所示；

4.5.6 质量评定与验收

新标准实行“验评”分开，即工程质量评定与工程质量验收分开，新标准中只有合格等级，老标准则是评定与验收在一起，规定了优良和合格两个标准。

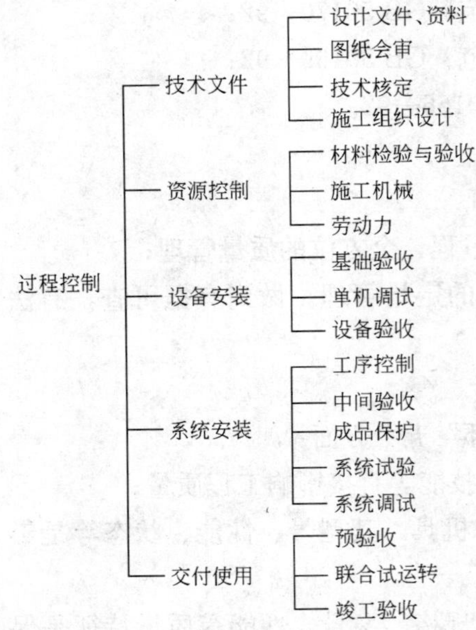

图 3-16　安装工程过程控制

(1) 工程质量验收的区域划分如图 3-17 所示；

(2) 工程质量验收的标准；

(3) 验收不合格的工程应按规定进行处理：

1) 经返工或更换器具、设备的检验批，重新验收；

2) 经有资质的机构检测、鉴定，能达到设计要求的，予以验收；

3) 经有资质的机构检测、鉴定，不能达到设计要求的，但经原设计单位核算能满足结构安全和使用功能要求的，予以验收；

4) 经返修或加固处理，虽改变尺寸，但能满足安全使用要求的，按技术处理方案或协商文件进行验收；

5) 经返修或加固处理，仍不能满足安全使用要求的，严禁验收。

(4) 验收程序及组织：

1) 检验批或分项工程由监理工程师（建设单位项目技术负责人）组织施工单位项目专业质量（技术）负责人、项目专业质量检查员等验收；

2) 子分部工程由监理工程师（建设单位项目专业负责人）组织施工单位项目负责人、专业项目负责人、设计单位项目负责人验收；

3) 分部工程由总监理工程师或建设单位项目负责人组织施工单位项目负责人和技术、质量负责人、设计单位项目负责人验收；

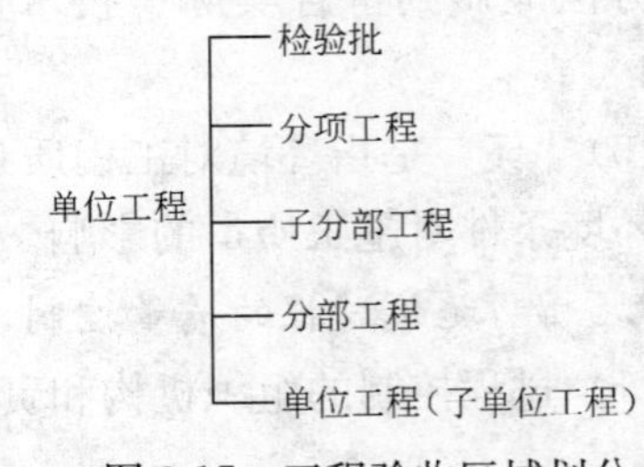

图 3-17　工程验收区域划分

4) 单位工程完工后，施工单位自行组织有关人员进行检查评定合格后，向监理单位提交工程竣工报验单；

5) 监理单位接到工程竣工报验单后，对工程进行初步验收合格后，向建设单位提交正式验收报验单；

6) 建设单位接到监理单位提交的工程竣工报验单后，组织设计单位、质量监督机构、监理单位、施工单位等进行竣工验收。

4.5.7　质量事故

质量事故分为一般质量事故、严重质量事故和重大质量事故。

凡具有下列情况之一者，则为一般质量事故：

(1) 直接经济损失在 5000～50000 元的；

(2) 影响使用功能和工程结构安全，造成永久性质量缺陷的。

凡具有下列情况之一者，则为严重质量事故：

(1) 直接经济损失在 5～10 万元的；

(2) 事故性质恶劣，或造成 2 人以下重伤；

（3）严重影响使用功能或工程结构安全，存在重大质量隐患的。

凡具有下列情况之一者，则为重大质量事故：

（1）工程倒塌或报废；

（2）由于质量事故造成人员死亡或重伤3人以上；

（3）直接经济损失10万元以上。

4.6 安全生产

4.6.1 安全生产概念

安全生产是指在生产活动中，采取必要的组织措施、技术措施，保证生产顺利进行，防止意外事故发生，保护生命和财产安全。

建筑安装工程的施工，具有手工作业多、高空作业多、作业流动性大、施工条件较差、施工现场情况复杂等特点，所以容易发生事故。

搞好安全生产，是施工企业的主要工作。落实安全生产，主要包括三个方面内容：

（1）落实执行安全法规。它以法律、规程来约束、控制参建各方和生产人员的不安全行为，以法规来保护职工安全和健康、改善作业环境、维护财产安全；

（2）确定安全技术措施。它是为消除不安全因素，防止伤亡事故，降低劳动强度等应采取的必要措施，着重于“劳动手段和劳动对象”的管理；

（3）改善生产卫生条件。它是改善劳动条件，着重于“生产环境”管理。在生产过程中，采取一系列的防护医疗措施，防止高温、严寒、粉尘、噪声、有害气体等危害生产人员；

（4）做好生产安全事故应急救援预案编制和定期演练。

4.6.2 安全生产管理制度

安全生产以“安全第一、预防为主”为方针，所以施工企业应制定一系列安全管理制度，应包括：安全生产责任制度、编制安全技术措施制度、安全交底制度、安全生产资金保障制度、安全教育培训制度、安全检查制度和生产安全事故报告处理制度。

4.6.3 安全生产法规

（1）与建设工程安全生产有关的主要法律法规：

1）建筑法；

2）安全生产法；

3）建设工程安全生产管理条例；

4）中华人民共和国民用爆炸物品管理条例；

5）特种设备安全监察条例；

6）企业职工伤亡事故报告和处理规定；

7）特别重大事故调查程序暂行规定；

8）国务院关于特大安全事故行政责任追究的规定。

（2）与建筑安全生产有关的部门规章及标准

1）工程建设重大事故报告和调查程序规定；

2）施工企业安全生产评价标准；

3）实施工程建设强制性标准监督规定；

4）建筑安全生产监督管理规定；

5）建筑业企业职工安全培训教育暂行规定；

6）特种作业人员安全技术培训考核管理办法；

7）施工现场安全防护用具及机械设备使用监督管理规定；

8）塔式起重机拆装管理暂行规定。

（3）其他

1988 年 6 月 20 日国际劳工局理事会第 75 届会议通过的《建筑业安全卫生公约》。该公约对国际劳工组织会员国有约束力。

4.6.4　安全事故

（1）安全事故报告处理制度

对于每次安全事故：工伤或死亡事故，应按我国国务院所颁发的《企业职工伤亡事故报告和处理规定》的要求上报。

具备下列情况之一者，属重大事故：

1）有人员死亡；

2）有 3 人以上重伤；

3）直接经济损失 10 万元以上。

对于工程建设重大事故，应按建设部《工程建设重大事故报告和调查程序规定》的要求上报和处理。

（2）安全事故原因

1）违章指挥，冒险作业；

2）无安全技术措施和交底；

3）无安全教育培训；特别是临时工、实习学生和学徒工等的安全教育；

4）无安全帽、安全网、安全带等安全设施，防范措施落实不到位；

5）施工机械、机具、操作工人等无必要的停歇检查和休息，超负荷运行；

6）事故发生后，思想麻痹，无针对性改进措施，重复发生安全事故；

7）特殊工种无证上岗；如电工、起重工、焊工等；

8）不遵守施工现场安全纪律；

9）无安全检查制度或未落实。